Karlheinz Jacobi · Dietrich Mierswa

Gärtnern unter Glas und Folie

BLV

Karlheinz Jacobi
Dietrich Mierswa

GÄRTNERN UNTER GLAS UND FOLIE

Kleingewächshäuser und Frühbeete
Bau · Technik · Nutzung

Kleingewächshäuser, Frühbeete und Folien aus technischer Sicht

Gärtnern unter Glas und Kunststoff

Gegenüber ihren Gartennachbarn und sogar Erwerbsgärtnern besitzen viele Gartenfreunde einen Ehrgeiz besonderer Art: Mit Ungeduld erwarten sie die ersten Frühlingstage, an denen sie mit dem Gärtnern beginnen können. Was nützen da alle guten Ratschläge und eigenes Wissen um Mindestkeimtemperaturen und Auspflanzschocks, die kalter Erde anvertraute Sämereien und Pflanzen erleiden können. Solchen Gartenliebhabern erschließen Kleingewächshäuser, Frühbeete und Folien neue Möglichkeiten, die Vegetationszeit und damit die Beschäftigung mit den Pflanzen zu verlängern, die Pflanzen für die Gartenbeete selber heranzuziehen und die Gemüseernte ebenso zu verfrühen wie den sommerlichen Blütenflor. Technische Einrichtungen können das Gartenjahr aber auch zum Winter hin ausdehnen. Vor allem das Gewächshaus bietet viele Möglichkeiten eigener Pflanzenkultur. Ist es heizbar, steht dem Pflanzenanbau während des ganzen Jahres nichts mehr im Wege. Sogar die ganz Seltenen und Anspruchsvollen aus dem Pflanzenreich finden hier ein Zuhause. Selbst Urwaldbewohner tropischer Regionen fühlen sich hier wohl, wenn technische Einrichtungen für die richtigen klimatischen Bedingungen sorgen.
Übrigens: Wenn wir vom Gärtnern unter Glas und Kunststoff sprechen, dann sind Folien darin natürlich eingeschlossen, denn diese gehören selbstverständlich zu den Kunststoffen.

Die Platzauswahl ist die erste Entscheidung

Die Platzfrage für ein Gewächshaus erfordert mehr Überlegungen, als den Standort für ein Frühbeet festzulegen. Einfache Frühbeete stellen wir in Ost-West-Richtung mit leichter Neigung der Fenster nach Süden (bessere Lichtausnutzung). Süd-, West- und Ostseite sollten von schattenspendenden Objekten möglichst frei sein. Dies gilt vor allem für ortsfeste Bauweisen. Flexible sind an keinen festen Platz gebunden. Da sie zum Überbauen auf die Beete gestellt und häufig zum kurzfristigen Schutz der Pflanzen vor Witterungsunbilden benutzt werden, ergibt sich ihr Standort aus dem wechselnden Anbau. Soll ein Frühbeet schon im zeitigen Frühjahr »in Betrieb« genommen werden, wäre der Anschluß an die Zentralheizung des Wohnhauses zu überlegen. Das muß bei der Platzauswahl bedacht werden. Auch der kurze Weg zum Wasserhahn ist in diese Überlegungen einzubeziehen. Der Platz für ein Gewächshaus muß mit Sorgfalt ausgewählt werden. Die einmal getroffene Wahl ist entscheidend für das spätere Wohlbefinden seiner Bewohner. Im kleinen Garten ist die Unterbringung nicht immer einfach. Gartenfreunde, die ein großflächiges grünes Reich ihr eigen nennen können, haben es leichter.
Das **Licht** spielt die wichtigste Rolle. Deshalb liegt der beste Platz für das Gewächshaus dort, wo jeder Sonnenstrahl eingefangen wird und auch bei trüber Witterung und in der Jahreszeit niedrigen Sonnenstandes die verkürzte Tageslichtdauer den Kindern Floras ungehindert zur Verfügung steht. Für Bewohner des tropischen Urwaldes, denen die Lichtfülle der Sonnenstrahlen nicht zusagt, lassen sich mit technischen Einrichtungen diffuse Lichtverhältnisse schaffen. Der größte Teil unserer Kulturpflanzen ist dagegen lichthungrig. Die meisten Gewächse brauchen einen ausreichenden **Luftwechsel** (Lüftungsklappen). Beachtenswert ist auch der **Grundwasserstand.** Er sollte bei etwa 1,50 m Tiefe liegen. Gewächshäuser, vor allem beheizte, sollen auf einem frostfrei gegründeten **Fundament** stehen. Der Sockel darf nicht ständiger Nässe ausgesetzt sein. **Gießwasser** darf im Gewächshaus natürlich nicht fehlen. Die Leitung dorthin muß zu jeder Jahreszeit benutzbar sein. Kluge Gewächshausgärtner planen auch mindestens 2 **Steckdosen** mit ein, denn Beleuchtung, Luftbefeuchter und andere Einrichtungen werden elektrisch betrieben und machen das Haus erst voll einsatzfähig.
Sehr zweckmäßig ist die unmittelbare Verbindung des Gewächshauses mit dem Wohnhaus. Mit geringen Mitteln läßt sich das Gewächshaus an das **Heizsystem** anschließen, und man kann unbeschadet vom Wettergeschehen und auch während kalter Tage und Nächte nach seinen Schutzbefohlenen sehen.

An Wohnhausgiebel und Garagenrückwand ist ein Pulthaus (Schlachter-Super-Therm) angefügt und ermöglicht auch im kleinen Garten, sich den Wunsch des »Ganzjahresgärtnerns« zu erfüllen. Das um so mehr, wenn das Gewächshaus über einen eigenen Regelkreis an die Zentralheizung des Wohnhauses angeschlossen ist. Wer dann noch eine Beleuchtung hat, kann seine exotischen Schönheiten aus dem Pflanzenreich auch späten Besuchern zeigen; natürlich über den direkten Zugang mit einer beide Baukörper verbindenden Türe. So lassen sich die vielfältigen Möglichkeiten der Nutzung auf angenehme Weise mit einer Verbesserung der Wohn- und Lebensqualität vereinen.

Vorab: ein wenig Materialkunde

»Welches Material können Sie mir empfehlen – verzinktes Metall, Aluminium, oder was halten Sie von Holz, ist Kunststoff oder Glas geeigneter?« Das sind Fragen, die immer wieder gestellt werden und auch das Resümee aus einer Vielzahl von Leserbriefen, Vorträgen und Veröffentlichungen sind. Die für den Gewächshaus- und Frühbeetbau verwendeten Werkstoffe haben viel auszuhalten: Wärme innen, Kälte außen, Luftfeuchtigkeit vor allem im Kulturraum, Regen, Schnee, Eis, Hitze von außen, und das im Wechsel. Dazu noch Düngemittel und Pflanzenbehandlungsmittel. Dieses Extremspiel ist nur getrennt durch eine 0,10 mm starke Folienhaut, 1 mm Polyesterplatte oder eine 3 mm starke Glasbedachung. Das ist der Normalfall. Eine Isolierverglasung soll hier außer Betracht bleiben, obwohl die paar Millimeter mehr kaum die unterschiedlichen Klimazustände beeinflussen. Wichtig ist: Die tragenden Konstruktionselemente müssen in ihren Abmessungen möglichst gering gehalten werden.

Holz

Gartenheimwerker müssen wissen, daß sich Holz leicht bearbeiten läßt, es aber auch pflegeaufwendig ist, sofern es sich nicht um Spezialhölzer handelt. Geschickten Basteltalenten wird es keine unlösbare Aufgabe sein, Holzteile zu einem Kleingewächshaus oder Frühbeet zusammenzufügen. Ohne tiefeindringende Imprägnierflüssigkeiten und jährlich zu wiederholende Anstriche ist dieses Material jedoch sehr schnell Parasiten und Pilzen preisgegeben. Das feuchtwarme Klima beschleunigt diesen Vorgang erheblich. Vorbehandlungen sind bei wertvollen Hölzern (Zedernholz, Pitchpine), wie sie für manche Fertigteil-Gewächshäuser verwendet werden, nicht erforderlich.
Bedenken wir jedoch: Die Bauteile, vor allem Sprossen, sind stärker als solche aus Metall. Und dies ergibt mehr Schattenwirkung, als dem Gärtner lieb ist.
Dagegen läßt sich Holz für den Aufbau von Frühbeeten gut verwenden. Kiefernholz ist wegen seines Harzgehaltes gegen Fäulnis recht widerstandsfähig, aber auch hier sind Harthölzer günstiger. Glattgeholbelte Bretter sind bis zu einem gewissen Grade wasserabweisend. Da aber die unteren Holzteile in der Erde stehen und auch das Oberteil wechselnden Einflüssen ausgesetzt ist, empfiehlt sich eine intensive Imprägnierung mit pflanzenunschädlichen Mitteln.

Metall

Eisen- oder Stahl-Konstruktionen wirken viel eleganter. Weniger starke Profile sorgen für einen Lichtgewinn. Wie bei Holz erfordert blankes Metall Behandlungen mit Rostverhütungsmitteln und Anstriche, denn Rost ist ein gefährliches und schleichendes Übel. Der Pflegeaufwand ist über die ganze Zeit der Gewächshaushaltbarkeit (eben bei guter Pflege) groß, ganz gleich, ob man das Haus selbst zusammensetzt oder als fertiges Gewächshaus kauft. Wenn auch die Arbeit sicherlich an einem Tag bewerkstelligt wird, so läßt sich doch währenddessen das Aus- und später Einräumen der Pflanzen nicht vermeiden. Und wohin mit ihnen? Wer von aufwendigen Pflegearbeiten verschont bleiben möchte, sollte sich für eine wartungsfreie Konstruktion entscheiden, denn sie hält länger als ein Gartenleben.
Feuerverzinkte Gewächshausbauteile werden in der Fabrik in ein auf etwa 460° C erhitztes Zinkbad getaucht und überziehen sich mit einer festhaftenden Metall-Zink-Legierungsschicht, das heißt, das flüssige Zink wird regelrecht aufgelötet, dringt in die feinsten Spalten ein und füllt kleinste Hohlräume aus. Gefährliches Unterrosten ist ausgeschlossen, denn Zink und Stahl sind eine unlösbare Verbindung mit einer Haltbarkeit von mindestens 50 Jahren eingegangen. Allerdings ist für die Lebensdauer die umgebende Atmosphäre entscheidend. Landluft beeinträchtigt die Haltbarkeit am wenigsten. Aggressive säurehaltige Industrieluft dagegen setzt die Lebensdauer herab.
Aluminium-Bauteile für Frühbeete und Gewächshäuser wiegen leicht, sind handlich, bequem zu verarbeiten, rosten nicht und brauchen deshalb nicht angestrichen zu werden – kurzum, sind chemisch beständig. Sprossenprofile aus Aluminium werden nur einfach zusammengeschraubt und ermöglichen zudem eine kittlose Verglasung. Darüber zu steckende Kunststoffprofile unterbinden außerdem den Wärmeaustausch durch die Metallteile und sparen bis zu 6 % Heizenergie. Das ausgeglichene Reflektionsvermögen der Konstruktionsteile läßt Aluminiumgewächshäuser besonders hell erscheinen.

Glas

Es ist weniger ein Baustoff, obwohl es auch in Rahmen gefaßte Glasfrühbeete gibt. Trotz aller vermeintlichen Vorteile im Frühjahr und Herbst hat die »Rundumverglasung« im Sommer Nachteile,

Nachteile der Schuppenverglasung: Schmutz, Luftaustausch (Wärmeverlust) an den Stößen. Besser sind durchgehende Scheiben.

wenn die Sonne intensiv vom Zenit brennt. Glas hat eine Lichtdurchlässigkeit von 90 bis 92 %. Übrigens: Starke Konstruktionsteile (Holz) können durchaus bis zu 30 % Lichtintensität »verschlucken«. 2 Glasarten stehen zur Auswahl, deren Namen etwas verwirrend erscheinen:

Blankglas ist gleichbedeutend mit Fensterglas, beidseitig eben und vollkommen durchsichtig. Durch Blankglas gehen die Strahlenbündel gerade hindurch.

Klarglas ist nicht durchsichtig, sondern nur durchscheinend. Die genörpelte Seite verlegen wir nach innen; das Licht wird dadurch gestreut.

Isolierglas oder Doppelverglasung ist im Hinblick auf Energieeinsparung mehr denn je im Gespräch. Bis zu 40 % Einsparung sind durchaus erzielbar. Mehr darüber im Abschnitt über Wärmedämmung ab Seite 47. Doch vorweg schon soviel: Die Strahlungsdurchlässigkeit des Lichtes ist gegenüber Einfachverglasung verringert – und das ist besonders im Winter spürbar.

Verglasen mit und ohne Kitt Mit Kitt werden die Glasscheiben auf dem Gewächshausdach an den Stehwänden und an den Giebeln einschließlich der Tür befestigt. Kitt trägt man als Unterbett auf die Sprossenfalze auf, worauf die Glasscheiben aufgelegt und mit einer Deckfase versehen werden.

Bei der kittlosen Verglasung ist die Aluminium-Sprosse mit einer Kunststoffhaube abgedeckt.

Die kittlose Verglasung bietet den Vorzug schneller Reparatur bei Scheibenbruch; vor allem aber einer energiesparenden Sprossenabdichtung mit lösbaren Abdeckhauben aus Kunststoff.

Kunststoff

Unter den Baumaterialien für Gewächshäuser und Frühbeete hat er einen festen Platz. Sehr oft fragen uns Gartenfreunde, wie sich denn dieses oder jenes Material bewähre und wie man es wohl verwenden könne. Vor solchen Fragen stehen häufig auch geschickte Gartenheimwerker, die sich selbst etwas zusammenbasteln wollen. Vorteile der Kunststoffe: relativ einfache Verarbeitung, geringes Gewicht (3 mm Glas = 7,4 kg/m²; 0,10 mm PE-Folie = 92 g/m²; 0,10 mm PVC-Folie = 120 g/m²), für gekrümmte und flache Dachformen geeignet, gute Hagelverträglichkeit bei glasfaserverstärktem Polyester, Polycarbonat.

Folien haben viele Vorzüge, sie sind allerdings kein Glasersatz. Sie sind beständig gegen Wasser, Düngemittel, Pflanzenschutzmittel usw. Selbst sehr dünne Folien besitzen diese Eigenschaften und sind ebenfalls völlig staubdicht. Je stärker die Folienhaut ist, desto größer ist die mechanische Festigkeit. Die gegenwärtig meist verwendeten Folien heißen Polyethylen-(PE)-Folien und Polyvinylchlorid-(PVC)-Folien. Beide Folienarten gehören zu den Thermoplasten. PE-Folie kann je nach Stärke eine Lichtdurchlässigkeit von 80 bis 85 % aufweisen. Kurzwelliges Licht – UV-Strahlen – werden zu etwa 50 bis 80 % durchgelassen. Dadurch ist eine positive Beeinflussung des Geschmacks bei Früchten und kräftigere Ausbildung der Blütenfarben gegeben. Allerdings läßt der Ultraviolettstrahlen-Anteil des Sonnenlichtes PE-Folie recht bald brüchig werden. Das um so eher, je dünner sie sind. Die Wärmeisolation ist geringer als bei PVC-Folie. Diese hat eine Lichtdurchlässigkeit der sichtbaren Strahlen von 90 % und entspricht in dieser Hinsicht dem Glas. Für Wärmestrahlen ist PVC jedoch praktisch undurchlässig. Daher wird die Wärmestrahlung des Bodens während der Nacht unter der Folienhaut gespeichert, ähnlich wie unter Glas. Dieser wünschenswerte Zustand wird als Gewächshauseffekt bezeichnet.

Kunststoffe sind leicht zu bearbeiten; hier: Zuschneiden einer Plexiglasplatte.

UV-Strahlen werden zu einem geringeren Teil als bei PE-Folie durchgelassen, jedoch mehr als bei Glas. Hierin liegt aber der Schlüssel zum »Geheimnis« der besseren Haltbarkeit von PVC-Folie. Sonnenlicht läßt sie weniger rasch brüchig werden. Zu bemerken ist noch, daß PE-Folien ihre Eigenschaften im Bereich zwischen etwa –50° C und +70/80° C sowie PVC-Folien zwischen etwa –10° C und +60/70° C nicht verändern.

Die geringere Haltbarkeit ist, wie erwähnt, durch den Einfluß der UV-Strahlen bedingt. Bei längerer Lichteinwirkung kommt es zur sogenannten Lichtkorrosion. Daher werden Mulchfolien zur Bodenbedeckung schwarz eingefärbt und UV-stabil gemacht, was auch schon mit transparenten Folien industriemäßig geschieht. Durch Verschmutzung kann die Lichtdurchlässigkeit um 10–15 % pro Jahr gemindert werden. Zur Reinigung sind Seifenwasser oder Lösungen neutraler Feinwaschmittel zu empfehlen. Folien mit Einlagen, z. B. **Gitterfolien** mit eingefügtem Maschengewebe aus Perlon oder Nylon,

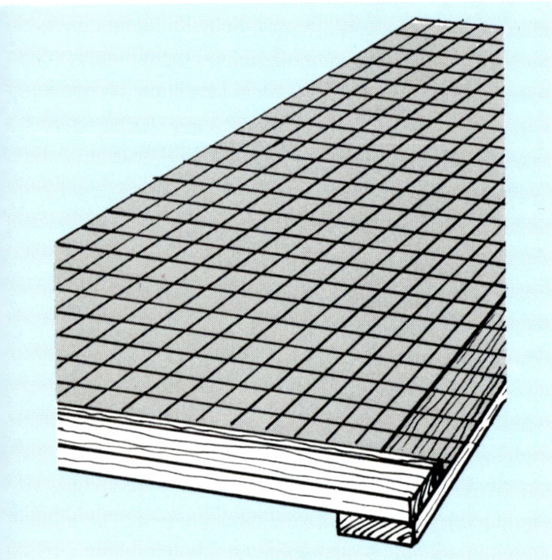

Gitterfolie zur Holzrahmenbespannung.

besitzen gegenüber einfachen Folien den Vorzug größerer Reißfestigkeit. Als gewisser Nachteil wird die etwas geringere Lichtdurchlässigkeit, bedingt durch das Gitter, angesehen. Auch die Dehnfähigkeit ist geringer; sie ist jedoch um so größer, je weiter die Fadenstellung und je dünner die Folie ist.

Stahlgitterfolien. Hierbei ist ein punktgeschweißtes, verzinktes Gitter beidseitig von der Folienhaut eingeschlossen. Verschiedene Maschenweiten lassen unterschiedliche Verwendungsmöglichkeiten zu. Sie sind geeignet zum Bau kleiner Gewächshäuser, auch Tunnel, wobei diese Folie schon alleine eine gute Stabilität besitzt. Ist der Lichtdurchlaß auch etwas gemindert, so haben wir doch die Vorteile etwa 5-jähriger Lebensdauer. Wer solche »Stahlnetzfolie« verwenden möchte, sollte sie in Rollen kaufen, selbst auf das entsprechende Maß schneiden und nach eigenen Wünschen formen.

Besteht für gebrauchte Folie keine weitere Verwendungsmöglichkeit, muß sie als Abfall (Sondermüll) betrachtet und gemäß den örtlich geltenden Gesetzen und kommunalen Vorschriften beseitigt oder der Abfallbeseitigungsanlage zugeführt werden.

Glasfaserverstärktes Polyester ist ein formstabiles Kunststoffmaterial, das auch nach Erwärmung nicht mehr verformbar ist. Wir kennen es als Platten oder gewellte Formteile. Erkenntlich ist das Material an den eingebetteten Glasfasern, die zur Verstärkung beitragen. Das sichtbare Licht wird zu etwa 85 % durchgelassen. Widerstandsfähig gegen Frost und Hitze, geringes Eigengewicht, Stabilität und vor allem Unempfindlichkeit gegen Hagelschlag sind weitere gute Eigenschaften. Polyester läßt sich leicht bearbeiten: nageln, schrauben, sägen. Wer mit gewellten Platten bastelt, bekommt zur Abdichtung entsprechende Schaumstoffprofile, die an den Übergängen zur Konstruktion das Eindringen kalter Luft verhindern. Solcher Art eingedeckte Gewächshäuser brauchen in der Regel nicht gegen Sonnenstrahlen schattiert zu werden.

Acrylglas ist auch unter der Bezeichnung Plexiglas bekannt. Es wird für Frühbeetabdeckungen und -fenster verwendet und hat sich als Gewächshaus-Baumaterial einen beachtlichen Platz erobert. Die Oberfläche ist glatt, so daß Staubablagerungen, wie sie auf anderen Kunststoffen vorkommen (elektrostatische Aufladung durch Windreibung und Anziehen von Staubpartikelchen), kaum zu beobachten sind. Die Lichtdurchlässigkeit von 85 bis 90 % entspricht etwa dem Gartenglas. Stegdoppelplatten aus Plexiglas SDP gibt es in verschiedenen Stärken. Hierbei sind 2 oder 3 einfache Platten parallel zueinander angeordnet und in regelmäßigen Abständen mit Stegen verbunden. Dadurch ergibt sich ein Luftpolster und somit der Vorzug eines beachtlichen Wärmeisolationsvermögens, Einsparung bis etwa 40 % Heizkosten.

PVC-Platten und -Bahnen gibt es in Stärken um 1 mm. Sie eignen sich auch gut zum Selberbasteln. Außer zum Bau von Kleingewächshäusern wird dieses Material auch für flexible Frühbeete verwendet. Es gibt kleingewellte Platten und solche mit größerer Wellung. Die Lichtdurchlässigkeit liegt im Bereich von 90 %. Je nach Stärke liegt das Materialgewicht bei etwa 1,3 kg/m². Auch hier gibt es Doppelstegplatten. Vorteilhaft bei den meisten Fabrikaten: durch die Randausbildung nach dem Nut- und Federprinzip lassen sich die Platten mühelos aneinanderschieben.

Polycarbonate werden unter verschiedenen Bezeichnungen (z. B. Makrolon, Lexan, Thermoclear und andere) vornehmlich als Isoliermaterial für Gewächshäuser angeboten, auch als Fertigteil-Gewächshäuser, verschiedentlich auch als Bedachungsmaterial für Frühbeete. Sie zeichnen sich durch eine hohe mechanische Festigkeit, also Schlagzähigkeit, aus. Die Lichtdurchlässigkeit ist ähnlich der von Acrylglas und hängt natürlich von der Plattendicke ab, die meistens 4–10 mm beträgt. Davon ist auch der Isolationswert abhängig. Bei den meisten Fabrikaten sind zwischen etwa −40° C und +130° C keine Veränderungen feststellbar. Die Haltbarkeit wird nach gegenwärtigen Erkenntnissen mit mindestens 15 Jahren Gebrauchsfähigkeit angegeben. Je nach Stärke wiegt 1 m² dieses Materials von 0,65 bis 2 kg.

Beton

Dieses Material benötigen wir zur Herstellung von Gewächshausfundamenten und zur Anfertigung von Beton-Frühbeeten. Näheres auf Seite 20 und 22.

Zur Verwendung von Beton für Frühbeete gibt es gegensätzliche Meinungen. Die »ablehnende Seite« meint, diese seien »kälter« als Holzfrühbeete, was von den Befürwortern mit der längeren Lebensdauer und der Fäulnisresistenz beantwortet wird. Zudem ergaben Versuche, daß eine 6 cm starke Betonplatte nicht mehr Wärme durchläßt als ein mit Strohmatten abgedecktes Frühbeetfenster. Außerdem sind glatte Betonwandungen für die Wärmehaltung günstiger. Achten wir daher bei der Herstellung auf ebene, glatte Schalungsbretter und Formen. Im Frühjahr und Herbst können wir das Frühbeet mit einem wärmehaltenden Laubumschlag umgeben. Der Haltbarkeit des Holzes ist dies weniger zuträglich, schadet jedoch nicht dem Beton.

Kunststoffe zum Verlängern des Gartenjahres

Zucchini in schwarze »Gurken- und Erdbeerfolie« gepflanzt und mit Vlies abgedeckt.

Für den Gartenfreund ergeben sich erfreulich viele Möglichkeiten, der oft recht unsteten Frühjahrswitterung ein Schnippchen zu schlagen. Ebenso leicht sind Ausfälle durch Frühfröste im Herbst zu verhüten. Zu Tunneln oder Zelten geformte Folien ermöglichen, darunter befindliche Pflanzen bis mindestens −3°C zu schützen, obwohl auch schon Erfahrungen mit stärkeren Kältegraden vorliegen, die von den Pflanzen gut überstanden worden sind. Ernteverfrühung bis zu 3 Wochen ist auf jeden Fall möglich. Aber auch die Ernte ist im Herbst bis zu rund 6 Wochen zu verlängern. Bleibt noch zu vermerken, daß unter Folie die Feuchtigkeit länger gehalten wird und sie daher weniger bewässerungsintensiv als Frühbeetkästen mit Glaseindeckung ist. Tunnel sollten nicht zu breit sein, damit sich ablaufendes Niederschlagswasser verteilen kann. Und seien Sie unbesorgt – eine dünne Kondenswasserschicht an der Folieninnenseite stellt eine gute Wärmeisolierung dar. Unter trockener Folie ist der Wärmeverlust größer als unter Glas.

Bodenbedeckung mit Folie, Vlies und Netzen

Saat- und Pflanzenbeete mit 0,05 mm PE-Folie bedeckt, beschleunigen den Keimvorgang und das Anwachsen. Zu beachten ist, daß man die Folie nur solange liegen läßt, bis das Saatgut gekeimt ist oder die Sämlinge aufgelaufen sind. Aber auch bei Dauerkulturen wie beispielsweise Rhabarber macht sich das Verlegen von »Flachfolien« durchaus bezahlt, denn auch hier wird zeitiger geerntet. Die Spargelernte ist ebenfalls bis zu 2 Wochen vorzuverlegen und 3 Wochen früher zu beenden, wenn die Beete mit Folie bedeckt sind. Hier sagen Erfahrungsberichte, daß eine erfolgreiche Ernteverfrühung nur mit ungelochter Anti-Tau-Folie, die nicht beschlagen kann, möglich ist.

Gelochte Folie Für die Verwendung auf den Gartenbeeten empfiehlt es sich, perforierte Flachfolie zu nehmen. Sogar bei Folientunneln werden Perforierungen vorgenommen, um die Windstabilität zu erhöhen und Temperaturschwankungen auszugleichen. Die Folienindustrie bietet Bedeckungen mit verschiedener Lochanzahl an, wobei 500 Löcher pro m² wohl die Standardlochung ist. Alle Empfehlungen, die Folie selbst mit Löchern zu versehen, sind nur dann realisierbar, wenn man gleich eine ganze Rolle kaufen und mit dem Elektrobohrer die 10 mm großen Öffnungen einbohren kann. Je mehr Löcher pro Quadratmeter vorhanden sind, desto länger kann die Bedeckungsdauer sein. Durch die Löcher kann auftretendes Niederschlags- und Gießwasser in das Erdreich eindringen.

Die Vorteile der Bedeckung sind rasch aufgezählt: es werden kleine Kultur-

Bodenbedeckung mit Lochfolie; seitliche Arretierung mit Holzrosten, gleichzeitig als Weg.

räume geschaffen, die Wachstumsbedingungen sind günstiger als bei unbedecktem Boden, durchscheinendes Licht wird in Wärme umgesetzt, und das ergibt eine raschere Bodenerwärmung – dadurch gleichmäßigere Keimung und Bewurzelung, höhere Luftfeuchtigkeit sowie Schutz vor Witterungsunbilden. Außerdem sind die Gewächse vor Vogelfraß geschützt.

Schlitzfolie Mit mehreren tausend Schlitzen pro m^2 ist diese Folie sehr elastisch und besitzt ein ausgezeichnetes Dehnungsvermögen. Die Schlitze sind beim Verlegen noch geschlossen. Mit zunehmendem Pflanzenwachstum dehnen sie sich allmählich aus. Gleichzeitig wird durch das »Aufgehen« der Schlitze ein Lüftungseffekt erzielt.

Für alle Folienauflagen gilt, daß weder zu straff noch zu locker gespannt wird. Die Ränder sollten immer befestigt sein, damit der Wind keine Angriffsfläche hat. Für die Folienabnahme ist es gut, eigene Erfahrungen zu sammeln. Im eigenen Garten wurden beispielsweise Radies unter Folie und Vlies bis fast zum Ernteende kultiviert. Kohlrabi und Kopfsalat kann man bis unmittelbar vor der Ernte bedeckt belassen. Dabei spielen aber auch Sorten und Witterung

Mulchpapier ist umweltfreundlich und zersetzt sich nach Gebrauch.

Vliesbedeckung bis in die Erntephase.

eine Rolle. Die Folienabnahme erfolgt tunlichst bei trübem Wetter, um einen UV-Schock zu vermeiden.

Vlies Im Gegensatz zu Loch- und Schlitzfolie ist die gesamte Fläche wasser- und luftdurchlässig, so daß künstlicher oder natürlicher Regen über die ganze Fläche eindringen kann. Das Material hat stoffartigen Charakter. In exponierten Windlagen ist es fast günstiger als Folie zu verwenden, da es nicht »schlägt« und demzufolge die Pflanzen nicht beschädigt. Die Lichtdurchlässigkeit beträgt 75 %. Die UV-Strahlendurchlässigkeit liegt bei 80 %. Eingearbeitet ist ein UV-Stabilisator. Das Material ist ebenfalls der Kunststoffgruppe der Thermoplaste zugehörig, woraus folgt, daß die Beständigkeit gegen alle die Mittel gegeben ist, die auch schon bei den Folien genannt worden sind.

Verlegt wird, indem man den Vliesrand etwa handbreit nach außen umschlägt und etwa alle 30 bis 50 cm mit etwas Erde beschwert. Nach eigenen Erfahrungen gelingt dies durchaus. Man sollte aber keinesfalls zu straff spannen, sondern auch hier das künftige Pflanzenwachstum berücksichtigen. Bedingt durch die flächige Durchlässigkeit ist der Lüftungseffekt groß, selbstverständlich von Anfang an.

Gewächse unter Vlies haben Minustemperaturen im Bereich um –5° C durchaus überstanden. Interessant ist, daß unter Frosteinwirkung der Taubelag am Vlies in eine dünne, dichte Eisschicht

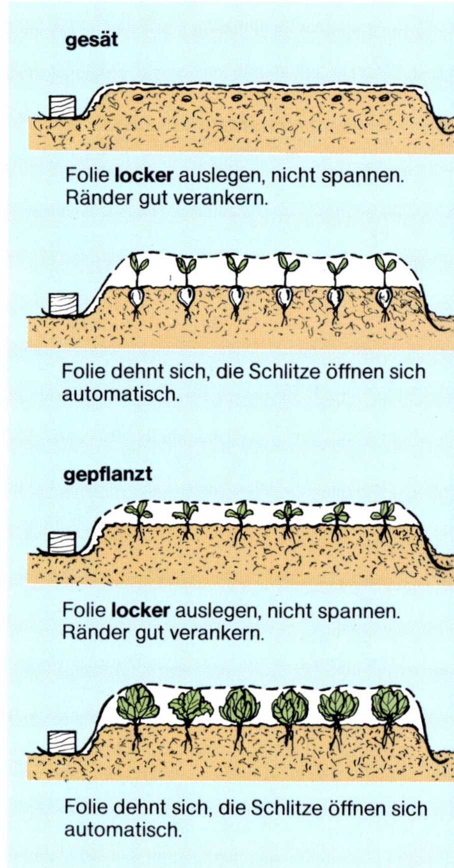

Schlitzfolie in der Anwendung.

verwandelt wird – und das hat isolierende Wirkung, sowohl von außen als auch von innen, weil die Wärmeabstrahlung des Bodens vermindert wird. Nach bisherigen Erfahrungen kann man Vlies länger auf den Pflanzen belassen als Folie.

Netze Schutznetze sind eine wirksame Maßnahme zur Abwehr von Gemüsefliegen. Vor allem bei Kohlarten, Zwiebeln, Möhren, Porree, Sellerie, Rettich, Radies verhindern sie die Eiablage in den Beeten. Unmittelbar nach der Saat oder Pflanzung wird das Netz locker auf das Beet gelegt. Zu beachten: sorgfältige dichte Befestigung ringsherum und von Anfang an.

Mulchfolie Anstelle von Mulchfolie wird Bio-Mulchfolie aus Polyethylen immer mehr verwendet. Durch Zusätze ist sie selbstzersetzend und wird nach der Ernte nicht entfernt, sondern in den Boden eingearbeitet.

Mulchpapier und -pappe, 120 bis 150 cm breit, aus Zellulose, teils ohne, teils mit geringem Anteil aus Altpapier ohne chemische Zusätze, meist braun und ca. 100 g/m² schwer, werden künftig sicherlich aus Gründen des Umweltschutzes die Mulch-Folien verdrängen.

Lüftbare »Folientunnel« mit Doppelfolie als Pflanzendomizil bis zur Ernte.

Folientunnel

Gegenüber Folienhauben, die über die Setzlinge gestülpt und an den Rändern mit Erde beschwert werden, sind unter einem Tunnel die Wärmeverhältnisse günstiger. Er wird gleich über ein ganzes Beet gestellt und überdeckt eine größere Pflanzenanzahl. Häufig sehen wir viel zu kleine Tunnel, an die mit zunehmendem Wachstum die Pflanzenteile anstoßen. Bauen Sie lieber zu groß, sowohl in der Höhe als auch in der Breite.

Folientunnel werden vom Fachhandel in verschiedenen Größen angeboten. Breitere Ausführungen von etwa 1,30 m sind günstiger, da sie die normale Beetbreite von 1,20 m überbrücken. Tunnel mit zusätzlichen Vogelschutznetzen haben den Vorteil, bei teilweise entfernter Folie den Pflanzenbestand vor der Freßlust gefiederter Gäste zu schützen, auch wenn die Folie gänzlich abgenommen wird.

Doppelbügel- und Schnurtunnel-Systeme

Diese lüftbaren Systeme haben sich gut bewährt. Bei ersteren ist die Folie zwischen 2 Federstahlbügeln eingeklemmt. Zum Gießen, Lüften, Ernten sowie für Pflegearbeiten wird die Folie einfach hochgeschoben. Nach beendeter Arbeit wird sie wieder heruntergestreift. Das trifft für alle Systeme zu, bei denen die Folie zwischen Bügeln oder Schnüren aus Plastik oder anderem Material eingeklemmt ist.

Fast alle Gemüsearten für den frühen Freilandanbau lassen sich unter Tunnel um etwa 3 Wochen verfrühen. Tunnel mit gelochten Folien sind windstabiler, trocknen jedoch auch rascher aus. Es gibt Systeme mit einer Dreireihenlochung, was einer Belüftung gleichkommt und andererseits Hitzestau verhindert.

Besonders dem Gartenfreund mit Bastlerneigung steht hier ein weites Feld offen, das er mit Freude und Mut zum »Do it yourself« bestellen sollte.

Wer sich in der **Eigenherstellung** üben möchte, verwendet am besten Folien von 0,1 bis 0,2 mm Stärke. Für die Tragkonstruktion werden 3 bis 5 mm starke Drähte oder Stäbe gebogen und, im Abstand von 1 bis 2 m, 20 cm tief in den Boden gesteckt. Um einen Tunnel von 1,30 m Breite zu bauen, ergibt sich bei genau halbkreisförmiger Gestaltung eine Höhe von 0,65 m. Dazu müssen die Eisendrähte 2,50 m lang sein. Entsprechend wird die Folienbahn bemessen. Längs gespannte, kunststoffummantelte Drähte erhöhen die Stabilität. Blanker Draht ist nicht recht geeignet; er könnte die Folienhaut beschädigen. Eine zusätzliche Befestigung der Folie an den

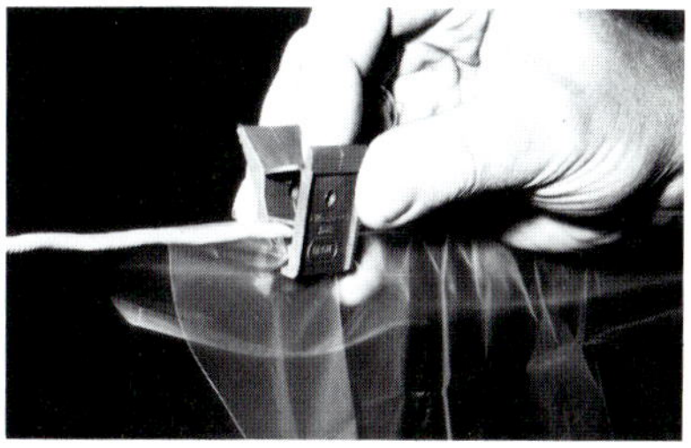

Folienklammer zur Folienbefestigung auf Tunnel und selbstgebauten Gestellen.

»Tunnel« mit Federstahlbügel sind für Pflegearbeiten ideal. Die Folie wird hochgeschoben und danach einfach wieder heruntergestreift.

Tunnel mit Vlies oder Netz sind wachstumsfördernd und schützen vor Schädlingen.

Bügeln ist am einfachsten mit Plastikklammern zu bewerkstelligen. Den Gartenheimwerker möchten wir auch noch auf das vielseitig verwendbare Baustahlgewebe hinweisen. In die entsprechende Form gebogen, läßt es sich mit Folie überziehen. Nur sorge man für eine möglichst »ruhige« Lage, denn jegliches Scheuern vermindert die Haltbarkeit.

Wandertunnel Auch sie sind interessant für die Ernteverfrühung und gut selbst zu bauen. Dazu fertigt man sich einen verwindungssteifen Holzrahmen, an dem in geeigneter Weise 10 mm starke Rundbögen befestigt werden. Darüber zieht man die Folienhaut, die an den Rahmenseiten unter einer Holzleiste angenagelt wird. Diese transportable Konstruktion läßt sich bequem versetzen.

Obwohl Folientunnel rasch wieder auf- und abzubauen sind, den Vorteil allseitigen Lichteinfalls besitzen und um einiges billiger als ein Frühbeet gleicher Größe sind, sind sie eben nur leichte Bauweisen für relativ kurzen Einsatz. Ihre Beweglichkeit, die vielseitige Verwendbarkeit sowie der günstige Preis sind allerdings bestechende Vorteile, die alle vermeintlichen Nachteile ausgleichen. Wer keine zu hohen Ansprüche stellt und Folie nicht als billigen Glasersatz betrachtet, wird am ehesten keine Enttäuschungen erleben.

Weitere Konstruktionsmöglichkeiten

Folienzelte Sie sind auch leicht mittels 20 mm starker Bögen herzustellen, wobei man darauf achtet, daß man bequem darin stehen kann. Als Folienstärke kommen 0,15 bis 0,20 mm in Betracht. Auch hier können wir eine ortsfeste oder flexible Bauweise wählen.

Letztere läßt sich auch kurzfristig einsetzen, um beispielsweise Tomaten, aber auch die Blütenpracht von Dahlien und anderer höherer Gewächse vor dem Frost zu schützen. Das ist aber schon fast der Übergang zu einem Foliengewächshaus.

Folienrahmen Sie sind leicht selbst anzufertigen und verschiedentlich zu verwenden. Beispielsweise zum Bedecken von Frühbeeten anstelle Glasfenster. Als Rahmenstärke genügen 3×2 cm. Zum Befestigen auf dem Holz werden die Folienränder gefaltet und mit Dachpappennägeln oder nicht rostenden Heftklammern angebracht. Empfehlenswerter ist die zusätzliche Abdeckung mit Leisten. Nägel oder Klammern müssen eine Unterlage aus Pappstreifen oder Gummischeiben erhalten, damit die Folie an den Rändern nicht einreißen kann.

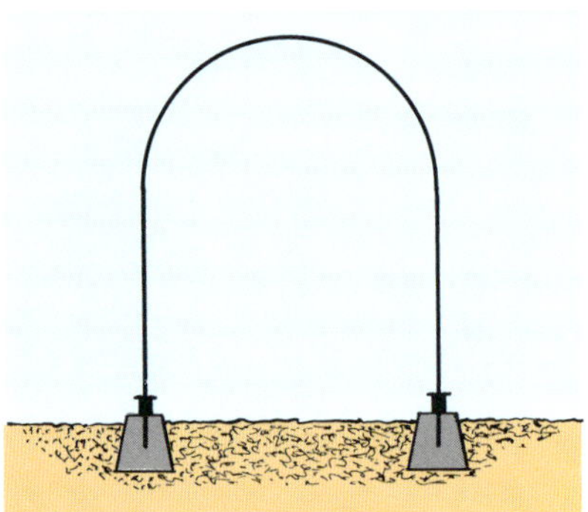

Ein Folienzelt zum Selbstbau, das versetzbar ist, wenn die »Füße« in Betonsockeln stehen.

Links: einbetonierte Hülse zum Einstecken, rechts: einbetonierter Eisenstab zum Aufstecken der Rohrkonstruktion.

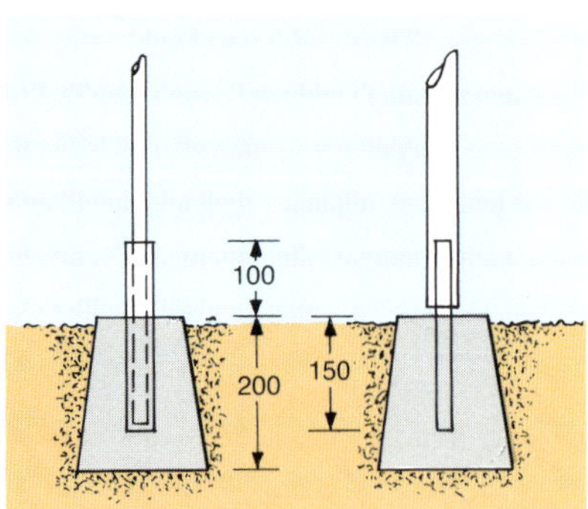

Tomatenreifehauben müssen luftdurchlässig sein; im Bild eine geschlitzte Ausführung.

Abdeckhauben Diese werden einfach über die Pflanzen gestülpt, entweder einzeln oder gleich reihen- oder gar beetweise. Für manche Verwendungen haben sie durchaus ihren Wert, besonders wenn nicht allzuviele Pflanzen zum Überbauen sind. Tomatenreifehauben sollten gelocht, geschlitzt oder aus Vlies sein.

Vogelschutznetze Wir wollen sie hier nur erwähnen, da sie ja auch meistens aus Kunststoff bestehen. Sie verlängern zwar nicht unbedingt das Gartenjahr, jedoch helfen sie, reichere Ernten einzubringen. Die Bezeichnung ist nicht ganz richtig, denn sie schützen wohl weniger die Vögel, sondern vielmehr Aussaaten und zarte Pflänzchen vor der Freßlust gefiederter Freunde. Die Netze spannt man auch über Beete mit fruchtenden Erdbeeren, über Beerensträucher und sogar Bäume.

Von Frühbeeten und Gewächshäusern

Ein Wort zu Bauformen und Bauweisen

Bei Frühbeeten gibt es 2 Bauformen: doppelte und einfache. Gartengerechter ist das einfache Frühbeet, das alle Anforderungen erfüllt und abgesehen von besonderen Konstruktionen mit 1×1,50 m großen Frühbeetfenstern bedeckt wird. Die stabilen Bauweisen, mit Ausnahme der leichteren, sind an einen festen Platz im Garten gebunden. Diese Merkmale haben wir auch bei Gewächshäusern. Hier sind es im wesentlichen 3 Bauformen, die sich von der Gestaltung des Daches herleiten: Satteldach-, Pultdach-, Rundgewächshäuser.

Leichte Bauweisen, zu denen auch Foliengewächshäuser zählen, sind rasch zusammenzufügen und können ähnlich Wanderfrühbeeten den Standort wechseln.

Stabile Bauweisen hingegen halten länger als ein Gartenleben und erfüllen alle Anforderungen, die auch verwöhntere Gartenfreunde an ein Pflanzenheim stellen. Nahezu sämtliche technischen Einrichtungen lassen sich installieren. In solch einem Bauwerk wird das Kalenderjahr zum Gartenjahr. Und gerade im Winter erfreut man sich gerne am Wachsen und Blühen.

Unter der Voraussetzung eines möglichst optimalen Standortes und einer entsprechenden Bauform sowie ausreichend bemessenen Heizungs- und Klimaeinrichtungen sind in einem Gewächshaus dieser technischen Konzeption eigentlich alle gärtnerischen Wünsche zu erfüllen.

Welches Frühbeet für mich?

Bestimmend für die Auswahl der Bauform und der Bauweise ist der Verwendungszweck. Für den überwiegenden Schutz von Pflanzen vor Witterungsunbilden und zur Ernteverfrühung genügen durchaus folienbespannte Gestelle. Mit Plastikfrühbeeten haben wir auch schon die Möglichkeit, zeitiger Pflanzen heranzuziehen und auch Pflanzenanbau betreiben zu können. Eine ortsfeste Bauweise dagegen ist schon im Nachwinter zur Pflanzenanzucht benutzbar, um so mehr, wenn eine Wärmequelle vorhanden ist. Natürlich erfordert die Betreuung eines solchen Frühbeetes mehr Aufmerksamkeit. Zeitige Aussaaten müssen gewissenhafter gepflegt werden als heranwachsende Pflanzen auf den Gartenbeeten, über die ein Folientunnel gestülpt ist.

Bei diesen Überlegungen spielt auch der Preis eine Rolle. Für denjenigen, der Bretter günstig einkaufen kann und handwerklich geschickt ist, wird es wohl keine Frage sein, ob er sich ein solides Holzfrühbeet zusammenzimmert, eine teure Plastikbauweise kauft oder sich ein fertiges Frühbeet aus Beton, das auch seinen Preis hat, kommen läßt.

Ob Selbstbau oder Kauf ist eine Frage des Geldbeutels und des handwerklichen Könnens. Das trifft eigentlich für alle Konstruktionsarten und Bauweisen zu und beginnt schon beim simplen Folientunnel.

Bewegliche Frühbeete

Bewegliche oder leichte Bauweisen ermöglichen raschen Auf- und Abbau des Frühbeetes. Wer sich beizeiten einen »Kulturfolge-Fahrplan« zusammenstellt, kann vom zeitigen Frühjahr bis in den Winter hinein flexible Frühbeete nutzen.

Dazu gehören auch Konstruktionen aus feuerverzinkten Stahlrahmen mit Faserzementplatten oder gar ringsherum verzinkten Wänden mit Belüftungsschlitzen und Fenstern auch mit Plastikeindeckungen, sogar mit wärmeisolierenden Stegdoppelplatten.

Solche Systeme sind den ortsfesten

»Princess-Frühbeet« aus doppelwandigem Thermo-Acrylglas in Alu-Rahmen; ausrüstbar mit automatischen Fensterhebern (Wagner).

Kompakt-Frühbeet »Transparento« aus Plexiglas mit Zucchini in schwarzer Mulchfolie.

durchaus nicht unterlegen. Man muß eine »Leichtbauweise« als Ergänzung zum ortsfesten Frühbeet sehen. Während letzteres als »Kinderstube« zunächst zur Pflanzenanzucht für Beet und Rabatten dient, bevor es anderweitig genutzt wird, können bewegliche Frühbeete »wandern«. Daher nennt man sie auch Wanderkästen oder Wanderfrühbeete. Sie sind rasch auf- und wieder abzubauen.

Die einfachste Art wird aus Brettern mit »Kastenzangen« zusammengesetzt. Hier kann man Anfang März Salat und Kohlrabi pflanzen, Radies, Rettich säen, den Glasschutz bis Anfang/Mitte Mai belassen und den Kasten über ein neues Beet setzen, in das wir Buschbohnen säen.

Solche und viele weitere Kombinationen sind mit einer Reihe anderer Frühbeete möglich, auch mit Frühbeetabdeckungen aus Plexiglas oder glasfaserverstärktem Polyester. Bauweisen, die aus Aluminiumrahmen oder verzinkten Rahmenkonstruktionen zusammengesetzt sind und ringsherum aus Glas bestehen, sind zwar für die Pflanzenanzucht im Frühjahr gut geeignet, müssen im Sommer jedoch stärker schattiert werden, da die Wärmestrahlung nicht nur von oben, sondern von allen Seiten einwirkt.

Frühbeetkastenzangen Diese erlauben es, im Schnellverfahren Wanderkästen aufzustellen. Die auf die Holzlängsseiten im Abstand von 1 oder 2 m gesteckten Zangen werden jeweils unter dem Stoß zweier Fenster angebracht. Für unseren Zweck reichen 3 cm starke Bretter aus. Dieser Wanderkasten wird nur einfach auf das Beet gestellt. Die Giebelseiten werden an die Längsseiten genagelt. Es gibt Zangen für einfache und doppelte Frühbeete. Wenn sie auch etwas teurer sind, so gebührt doch verzinkten Zangen der Vorzug.

Plastikfrühbeete Die meisten Frühbeete dieses Materials haben den Vorzug allseitiger Transparenz, das heißt, das Tageslicht gelangt auch durch die Seitenwände in das Innere. Die Vorzüge dieser Plastikbauweisen sind geringes

Frühbeetfenster auf Stützen für höhere Gewächse, z. B. Tomaten, Paprika.

Normstahl-Solarbeet mit transparenter Haube; Lüftungsautomatik (Richter Gartentechnik).

Frühbeetkastenzange.

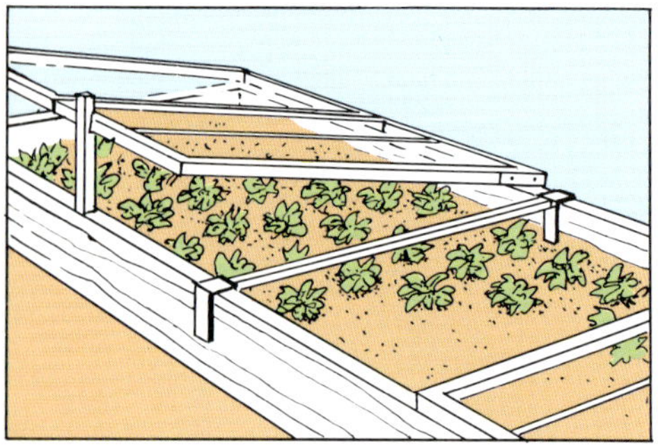

ABO-Frühbeet mit Lichtkuppel; Recycling-Kunststoff (ABO System-Elemente GmbH).

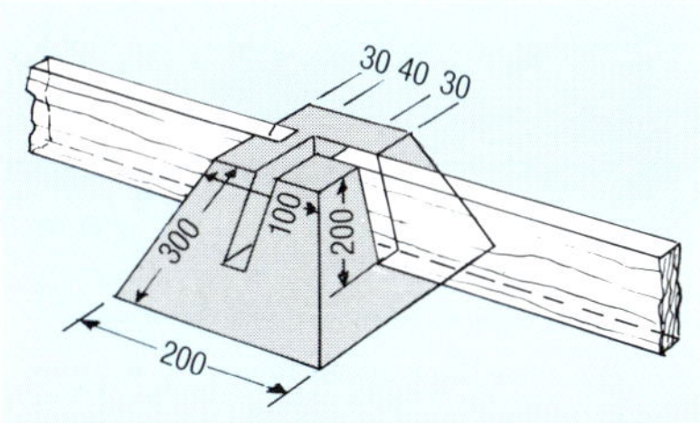

Betonsockel für Wanderfrühbeete.

Gewicht, einfache Montage, leichtes Versetzen und Zerlegen. Durch das Baukastenprinzip sind einige Fabrikate jederzeit erweiterungsfähig. Solche mit Doppelwänden haben eine noch günstigere Wärmeisolation als einfache Plastikwände. Das Material ist pflegeleicht, da kein Anstrich erforderlich ist. Das gilt auch für Plastikfenster.

Faserzement-Frühbeete Dieses Material wird von verschiedenen Herstellern, auch in Verbindung mit Lüftungsautomaten und »selbstlüftenden Frühbeetfenstern« angeboten. Längs- und Giebelseiten sind durch Metallwinkel mit Maschinenschrauben und Muttern verbunden. Auf- und Abbau gehen rasch.

Betonsockel und eingeschobene Bretter

Dieser Frühbeettyp ist zum Bau von Wanderkästen ebenfalls recht gut geeignet. Die Sockel werden so weit in den Boden gesetzt, bis die Bretter Bodenschluß erhalten. Für die Ecken werden Sockel verwendet, deren Nuten im rechten Winkel zueinander stehen, um die Holzgiebelseiten aufnehmen zu können. Für ein 3 bis 5 m langes Frühbeet sind 4 Eck- und 2 Mittelsockel erforderlich. Die Höhe der Seitenwände kann einheitlich 20 cm betragen. Um eine leichte Fensterneigung zu erhalten, wird die untere Seite etwas stärker in den Boden gedrückt. Die Herstellung der Sockel erfordert einiges Geschick. Daher ist diese Art wohl nur etwas für talentierte Heimwerker.

Transportable Holzfrühbeete Eine Bauweise aus einem Stück, die man sich leicht selbst zusammenfügen kann: 2 gleich hohe Seitenwände in der gewünschten Länge, verbunden mit angenagelten Giebelseiten. Dieser Kasten wird nur auf die Erde gestellt und auch mit den Unterseiten ein wenig in den Boden gedrückt.

Ortsfeste Frühbeete

Ortsfeste oder schwere Bauweisen sind von der Konzeption her zum Verbleib am einmal gewählten Standort bestimmt. Sie sind mittels Pfosten oder Säulen aus Holz oder Beton in der Erde verankert. Dessen ungeachtet können auch Plastikfrühbeete an Ort und Stelle verbleiben. Jedoch sind Bauweisen, von denen nun die Rede ist, von der technischen Konzeption her schon ausschließlich für die ortsfeste Verwendung eingerichtet. Häufig wird das Frühbeetinnere ausgeschachtet, um eine Packung aus Dung, Laub oder ähnlichen Substraten einfüllen zu können, damit der Innenraum erwärmt werden kann. Selbst bei einer technischen Erwärmung werden wir eine Bodenschicht herausnehmen und dafür hochwertiges Erdsubstrat einfüllen.

Oftmals wird behauptet, ortsfeste Frühbeete seien durch Plastikfrühbeete und Folientunnel überflüssig geworden. Dem ist aber nicht so, denn in den Frühbeeten können Sie schon ganz zeitig Jungpflanzen für den Garten heranziehen und noch so einiges andere unternehmen, was in leichten Bauweisen nicht immer recht gelingen will. Wer die

Konisch zugeschnittene Streben werden in die Kastenwand eingepaßt.

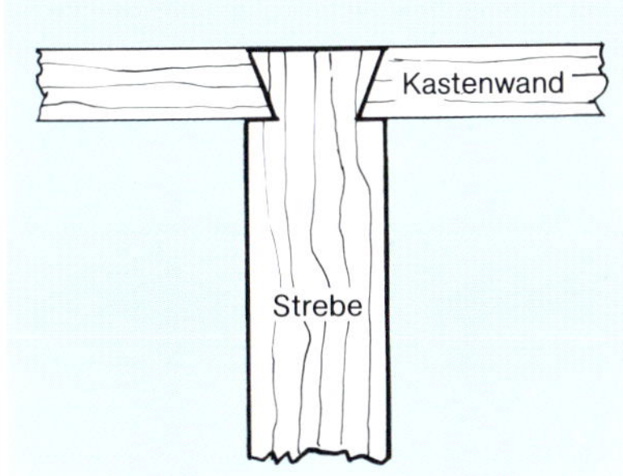

Ein abgeteiltes »Vermehrungsfenster«.

Frühbeetgärtnerei intensiv betreiben möchte, sollte sich außer einem ortsfesten Frühbeet noch Kunststoffkonstruktionen zulegen. Somit wird man allen Anforderungen gerecht und kann sich intensiv mit dem Pflanzenbau befassen, bevor der Wunsch nach einem kleinen Gewächshaus erwacht.

Holzfrühbeete Der Selbstbau eines Holzfrühbeetes ist einfacher zu bewerkstelligen als die Herstellung eines Betonkastens. Man geht am besten so vor, daß die Eckpfosten an die Längsseiten genagelt werden. Für das spätere Einpassen der Giebelseiten verbleiben bis zum Rand noch 4 cm (Giebelwandstärke), wenn die Bretter diese Stärke haben. Die Eckpfosten geben dem Frühbeet den nötigen Halt. Ihre Länge ist von der Tiefe des Frühbeetes abhängig. Wird mit einer Packung erwärmt, muß eine 50 cm tiefe Grube vorhanden sein. Daher müssen die Pfosten für die Unterseiten 90 cm und für die Oberseiten 100 cm messen, damit sie 15 cm unter die Sohle reichen. Die Grube kann flacher und die Pfosten können entsprechend kürzer sein, wenn technisch erwärmt wird. Für die Oberseite sollten die Bretter 35 cm und für die Unterseite 25 cm breit sein, damit 10 cm Gefälle zu erreichen sind. Die Eckpfosten sollen 8×8 cm stark sein. Jeweils am Stoß zweier Fenster verbinden Streben die Längswände. Diese haben stabilisierende Aufgaben, nämlich den Zug und

An Ort und Stelle errichtetes Stampfbetonfrühbeet.

Druck abzufangen und das Verziehen des Frühbeetes zu verhindern.

Betonfrühbeete Das Frühbeet aus Stampfbeton wird an Ort und Stelle praktisch in einem Guß errichtet. Die Bauweise ist zunächst mit etwas Holzaufwand verbunden, weil die Umfassungswände eingeschalt werden müssen. Wir verwenden dazu genutete Bretter. Die Schalungswände errichtet man im allseitigen Abstand (Zwischenraum) von etwa 6 cm, und zwar 5 cm im Boden beginnend. In diesen Zwischenraum wird die Betonmischung, unter gleichzeitigem Feststampfen, gegeben. Kräftig stampfen, damit jeder Hohlraum ausgefüllt ist! Zur Unterstützung der Haltbarkeit wird Eisendraht im Durchmesser von 2 bis 3 mm als Armierung eingefügt. Nur rostfreie Armierungen verwenden! Für die Unterseite benötigt man 3, für Ober- und Giebelseiten je 4 Drähte. Im Abstand von 50 cm werden sie vertikal untereinander verbunden. Das Verdichten des Betons sollte neben dem Stampfen auch noch durch Stochern unterstützt werden. Klopfen an der Schalung ergibt glattere Wände. Mit Bitumen ausgegossene Trennfugen in den Längsseiten sind nur bei Frühbeeten über 5 m Länge notwendig. Sehr ratsam ist es, das Frühbeet an jeder Ecke auf einen Betonsockel in der Abmessung 40×20×20 cm zu setzen. Zur Herstellung von Frühbeeten hat sich folgendes Mischungsverhältnis bewährt:
1 Raumteil Zement, 1½ Teile Betonsand (je zur Hälfte feinen bis 1 mm und groben Sand 1 bis 7 mm Durchmesser), 1½ Teile Betonkies über 7 mm Durchmesser. Kies und Sand müssen frei von Ton, Lehm und humosen Stoffen sein, weil sonst das fertige Material leicht zerfrieren und selbst unter Sommerbedingungen abblättern kann.

Noch ein Wort an die Gartenheimwerker:
Am brauchbarsten für Betonfrühbeete ist Kiesbeton. Zement und Zuchlagstoffe müssen auf einer sauberen Unterlage innig durchgemischt werden, bis das Ganze gleichmäßig grau ist. Wasser wird mit der Gießkanne oder dem Schlauch mit aufgesetzter Brause hinzugefügt. Nach dem trockenen Mischen wird dann bei gleichmäßiger Befeuchtung noch mehrmals umgeschaufelt. Der Wasserzusatz ist richtig bemessen worden, wenn sich die Mischung in der Hand zusammendrücken läßt und nach dem Öffnen der Hand die Form nicht verliert. Für Teile mit Armierung (Stahleinlagen) darf die Mischung breiiger sein, damit keine Hohlräume bleiben. Zu viel Wasser vermindert die Festigkeit, zieht den Abbindeprozeß in die Länge und beeinträchtigt die Formbeständigkeit; zu wenig verhindert das Abbinden. Bei der Herstellung von Betonteilen darf erst nach längerem Stampfen Feuchtigkeit auf der Oberfläche erscheinen. Je nach Witterung wird der Beton 5 bis 10 Tage feucht gehalten, bis der Abbindeprozeß vollzogen ist. Auf jeden Fall muß Schutz gegen Wasserentzug durch Wind, Luft und Sonnenschein gewährleistet sein, was durch Abdecken erreicht wird. Sobald das Bedeckungsmaterial trocken geworden ist, feuchten wir es wieder an. Temperaturen von +25° C und mehr beschleunigen den Erhärtungsvorgang. Bei Frost dürfen Betonarbeiten nicht ausgeführt werden.

Frühbeete aus Betonsäulen und -einschubplatten Sie sind in mehreren Varianten gebräuchlich. Die durchgehenden Säulen reichen von der Oberkante der Seitenwände bis etwa 60 cm in den Boden. Die je nach Ausführung 1 oder 2 m langen Platten stoßen in einer getrennten Nute innerhalb der Betonsäulen zusammen. Die Fenster sind beiderseitig (bei manchen Typen) in einer eingefügten Stufe der Seitenwände eingebettet. Gegenüber einem Stampfbetonfrühbeet verzeichnen wir hier den Vorteil, daß man es auseinandernehmen und woanders aufbauen kann. Ein Wanderkasten im üblichen Sinne ist diese Art allerdings nicht. Das ist schon durch das Gewicht der Bauteile bedingt. Tritt aber der Fall ein, den Garten aufgeben oder verlegen zu müssen, so läßt sich dieses Betonfrühbeet an einem neuen Standort wieder errichten. Wegen der recht komplizierten Holzformen, die

Auch diese Variante ist leicht selbst anzufertigen.

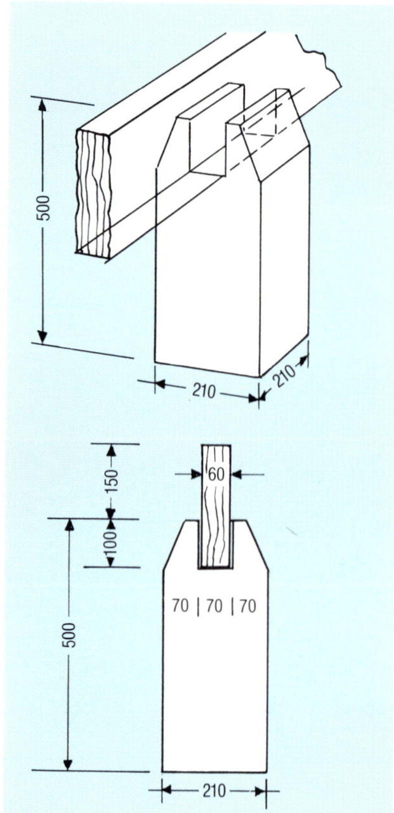

zur Schalung nötig sind, eignet sich dieses Frühbeet kaum für den Eigenbau. Dagegen läßt sich eine etwas abgewandelte Form recht gut selbst anfertigen:
Man stellt die Säulen in der Abmessung von 50×21×21 cm her und fügt in der Mitte des oberen Teiles eine 7 cm breite, durchgehende Nute ein. (Siehe Abbildungen Seite 20 r. u.) Die Säulen werden im Abstand von 1 m so weit in den Boden gesetzt, daß die Oberkanten mit der Bodenoberfläche abschließen. Die 1 m langen Betonplatten setzt man nun in die 10 cm tiefen Einschnitte der Säulen, und zwar so, daß jeweils in der Mitte 2 Platten zusammenstoßen. Die Plattenstärke bemessen wir auf reichlich 6 cm. Für die Eckpfosten müssen die Nuten im rechten Winkel zueinander angeordnet sein.
Für den Bastler, der im Umgang mit Beton etwas geübt ist, ist dies keine unlösbare Aufgabe.
Frühbeete aus U-Bank-Teilen Sie bestehen aus vorgefertigten Betonteilen, wobei Frühbeetober- und -unterseite einschließlich des meistens 50 cm breiten Weges gefertigt sind. Die größere Bedeutung hat diese Art beim Nebeneinanderstellen zweier Frühbeete. In diesem Fall bilden die beiden Außenseiten nicht mehr ein volles U, sondern sind von der Oberseite eines und der Unterseite des anderen Beetes jeweils mit Weganteil begrenzt. Natürlich können die äußeren, L-förmigen Begrenzungen auch zur Montage nur eines Frühbeetes verwendet werden. Die Giebel werden in Aussparungen an den Enden der Längsseiten eingeschoben. Ob gekauft oder selbst hergestellt, die U-Teile setzt man zweckmäßig auf Fundamente, 30 cm breit in der Länge der Wegbreite.

U-Bank-Frühbeete bestehen aus vorgefertigten Betonteilen.

Frühbeetfenster unter der Lupe

Die Auswahl besteht zwischen Holz- und Metallfenstern sowie Frühbeetbedachungen aus Hartplastik.
Die gebräuchlichsten Abmessungen sind 100 × 150 cm (Normalfenster) und 80 × 150 cm (Holländerfenster). Die Maße beziehen sich jeweils auf Breite × Länge. Bei Holz- und Metallfenstern ist man gut beraten, Ausführungen mit einer Mittelsprosse zu wählen. Am günstigsten ist die kittlose Verglasung. Die Scheiben werden nur einfach in die mit Nuten versehenen Rahmen und Mittelsprossen eingeschoben und mittels angenagelter Haltehölzer oder Gummistopfen arretiert. Holländerfenster haben nur eine 73×143 cm große Scheibe. Während Fenster aus Holz wie auch Frühbeete aus diesem Material Pflege erfordern, sind Metallfenster anspruchsloser. Sie sind aus verzinkten Stahlhohlprofilen gefertigt und auch in der Lebensdauer den Holzfenstern überlegen.
Auch Gewächse im Frühbeet brauchen geregelte Temperaturen. Mit Handbedienung gelingt das nicht immer so recht. Daher ist die Anbringung von stromlos funktionierenden, mit einem Ausdehnungsmedium gefüllten Automaten sinnvoll.

Welcher Fenstergröße gebührt der Vorzug?

Das Holländerfenster ist zwar handlicher, bei Glasbruch jedoch ist die ganze Scheibe entzwei. Am meisten verwendet wird das Normalfenster mit einer Mittelsprosse und 2 Einschubscheiben. Eine Ausnahme bilden die 80×150 cm großen »Richters Selbstlüftende Frühbeetfenster«. Dieser Fenstertyp erübrigt die Verwendung von Lüfthölzern, denn es wird automatisch über einen Thermostat gelüftet. Natürlich ist ein Frühbeetfenster mit einer solchen Perfektion (stromlose Automatik) teurer als ein normales.
Jedoch ist die Anschaffung für den Gartenliebhaber, der das Frühbeet auch einmal sich selbst überlassen muß, durchaus rentabel und zu empfehlen.
Auch Plastikfenster kommen immer

Verzinkte Frühbeetfenster, links Blank-, rechts Klarglas.

Isotherm-Lüftautomat (Dymo) am Frühbeet.

»Richters Selbstlüftende Frühbeetfenster«.

mehr ins Gespräch. Sie haben den Vorzug der Bruchfestigkeit und leichter Handhabung. Verschiedentlich werden auch Metallfenster mit Plexiglas-Profilplatten und Stegdoppelplatten – anstelle von Glas – ausgerüstet, auch mit automatischen Lüftungshebern.

Technische Besonderheiten und zusätzliche Einrichtungen

Als vorteilhaft hat es sich erwiesen, die Oberkante der Seitenwände entsprechend der Fensterneigung anzuschrägen, damit eine volle Auflage gewährleistet ist. Wer ein übriges tun will, kann ringsherum eine Stufe einarbeiten, um die Wärmehaltung noch wirkungsvoller zu beeinflussen. Bei Betonfrühbeeten ist dies gleich bei der Herstellung zu berücksichtigen. Die Fenster sind dann zwischen den Seitenwänden eingebettet, was den Luftaustausch weitgehend verhindert. Bei Holzfrühbeeten läßt sich dieser Effekt durch Anbringen einer Leiste, außen am oberen Rand der Seitenwände, erreichen. Man könnte aber auch die Seitenwände auf 1,50 m (Fensterlänge) setzen und innen eine Leiste anlegen. Um das Wegrutschen der Fenster beim Anheben zum Gießen zu verhindern, können pro Fenster 2 Fensterhalter auf die untere Wand gesteckt werden, soweit die Fenster nicht durch eine Stufe gesichert sind.

Beim Aufstellen von Betonfrühbeeten sollen die Bauteile möglichst nicht mit Metallwerkzeugen in Berührung kommen. Daher legen wir stets Holz zwischen Beton und Werkzeug. Holzformen werden am besten durch Zwingen zusammengehalten. Das Lösen der Formen geht dann besser und der Beton wird nicht beschädigt. Armierungen sollen mindestens 1 cm mit Beton überdeckt sein.

Immer mehr gewinnen Lüftungsautomaten auch für das Frühbeet an Bedeutung. Berufstätige kommen ohne so einen »technischen Helfer« nicht aus, der stromlos, energieunabhängig, betrieben wird und auch nachträglich eingebaut werden kann. Die Anschaffung ist ratsam, verhütet sie doch Über- und Untertemperaturen, die Pflanzenschäden verursachen (Vergessen des Auf- und Ablüftens), durch menschliche Unzulänglichkeit schlechthin.

Basteltalente, denen das tägliche Hantieren mit der Gießkanne nicht so recht behagt, werden es sich überlegen, wie sie sich die Bewässerung erleichtern können. Recht einfach läßt sich ein Beregnungsrohr anbringen und mit der Wasserleitung verbinden, wie es auf der Seite 56 beschrieben und skizziert ist. Wie im Gewächshaus können auch hier Tropfrohre oder -schläuche verwendet werden. Man legt sie längs; bei 1,50 m Frühbeetbreite 2 Stück, die an der Breitseite des Kastens in ein Verteilerrohr münden. Diese Bewässerungsart ist jedoch nur bei ausgepflanzten Gewächsen möglich.

Ringsherum Pflanzen, die mit ihrer Blütenpracht den Garten verzaubern und schmücken. Doch mittendrin das Kernstück – ein Gewächshaus. Hier lassen sich Wunschträume erfüllen, die das »Nur-Freilandgärtnern« nicht bieten kann und es kann der Grundstock für neues Wachsen und Gedeihen im nächsten Jahr gelegt werden.

Kleine Gewächshäuser für jedermann

Das Fundament

Dies ist zwar kein Konstruktionsteil, doch erfüllt es eine wichtige Aufgabe. Wir können es als den »Fuß« des Gewächshauses bezeichnen, auf dem die Konstruktion ruht. Gewächshäuser sollen auch an stürmischen Tagen unverrückbar fest stehen und sich auch nach Frostperioden nicht verziehen.

Es wäre Sparsamkeit am falschen Platz, wollte man bei stabilen Bauweisen diese Verankerung zu schwach herstellen oder gänzlich auf sie verzichten. Das Fundament stabilisiert die Gewächshauskon-

struktion und trägt zur besseren Warmhaltung des Hauses bei.
Hergestellt wird das Fundament aus 1 Raumteil Zement und 8 Raumteilen Sand und Kies. Empfohlen wird die Betonfestigkeitsklasse B 15. Es wird frostfrei, also 80 bis 100 cm tief, gegründet. Eine Breite von 20 bis 30 cm reicht für Kleingewächshäuser aus.
Fundamente lassen sich recht gut selbst fertigen. Allerdings muß man genau über die Gewächshausgröße und die Verankerung der Bauteile Bescheid wissen, um die notwendigen Aussparungen frei zu lassen bzw. die Steinschrauben, mit denen die Konstruktion befestigt wird, gleich einzubetonieren.
Die Hersteller von Fertigteil-Kleingewächshäusern liefern meistens einen Fundamentplan, auf dem die Einzelheiten vermerkt sind. Entsprechend der Abmessungen wird der **Fundamentgraben** ausgehoben und mit der breiigen Mischung gefüllt, wobei man als Füllmaterial auch Steinbrocken verwenden kann. Wichtig ist der waagerechte Abschluß, damit die Errichtung der Umfassungswände bzw. des Fundamentkopfes ebenso waagerecht weitergeführt werden kann und es keine Schwierigkeiten beim Aufsetzen der Konstruktion gibt.
Für Gewächshausarten mit hoher Stehwand wird der **Sockel,** auf dem die Konstruktion befestigt wird, unter Zuhilfenahme von Schalungsbrettern in einer Mischung von 1:3 auf das noch feuchte Fundament gestampft. Recht zweckmäßig ist das Einbringen von **Armierungseisen,** die horizontal und vertikal mit eingefügt werden und zur besseren Haltbarkeit des Fundaments beitragen. Die Oberkante des Fundamentkopfes soll schräg nach außen verlaufen, um auftreffendes Regenwasser sicher abzuleiten.
Bei Gewächshäusern ohne Stehwände oder mit niedrigen Seitenwänden kann die Umfassungswand ebenfalls aus Stampfbeton oder Mauerwerk hergestellt sein. Gemauerte Wände werden sauber verfugt oder erhalten innen und außen einen Verputz, dem ein wasserabweisendes Mittel beigefügt ist.
Für welchen Gewächshaustyp das Fundament auch hergestellt wird, wichtig ist, die aufsteigende Feuchtigkeit abzufangen. Zu diesem Zweck fügt man kurz über der Bodenfläche – am Übergang vom Fundament zum Sockel oder zur Mauer – einen isolierenden Dichtungsstreifen aus Dachpappe ein.

Der Aufbau

Das traditionelle Gewächshaus besteht aus einer Konstruktion, die sich aus verschiedenen Teilen zusammensetzt:
Binder heißen die tragenden Teile, an denen die übrigen Konstruktionselemente befestigt sind; sie sind von stärkerer Abmessung. Bei größeren Häusern reichen sie bis in das Fundament hinein, bei kleinen sind sie gemeinsam mit der Mauerschiene auf dem Fundamentkopf oder der Umfassungswand angeschraubt. Die **Traufe** ist der Übergang von der Stehwand zum Dach. An ihr sind die Dach- sowie die Stehwandsprossen befestigt und auch die Dachrinnen angebracht. **Unterzüge** oder **Pfetten** nennen wir die in der Dachbreitenmitte längsseitig durchlaufenden Profileisen, die bei kleineren Gewächshäusern meistens nicht notwendig sind. Der **First** ist der obere Abschluß des Gewächshauses. Die Dachsprossen verbinden First und Traufe. Sie dienen der Eindeckung als Auflage.
Das **Gewächshausdach** bildet den oberen Teil zwischen den Traufen einschließlich Sprossen und First. Ein etwas steileres Dach ist für den Lichteinfall günstiger.
Als **Stehwand** bezeichnet man den Teil des Gewächshauses zwischen Traufe

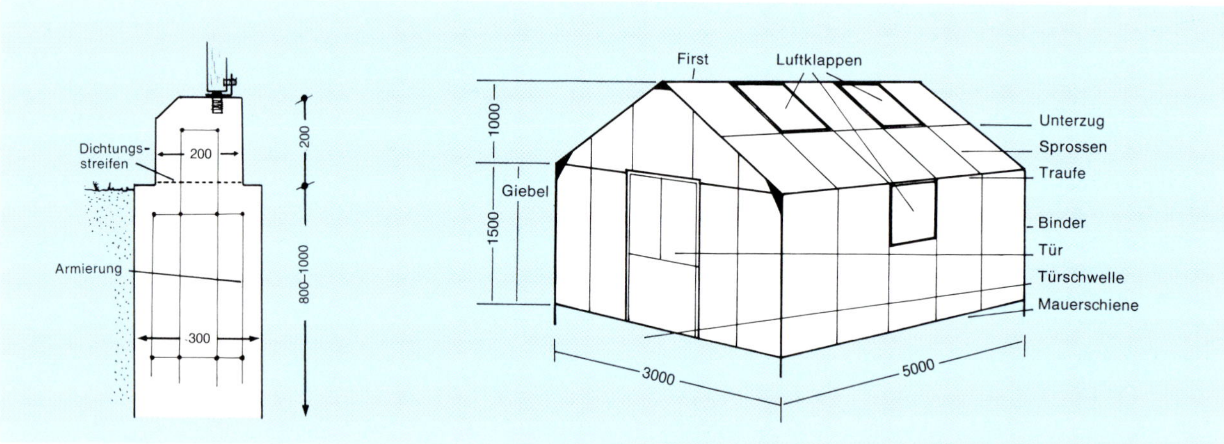

Links: Fundamentquerschnitt mit Sockel, rechts: Gewächshauskonstruktionsteile. Angaben in Millimeter (mm).

und dem Fundamentkopf. Satteldachgewächshäuser besitzen 2 Stehwände; Pulthäuser haben nur 1 Seitenwand. Auf dem Fundamentsockel bzw. auf dem höher aufgeführten Mauerwerk verbindet eine sogenannte **Mauerschiene** die Stehwandsprossen mit der Traufe. Wünschenswert sind gerade Stehwände. Schräge Seitenwände verengen den oberen Gewächshausteil. Aber auch die Stellfläche der Tische verkleinert sich dadurch etwas; man muß sie zwangsläufig schmaler halten, da ja nur in der Höhe des Fundamentkopfes die volle Gewächshausbreite zur Verfügung steht.
Die beiden Längsseiten werden durch die **Giebel** verbunden. Satteldachhäuser, die mit einer Stirnseite an einem Gebäude angebaut sind, haben nur 1 Giebel; Pultdachhäuser besitzen nur eine Längsseite und haben 2 Giebel.
Äußerst wichtig sind **Luftklappen** im Dach; am besten auch in den Stehwänden. Die Gewächshauslüftung hat die Aufgabe, die Innentemperatur im Gewächshaus zu beeinflussen, eine gute Luftumwälzung zu gewährleisten und auf den Luftfeuchtigkeitsgehalt einzuwirken. Für Pflanzen, die keine feuchte Luft mögen und nach dem Gießen rasch abtrocknen müssen, ist dies besonders wichtig. Luftklappen müssen in verschiedenen Stellungen festzustellen sein, um den Öffnungswinkel zu variieren und damit die Luftzufuhr zu regulieren. Am besten sind Zuluft- (in Stehwänden) und Abluftöffnungen (im Dach). Im Sommer soll eine weitgehende Angleichung an die Außentemperatur stattfinden, und auch bei Windstille soll der Lüftungseffekt gewährleistet sein. Mit leistungsfähigen Lüftungen wird der gesamte Luftinhalt des Gewächshauses etwa zwanzigmal in der Stunde erneuert. Manche Gewächshausfabrikate haben nur Luftklappen in den Giebeln; zur Unterstützung des Lüftungseffektes ist in solchen Fällen der Einbau eines Ventilators, in einer Giebelseite, zweckmäßig.
Die **Gewächshaustür** ist in der Regel in einem Giebel eingefügt. Um unkontrollierten Wärmeabfluß aus dem Gewächshaus zu vermeiden, sind dichtschließende Gewächshaustüren besonders wichtig. Türen, die 1,90 bis 2 m hoch und 0,70 bis 1 m breit sind, werden den Anforderungen am besten gerecht. Neben den vielverwendeten Drehtüren sind auch Schiebetüren von Interesse, weil sie besonders platzsparend sind. Nur achte man hier auf gute Abdichtung, um Wärmeverluste zu verhindern.
Die **Türschwelle** soll niveaugleich mit dem Gewächshausweg und dem umgebenden Boden sein. Erhöhte Schwellen stellen nur sogenannte »Stolperleisten« dar. Ausnahmen sind nur dann zu befürworten, wenn man sich durch eine höher liegende Schwelle vor einfließendem Regenwasser schützen muß. Allerdings ist in diesem Falle die Standortfrage nicht richtig gelöst worden.
Natürlich müssen nicht alle Gewächshäuser diese skizzierten Konstruktionen aufweisen. Es gibt auch Abweichungen.

Leichte und stabile Bauweisen im Vergleich

Leichte Bauweisen Sie haben den Vorteil, kostengünstiger erstellt werden zu können als solche, die auf einem frostsicheren Fundament ruhen und alle pflanzenbaulichen Wünsche erfüllen, wenn alle anderen Voraussetzungen gegeben sind.
Zu einer Leichtbauweise können wir auch Frühbeetfenster zusammenfügen. Als verbindende Elemente benutzt man Fensterhalter, die es in einigen Variationen gibt. Hierzu zählen aber auch Foliengewächshäuser. Diese sind aus den Kinderschuhen provisorischer Umbauungen längst herausgewachsen und haben ihren festen Platz in der Reihe ebenbürtiger Gewächshäuser eingenommen. Erstaunlich, welche Möglichkeiten der Ausnutzung findige Gartenpraktiker immer wieder ersinnen. Dazu beigetragen

haben natürlich auch witterungsbeständige Folienarten, die weit länger als ein Gartenjahr halten.
Leichtbauweisen sind in der Regel nicht dazu geeignet, das Gärtnern unter Glas und Folie ganzjährig betreiben zu können. Ähnlich wie die Wanderkästen bei Frühbeeten bieten sie bei Bedarf den Vorteil des Standortwechsels. Jedoch sind sie meistens nicht so »dicht« und würden einen erhöhten Heizungsaufwand erfordern, wollte man sie in den zwölfmonatigen Gartenfahrplan einbeziehen. Trotzdem sind Leichtbauweisen mit Heizungen auszustatten. Versierte Gartenpraktiker wissen das zu schätzen und vollbringen in diesen Bauweisen wahrhaft erstaunliche Leistungen vom Frühjahr bis zum Herbst. Und diesem jahreszeitlichen Nutzungswert sollte man sie auch zuordnen.
Von der Jungpflanzenanzucht für Gemüsebeete, Rabatten und Sommerblumen, über die Ausnutzung mit Gurken, Tomaten, Paprika und noch vieles andere mehr bis hin zum Herbstanbau mit Salat, Kohlrabi, Feldsalat und einigen anderen Gewächsen gelingt vieles. Im Herbst beweisen Leichtbauweisen noch einmal ihre Brauchbarkeit, wenn es gelingt, ohne Eile die Ernte einzubringen. Mehr noch, sie verlängern die Erntezeit und erleichtern auch die Einbringung von Wintergemüse, das sonst vielleicht schon unter einer Schneedecke versteckt wäre. Auch manch anerkennender Blick wird dann über den Zaun geworfen, wenn ein findiger Gartenpraktiker Dahlien und andere Frostempfindliche durch Überbauen mit folienüberzogenen Lattengestellen vor dem ersten Frost gerettet hat. Er kann sich unter Umständen noch wochenlang am erhaltenen Blütenflor erfreuen.

Hier läßt es sich ganzjährig gärtnern. Das Gewächshaus hat dazu alle Voraussetzungen (Super-Therm, von Schlachter).

Multibinder-Steck-Element.

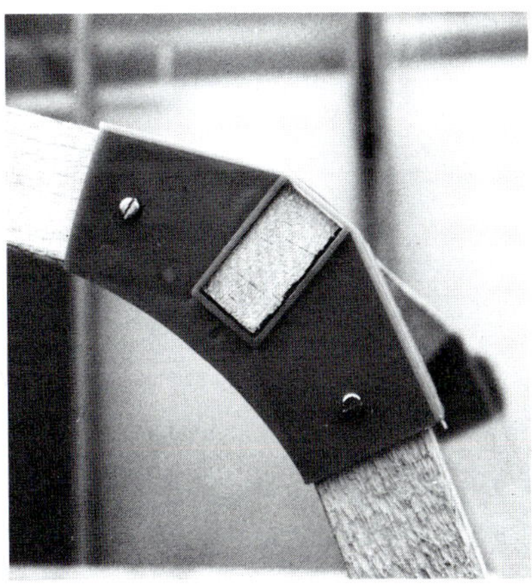

Stabile Bauweisen Sie erfüllen alle Anforderungen, die man an ein Gewächshaus stellt und werden in entsprechender Ausführung auch den verwöhntesten Wünschen gerecht. Fest zusammengefügt, die Einzelteile von Schrauben gehalten oder mit Schweißnähten verbunden und auf ein solides Fundament gestellt, ob in Eigenfertigung zusammengebaut oder als Fertigteil-Kleingewächshaus erworben: dieses Gewächshaus ist der Wunschtraum eines jeden, der sich mit Liebe, Verständnis und gärtnerischem Fingerspitzengefühl seinen Pflanzen widmet. Hier lassen sich nahezu alle pflanzenbaulichen Wünsche erfüllen. Das Kalenderjahr ist damit auch zum Gartenjahr geworden. Man läßt sich auch den Winter hindurch vom Wachsen, Blühen und Gedeihen faszinieren. Einerlei, ob man sich von grazilen exotischen Pflanzen verzaubern läßt oder die ganze Liebe den stachligen Gesellen der Kakteen und Sukkulenten zuwendet oder Gemüseanbau betreibt.

Die Bauformen

Wer sich ein Gewächshaus zulegen möchte, muß sich für eine der 3 Grundformen entscheiden:
Satteldachgewächshäuser Bedingt durch die beidseitig des Firstes angeordneten Dachflächen ist das Lichtangebot für die Gewächshausbewohner besonders groß. Das um so mehr bei freier Aufstellung im Garten. Denn auch bei trüber Witterung und in der Jahreszeit mit niedrigem Sonnenstand, also in den Wintermonaten bei verkürzter Tageslichtdauer, steht den Pflanzen das wenige Licht ungehindert zur Verfügung.

Aber nicht nur die Dachform ist entscheidend. Wichtig sind auch die Stehwände. Je höher diese sind, desto besser ist es. Dadurch ist das Gewächshaus nicht nur höher, es kann auch ringsherum mehr Licht in das Innere gelangen. Sicher gibt es auch Gewächse, wie Bewohner des tropischen Urwaldes, denen allzuviel Lichtfülle nicht behagt. Hier lassen sich aber mit Hilfe technischer Einrichtungen die Sonnenstrahlen mildern und diffuse Lichtverhältnisse schaffen.

Wo es die örtlichen Gegebenheiten erfordern, kann ein Satteldachhaus mit einem Giebel an eine Hauswand angebaut werden. Beide Möglichkeiten haben Vorteile. Eine freie Lage erfordert in jedem Fall einen höheren Wärmeverbrauch, selbst wenn der Anschluß an die Zentralheizung des Wohnhauses zu realisieren ist. Giebelseitiger Anschluß bedingt keine langen Rohrleitungen, zudem ist der Wärmebedarf geringer, weil ein Giebel als Wärmedurchgangsfläche entfällt. Bei einem 3,20 m breiten Satteldachhaus mit Einfachglas und 2 m hohen Stehwänden und einer Gesamthöhe von 2,90 m beträgt die Giebelfläche 7,85 m². Unter Zugrundelegung einer Temperaturdifferenz von 30° C sind das 1,8 kW Energiebedarf, die auf der Habenseite stehen. Lichteinbußen durch die Verbindung Wohnhaus-Gewächshaus sind nicht so einschneidender Art. Selbst ein freistehendes Gewächshaus ist tagsüber nur selten »lichtdurchspült«, weil es doch meistens in näherer oder weiterer Umgebung schattenspendende Objekte gibt. Mit einem Gewächshaus dieser Konzeption lassen sich alle pflanzenbaulichen Wünsche erfüllen, sofern es heizbar und für anspruchsvolle Pflanzen mit weiterem technischen Interieur ausgerüstet ist.

Rundgewächshäuser Die im Verlauf der letzten Jahre immer mehr gebauten »Rundhäuser« – in Wirklichkeit sind sie sechs- und neuneckig – bieten hinsichtlich des Lichtangebots für die Pflanzen keine Schwierigkeiten. Durch die fast am Erdboden beginnende Stehwand können auch unter den Tischen Pflanzen stehen. Da ein Rundgewächshaus stets frei im Garten plaziert ist, läßt es sich hinsichtlich der Anbaumöglichkeiten mit einem Satteldachgewächshaus vergleichen. Das betrifft allerdings nicht immer auch die nutzbare Fläche in Quadratmeter. Sie eignen sich eher für die Pflanzenanzucht und die Nutzung mit Ziergewächsen als für den Gemüseanbau.

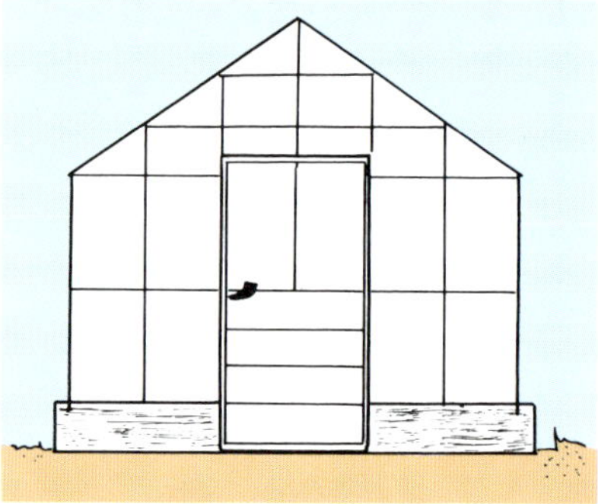

Satteldach-Gewächshaus.

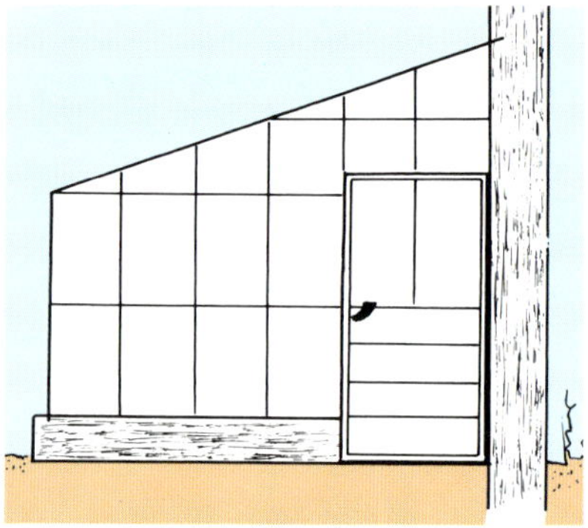

Pultdach-Gewächshaus.

Pultdachgewächshäuser Im Gegensatz zu den vorgenannten hat ein Gewächshaus dieser technischen Konzeption ein einseitiges Dach. Es wird längsseitig an eine Wand, eine Mauer oder die Garage angebaut. Die optimalere Verbindung besteht aber auch hierbei mit dem Wohnhaus. Allerdings wird dazu mehr Platz benötigt als beim giebelseitigen Satteldachhaus-Anbau. Immerhin wird ein Pultdachgewächshaus längsseitig angebaut bzw. »angelehnt«. Daher die Bezeichnung »Anlehnhaus«. Gartenfreunde, die dieses Gewächshaus mit der Neigung des Pultdaches nach

»Princess-Isoliergewächshaus«, Alu-Konstruktion mit Thermo-Acryl-Eindeckung, großer Schiebetüre und aufgestellten Lüftungsflügeln (Wagner).

Süden bauen, können ihren Gewächsen optimale Lichtverhältnisse bieten. Freilich wird es im Sommer auch mal zu warm, aber das läßt sich mit technischen Hilfsmitteln mildern. Wer sich bei der Anschaffung für eine möglichst hohe Stehwand aus Glas oder Kunststoff entscheidet, ist gut beraten, denn auch hier kann etwas unter den Tischen wachsen. Schließlich sind Schnittlauch und Petersilie nicht so anspruchsvoll, daß sie einen Platz auf den Tischen benötigen.

Gewiß, ein Pultdachgewächshaus ist ein »einseitiges« Gewächshaus, was die Dachform anbelangt. Im Grunde genommen ist es natürlich ein »halbes« Gewächshaus, was oftmals durch die Länge ausgeglichen werden kann. Beileibe ist es deshalb nicht weniger wert als ein Gewächshaus mit einem Satteldach, das Lichtangebot ist jedoch nicht so reichhaltig, als wenn das Tageslicht ringsherum in das Gewächshaus gelangt. Bei der Ausnutzung muß man daher versuchen, aus den Gegebenheiten das beste zu machen. Mit Pflanzen, die zum Gedeihen, über den ganzen Tag verteilt, viel Licht benötigen, sollte man es vielleicht lieber erst gar nicht versuchen, um sich Enttäuschungen zu ersparen. Intensives Sonnenlicht während einiger Stunden am Tage genügt nicht, um das Defizit während der übrigen Tageszeit auszugleichen, wenn die Lichteinstrahlung noch durch schattenspendende Sträucher, Bäume und ähnliches geschmälert wird.

Die Anzucht von Jungpflanzen ist in diesem Gewächshaus sehr wohl möglich, obwohl wir in vielen dieser Anzuchtstätten beobachten können, daß sich Pflanzen der Lichtseite zuwenden. Der Anbau der licht- und luftliebenden Tomaten kann unter Umständen schon riskant sein, ebenso die Anpflanzung von Salat, dessen Lichtbedürfnis sprichwörtlich ist.

Beim Abwägen der Vor- und Nachteile der Bauformen kommt es aber auch auf die jahreszeitlichen Gegebenheiten an. Eine Pflanzenkultur, die im Sommer durchaus zufriedenstellend verläuft, ist unter Umständen im Frühjahr heikel. Hinsichtlich des Lichtangebotes sind beispielsweise Gurken, die keine volle Sonne lieben, unbeschadet zu kultivieren. Andererseits ist zu bedenken, daß sommerliche Temperaturen durch lichtintensive Strahlung auch die »Anlehnmauer« aufheizen und das Wärmeangebot erhöhen kann, das meistens durch genügend dimensionierte Lüf-

Attraktiver Gartenmittelpunkt – das Pavillongewächshaus. Etwas nicht alltägliches und von konventionellen Bauformen abweichend; nach Angaben erstellter »Eigenbau«.

Sogar an das Gartenhaus im Freizeitgarten kann ein Pultdach-Gewächshaus angefügt werden. Für die Sommernutzung genügt Einfachverglasung; aber viel Lüftung!

tungseinrichtungen wieder aus dem Gewächshaus abgeführt werden muß.
In Südlage sind Anlehnhäuser ohne Schattiereinrichtungen kaum zu betreiben. So verzeichnen wir gerade bei diesen Gewächshäusern, jahreszeitlich gesehen, einen unausgeglichenen Wärme-, Licht und Klimahaushalt, den wir allerdings durch technische Zusatzeinrichtungen, wie beispielsweise Belichtung mit Leuchtstoffröhren zur Pflanzenanzucht, beeinflussen können. Vorzüglich eignen sich diese Gewächshäuser aber auch als Wintergarten. Der direkte Zugang vom Wohnhaus bietet sich hier ebenso an wie bei giebelseitig angebauten Satteldachhäusern. Pflanzen des Warmhausbereiches, auf die jedes Zuviel an Sonnenbestrahlung verderblich wirkt, sind hier ebenso gut aufgehoben wie Kübelpflanzen und andere Gewächse, die wir überwintern wollen und die nur minimale Temperaturen benötigen.

Die Gewächshaustypen

Der Nutzungswert eines Gewächshauses wird nicht nur von der Bauform, der Bauweise und einer Beheizungsmöglichkeit, sondern auch vom Typ bestimmt. Die Vielfalt ist recht groß; jeder Gewächshaushersteller nennt seine in der Länge und Breite verschiedenen Erzeugnisse »Typen«. Hier geht es aber um die Grundtypen, und von denen sind es eigentlich 4 ebenerdig gebaute Gewächshäuser, von denen sich alle anderen ableiten, und das Erdhaus, das es auch in mehreren Variationen gibt. Das Kriterium bei der Betrachtung der Gewächshaustypen ist die Gestaltung der Seiten- bzw. Stehwände. Den Ausgangspunkt bei der Erwägung der verschiedenen Gewächshausarten und die Bevorzugung eines bestimmten Typs bildet der Verwendungszweck.
Wer mit der Pflanzenanzucht für die Gartenbeete schon zeitiger beginnen möchte als im Frühbeet, kommt sicher mit einem Erdhaus gut zurecht. Mehr Möglicheiten bieten die 4 nachfolgenden Typen, wobei es auch hierbei Unterschiede gibt.

Ebenerdig gebaute Gewächshäuser

Stehwände vollständig aus Glas oder Kunststoff Bei diesem Typ sind die Stehwände direkt auf dem nur bis rund 20 cm aus dem Boden ragenden Fundament aufgesetzt oder beginnen überhaupt gleich auf dem Erdreich, wenn das Gewächshaus, wie bei einer Leichtbauweise, mit der Konstruktion fundamentlos im Boden verankert ist.

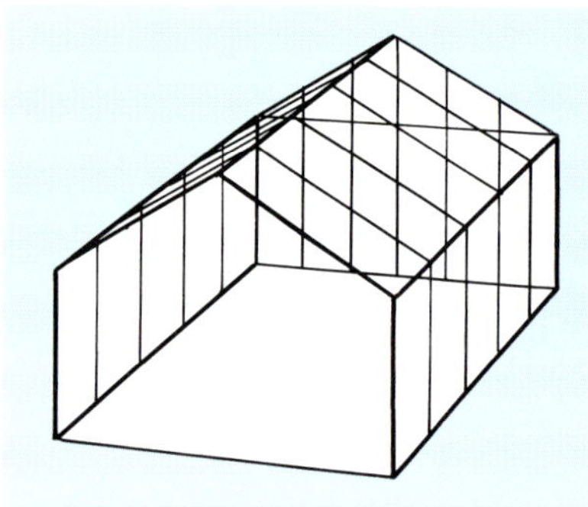

Die Stehwand beginnt am Boden.

Ein Gewächshaus dieser Konzeption ist der günstigste Typ – ein Mehrzweckhaus, das beheizbar rund ums Jahr ohne Einschränkung nutzbar ist. Ungehindert vom Mauerwerk kann das Licht von allen Seiten in das Gewächshaus hinein. Da spielt es keine Rolle, ob die Pflanzen auf Tischen, Hängen oder unten im Grundbeet, wie der Gärtner sagt, nämlich im Gewächshausboden, stehen. Alle Pflanzen gedeihen hier prächtig, wenn sie pfleglich behandelt werden.
Seitenwände zu einem Viertel aus festem Baumaterial und zu drei Vierteln aus Glas Das »feste Baumaterial« kann entweder aus dem so hoch geführten Stampfbetonfundament oder aus auf dem Fundament aufgemauerten Hohlblock- oder Ziegelsteinen bestehen. In der Wertung hinsichtlich der Nutzungsmöglichkeiten nehmen sie noch den zweiten Platz ein, da sie sich schon weitgehend dem Idealtyp nähern. Durch das Verhältnis $^1/_4 : {}^3/_4$ kann das Tageslicht auch noch unter die Tische

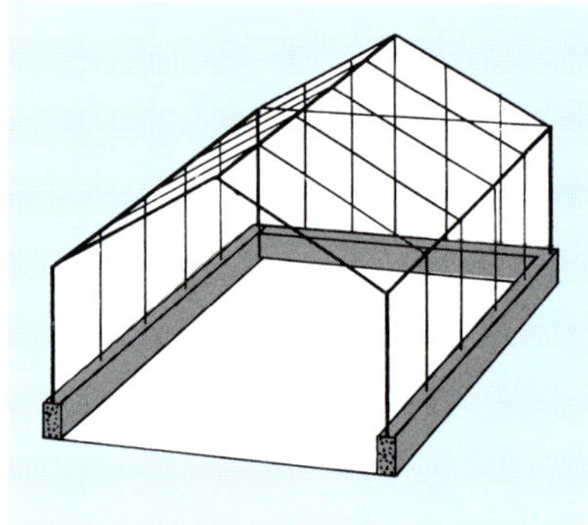

Ein Viertel der Seitenwände besteht aus Mauerwerk oder Beton, drei Viertel aus Glas oder Kunststoff.

gelangen. Unter diesen können wir Schnittlauch, Petersilie, Rhabarber und noch vieles andere antreiben und wachsen lassen. Auf den Tischen kann von der Jungpflanzenanzucht bis hin zu anspruchsvollen Zierpflanzen ohne Einschränkung alles angebaut werden, denn das Licht kann ungehindert von allen Seiten einfluten. Ohne Tische können Kopfsalat, Kohlrabi, Gurken, Tomaten direkt im Gewächshausboden, also im Grundbeet, angebaut werden.
Seitenwände je zur Hälfte aus Glas und aus festem Baumaterial Wer sich für so ein Gewächshaus entschieden hat, kann den Raum unter den Tischen kaum nutzen. Besonders in den lichtarmen Wintermonaten ist es hier selbst für Schnittlauch und Petersilie zu dunkel. Lediglich einige Pflanzenarten, die weniger Licht benötigen, wie Chicorée

Der Raum unter diesen Tischen läßt sich kaum nutzen.

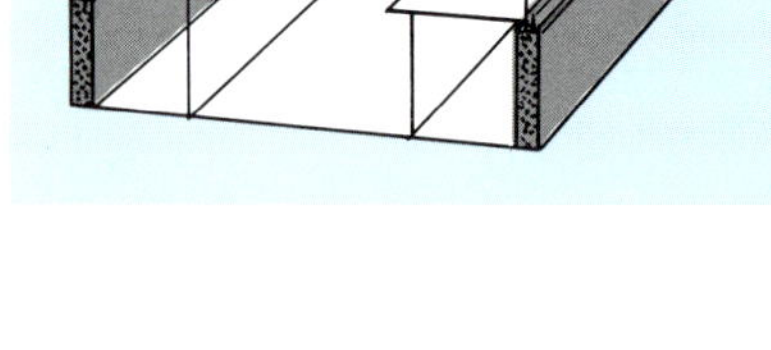

oder Rhabarber sind darunter »anzutreiben«. Auf den Tischen dagegen kann alles kultiviert werden. Dieser Haustyp hat seine größte Bedeutung als Anzuchthaus.

Hohe Umfassungswände aus Mauerwerk oder Beton Auf der Notenskala den 4. Platz müssen wir einem Gewächshaus zuordnen, dessen Seitenwände vollständig aus festem Mauerwerk oder Beton sind, oftmals als Fortführung des Fundaments nach oben. Das Dach liegt auf den Wänden. Die Gestaltung solcher Gewächshäuser sind keine Firmenfabrikate, sondern eigene Entwürfe von Gartenfreunden. Sie sind der ungünstigste Typ, da die Lichteinstrahlung nur von oben durch das Dach gelangen kann. Und begrenzte Lichtzufuhr schränkt die Möglichkeiten des Pflanzenanbaues gravierend ein. Selbst die Anzucht von Jungpflanzen gestaltet sich nur mit »Oberlicht« schwierig, von

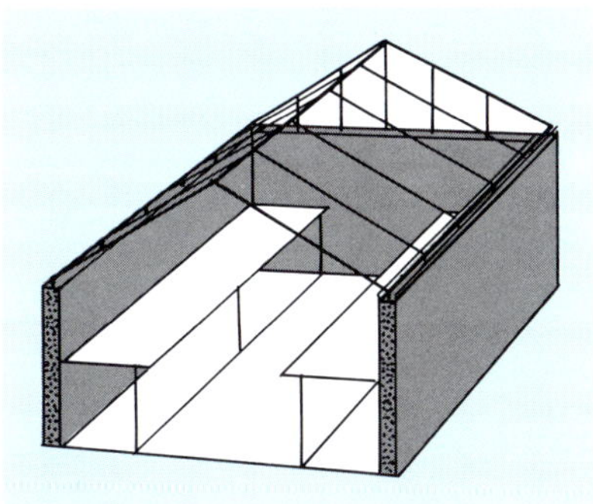

Die geringsten pflanzenbaulichen Möglichkeiten bietet dieser Typ.

anderen Verwendungen erst gar nicht zu reden. Gewächse, die diffuse Lichtverhältnisse wünschen, können hier sicher gedeihen, ebenso auch überwinternde Kübelpflanzen. Ansonsten ist diese Art Gewächshaus der von einem Mehrzweckhaus am weitesten entfernte Typ, und das Lichtdefizit wird durch den vermeintlichen Vorteil von Heizkosteneinsparung keineswegs ausgeglichen.

Dieser Typ ähnelt in der Nutzung schon dem Erdhaus, nur, daß hier die Umfassungswände aus dem Erdreich herausragen.

Erdhäuser

Als Erdhaus bezeichnet man ein in die Erde gebautes Gewächshaus. Aus dem Erdreich ragt nur das Dach mit einer mehr oder weniger hohen Stehwand oder die Fortführung des Fundamentes nach oben heraus. Erdhäuser sind die Vorläufer der heutigen Gewächshäuser. Einen besonderen Kult braucht man aber trotzdem nicht mit ihnen zu betreiben. Wenn in letzter Zeit wieder der »Erdhausgedanke« aufgelebt und sogar ernstzunehmende Gewächshaushersteller diesen Typ anbieten, dann hat das seine Ursache in der günstigen Wärmebilanz, keinesfalls aber in optimalen pflanzenbaulichen Möglichkeiten. Sorgt man nicht für eine Überdachung des Einstieges, können sich unter Umständen bei stärkeren Regenfällen Pfützen bilden, weil das Wasser die Stufen hinunterfließt. Erdhäuser sind in Satteldach- und Pultdachform vorhanden. Die Nutzung ist auf die Pflanzenanzucht und Pflege nicht hoch wachsender Pflanzenarten beschränkt. Zur Sommernutzung können beispielsweise keine Gewächshausgurken oder Tomaten angebaut werden. Dagegen gedeihen aber auf dem Erdreich entlangrankende Frühbeetgurken. Stangenbohnen, die in ebenerdig gebauten Häusern ausgezeichnet wachsen, sind hier fehl am Platz. In einer mit Stehwand ausgestatteten Konstruktion können aber Kopfsalat, Kohlrabi, Radies angebaut werden. Als Überwinterungshaus ist dieser Typ für viele Gewächse durchaus akzeptabel, wenn die Temperatur darin abgestimmt ist. Pelargonien, Fuchsien und die Wurzelknollen von Dahlien sind hier ebenso gut aufgehoben wie die Knollen von Gladiolen und die Zwiebeln anderer Gartenbewohner. Wer ein Erdhaus in seinem Garten hat, wird wissen, daß die Überwinterung hoher Pflanzen, wie z. B. Oleander, nur schlecht möglich ist. Es sei denn, die Tische könnte man herausnehmen. Meistens sind jedoch die Wegbegrenzungen aus Ziegelsteinen gemauert oder aus Beton gefertigt und mit Erde angefüllt.

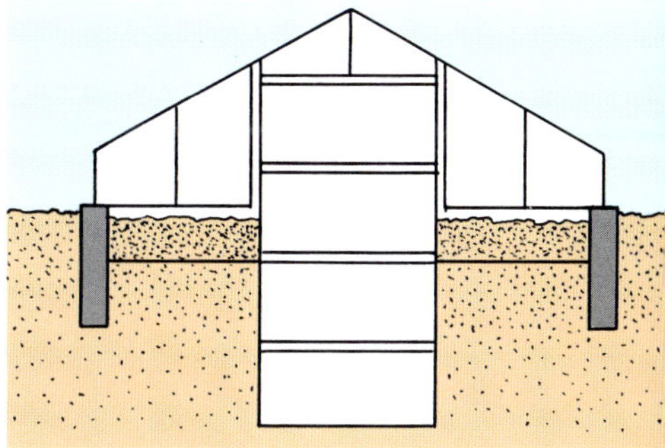

Erdhaus mit Stehwand.

Warm, temperiert oder kalt?

Außer nach Bauformen, Bauweisen und Typen teilt man Gewächshäuser nach der möglichen Erwärmbarkeit bzw. Temperaturgestaltung ein. Für den Pflanzenanbau ist das ein wichtiges Kriterium. Ebenso wie im Erdhaus keine Stangenbohnen oder andere hohe Pflanzen angebaut werden können, lassen sich im Kalthaus im Winter keine wärmebedürftigen Pflanzen kultivieren.

Die Einteilung nach der Erwärmbarkeit ist nicht als starres Schema zu verstehen. Wenn Sie in der Gartenliteratur Angaben darüber finden, werden Sie keine völlige Übereinstimmung feststellen können. Die klassische Einteilung lautet: Warmhaus: 18 bis 24° C; Temperiertes Haus: 12 bis 17° C; Kalthaus: bis +12° C; Überwinterungshaus: frostfrei. Andere Einteilungen gehen im Warmhausbereich von 18 bis gar 30° C, unterscheiden zwischen einem »mittelwarmen« Haus von 14° C und einem »kühlen« Gewächshaus von 8 bis 12° C. Wir wollen diese Einteilung nicht tierisch ernst nehmen, die Bereiche etwas großzügiger gestalten und überhaupt weiter fassen. Routinierte Gewächshausgärtner können es bestätigen, so aufs Grad genau funktioniert das ohnehin nicht. Es ist kein Mangel an gärtnerischem Fingerspitzengefühl, wenn an warmen Tagen im »temperierten Gewächshaus« das Thermometer trotz

Satteldachgewächshaus mit leicht angeschrägten Stehwänden, verzinkter Konstruktion mit aufgesteckten Profilen zur Wärmedämmung (siehe Seite 47), Dach-, Seiten- und Giebellüftung (Terlinden).

geöffneter Luftklappen, um die Mittagszeit 22° C anzeigt und am Abend in den Bereich von 10° C abrutscht. Schließlich ist die Tagestemperatur von der Sonne abhängig. Ordnen wir daher ein:

Warmhaus
von +17/18° C bis +24/26° C

Temperiertes Haus
von +7/10° C bis +14/17° C

Kalthaus mit Heizung
von +5/7° C bis +10/12° C

Die niederen Werte gelten als Nacht- und die höheren als Tagestemperaturen.

Überwinterungshaus
ab 0° C bis 5° C, also frostfrei

Foliengewächshäuser ohne Beheizungsmöglichkeiten sind in die Bereiche frostfreier Gewächshäuser einzuordnen. Selbst eine Beheizungsmöglichkeit ergibt nur den tempererierten Wärmebereich. Ein »Warmhaus« ist mit einer folienbespannten Konstruktion sicher nur schwerlich, obwohl mit zusätzlicher Noppenfolie überzogene Häuser auch den Winter hindurch genutzt werden, zu erreichen. Die Funktion als Überwinterungshaus, in dem Dahlien- und Gladiolenknollen, Blumenzwiebeln und Balkonpflanzen die kalte Jahreszeit über verbringen sollen, ist, ebenfalls wie beim Glashaus, mit einer Heizquelle zu verwirklichen, die in den Wintermonaten für den frostfreien Bereich sorgt.

Fertigteil-Gewächshäuser aus dem Baukasten

Viele »Gärtner aus Leidenschaft« sind für eine eigene Pflanzenanzucht zu begeistern, den dazu notwendigen Gewächshausbau aber überlassen sie gerne anderen. Ein Selbstbau ist auch nicht jedermanns Sache. Außerdem ist handwerkliche Arbeit für den Ungeübten nicht ganz einfach. Eine Selbstbaukonstruktion, die später dann doch ihre Mängel aufweist, kann aber zur Ursache ständigen Ärgernisses werden. Ein fertiges durchkonstruiertes Gewächshaus, das nur noch nach einem ausführlichen Bauplan zusammengesetzt werden muß, ist auf jeden Fall besser. Das Baukastensystem macht den Zusammenbau leicht. Alle Bauteile werden miteinander verschraubt und das Ganze kann aufgestellt werden.

Überblickt man den Zeitraum der vergangenen 20 Jahre, so wird am ehesten deutlich, welche enorme Entwicklung sich auf dem Kleingewächshausmarkt vollzogen hat, wobei man durchaus sagen kann, daß es vielfach Importeure englischer Gewächshäuser waren, die mit zuerst auf dem Markt erschienen, denn England und Kleingewächshäuser, das ist fast ein Begriff. So jedenfalls empfindet man es, wenn man durch England fährt und in vielen Gärten mehr als nur ein Gewächshaus sieht. Und wer Gelegenheit hat, die alljährlich Ende Mai in London stattfindende Chelsea Flower Show zu erleben, wird nicht nur von der Blütenpracht, sondern auch von technischen Angeboten und, last not least, von der Fülle der Typenvielfalt an Gewächshäusern geradezu überwältigt.

Auch heute ist noch ein Teil der im deutschsprachigen Raum angebotenen Aluminiumgewächshäuser englischer Herkunft.

Glücklicherweise hat sich inzwischen

eine beachtliche heimische Industrie entwickelt. Je größer aber das Angebot ist, desto mehr Auswahlmöglichkeiten sind vorhanden, um so kritischer muß man aber auch vergleichen. Preisschlager und Sonderangebote halten nicht immer das, was versprochen wird. Nachträgliche Korrekturen – soweit überhaupt möglich – übersteigen das vermeintlich eingesparte, bringen Ärger und können schon die erste große Freude nehmen. In Leseranfragen spiegelt sich oftmals die Tragweite einer – im wahrsten Sinne des Wortes – billigen Anschaffung wider.
Daher: wer sich für ein Gewächshaus interessiert, schaue sich nicht nur die meistens wunderhübschen Prospekte an, sondern versuche, eine getroffene Vorauswahl an Typen »von Angesicht zu Angesicht« kennenzulernen. Der Vergleich von Traufen- und Firsthöhe ist dabei ebenso wichtig wie die Frage nach geraden oder schrägen Stehwänden und Serienausstattungen. Oftmals reicht die Luftklappenanzahl für südliche Verhältnisse nicht aus.
Gute Möglichkeiten des Kennenlernens bieten die ständige Kleingewächshausausstellung im Blumenparadies der Insel Mainau im Bodensee mit mehreren Gewächshäusern, ferner auch mehrere gärtnerisch- und praxisgerecht, auch gemüseanbaulich genutzte Modelle im Institut für Gemüsebau der Fachhochschule Weihenstephan, Freising-Weihenstephan bei München. Die im 1- oder 2jährigen Turnus stattfindenden Ausstellungen für Gartenfreunde in verschiedenen Städten sind in dieser Hinsicht ebenso informativ wie auch

Oben: Aluminium-Satteldachgewächshaus, thermisch getrennte Profile, mit Plexiglas-Eindeckung 16 mm (Messerschmidt).

Unten links: Mit Plexiglas eingedecktes Aluminium-Gewächshaus und durchgehender Seitenlüftung (Krieger).

Unten: »Typ Meran« heißt dieses Alu-Gewächshaus mit Satteldach; noch fehlt die Eindeckung; möglich mit Blankglas sowie Hohlkammerplatten von 6–16 mm zur Wärmedämmung (Hoklartherm).

Oben: »Schlachter-Super-Therm«-Anlehnhaus, mit durchgehendem Lüftungsband im Dach (Schlachter).

Oben rechts: Lillinger Rundbogenhaus, Doppelprofile (Kropf).

Unten links: »Aluminium-Gewächshaus« (Krieger).

Unten rechts: »Novaflor-Gewächshaus«, Aluminium, Doppeltüre (Bartscher).

die Bundesgarten- und Landesgartenschauen.

Gewächshäuser sind in allen gebräuchlichen Materialien, von der einfachen Standardausführung bis zum vollautomatischen Modell, zu bekommen. Das Baukastensystem ermöglicht zu jeder Zeit eine Verlängerung des Gewächshauses.

Man kann also klein anfangen und später erweitern, wenn das Haus nicht mehr ausreicht.

Meistens liefern die Kleingewächshaushersteller auch Inneneinrichtungen und Heizungen; teilweise auch perfekte automatische Anlagen für die ständig wiederkehrenden Arbeiten, z. B. Gießen, Spritzen, Temperaturregeln oder Lüften. Gewächshausgärtner schätzen das sehr, wissen sie doch auch bei Abwesenheit ihre Schützlinge wohlversorgt und von optimalen Wachstumsbedingungen umgeben. Im Zuge der immer mehr zu Buche schlagenden Energieverteuerungen wird das Bestreben vieler Kleingewächshaus-Hersteller deutlich, Konstruktionen mit optimaler Wärmedämmung anzubieten und auch ganz neue Wege in

Aluminium-Gewächshaus, einbrennlackiert (verschiedene Anbieter).

Praktisch und exklusiv: Gewächshaus als Wintergarten (Schlachter).

der konstruktiven Gestaltung zu beschreiten.
Es gibt dazu schon einige praktikable Beispiele, wo die Konstruktion mit Kunststoffprofilen abgeschirmt, nicht mehr als »Kältebrücke« fungieren kann.
Aber auch für Balkongärtner und für Freizeitgärtner, denen nur ein Dachgarten oder eine Terrasse zur Verfügung steht, gibt es kleinere glas- und kunststoffeingedeckte Konstruktionen.
Natürlich sind sie ein wenig anders geformt als ihre »großen Brüder«; mit einer elektrischen Zusatzheizung sind sogar Ganzjahresnutzungen möglich. Oft finden hier Kakteenliebhaber für ihre stachligen Gesellen eine Heimat. Aber nicht nur das; Balkon- und Terrassenpflanzen gedeihen hier ebenso wie auch andere Gewächse, und vor allem können hier Küchen- und Gewürzkräuter (im Winter Schnittlauch, Petersilie, Kresse und vieles mehr) herangezogen werden, so daß sie stets frisch zu verwenden sind.
Aber auch der »Wohngarten unter Glas«; der Wintergarten alter Prägung erlebt eine Renaissance in neuer Form, in dem heutigen Lebensstil angepaßter Gestalt. Hierbei ist auch der Gedanke vordergründig, das Sonnenlicht optimal auszunutzen, um Energie zu sparen und überhaupt das ganze Wohnumfeld mit dekorativem Grün in Beziehung zu setzen. Die Erwartungen und Anforderungen sind heutzutage anders als in früheren Zeiten. Da galt der Wintergarten als Statussymbol wohlhabender Geschlechter, auch als Stätte der Konversation inmitten exotischen Fluidums. Der heute so bezeichnete Wintergarten gilt immer mehr als »Ganzjahresgarten«, denn er bietet vielfältige Möglichkeiten rund ums Jahr bei sinnvoller Nutzung. Warum nicht eine Trilogie: Folien-, Gewächshaus-Wintergarten für eine Fülle gärtnerischer Kreativität?

Minival Meister-Kleingewächshaus, 3,00 m breit x 6,21 m lang, Alu, durchgehendes Lüftungsband (Schneider KG).

Was vor der Anschaffung zu beachten ist

Vor allem: nicht zu klein bauen. Umfragen bei Gewächshausherstellern und Vertriebsfirmen haben ergeben, daß rund 90 % der Käufer Hausbreiten von 2,60 bis 3 m bei Längen von etwa 3 bis über 4 m wünschen. Schließlich kann bei einem längeren Gewächshaus eine Trennwand eingebaut werden. Und das ist eine feine Sache, denn dadurch hat man eine »kühle« und eine »wärmere« Abteilung. Somit lassen sich auch Gewächse mit unterschiedlichen Temperaturansprüchen anbauen. Das heißt noch lange nicht, daß man sich gleich in die Reihen der Orchideengärtner einreihen muß. Auch Gemüsepflanzen haben unterschiedliche Temperaturwünsche. Im Zweifelsfall lieber noch ein Jahr warten und sich dann etwas Vernünftiges zulegen, denn nicht nur die Anschaffung, sondern auch die Tätigkeit im Gewächshaus soll den Erwartungen entsprechen. Wer nur mit angewinkelten Ellenbogen und eingeschränkter Bewegungsfreiheit gärtnern kann, stets bedacht, nirgends anzuecken und nichts hinunterzuwerfen, wird auf die Dauer keine Freude daran haben. Dann eben lieber auf Kosten der Länge breiter bauen und später erweitern.

Für die künftige Nutzung ist es auch bedeutungsvoll, ob das Gewächshaus ein Erdhaus ist oder ein »Mehrzweckhaus« mit hohen Stehwänden im Bereich von 1,60 bis 1,80 m und einer Firsthöhe von etwa 2,10 bis 2,40 m, das allen pflanzenbaulichen Ansprüchen gerecht wird. Wer sich ein »Minihäuschen« zugelegt hat, als Satteldach unter 2 m breit und vielleicht nur 2 bis 2,50 m lang, darf keine hohen Ansprüche an die Nutzungsmöglichkeiten stellen.

Je mehr Luftklappen, desto besser ist es – das sagten wir schon im entsprechenden Abschnitt. Natürlich spielt auch die Bauform eine Rolle. Wo es sich anbietet, an eine Hauswand ein Pultdachgewächshaus zu setzen, läßt sich vielleicht

Delta-Kleingewächshaus »Immergrün« (Dörken).

Unten: vielfältige Nutzungsmöglichkeiten im Folienhaus, hier mit Gemüse (Beckmann).

Thermo-Rundbogen-Gewächshaus (Hoklartherm).

»Planta«-Folienhaus (Scharr).

sogar eine wintergartenähnliche Funktion verwirklichen. Hat das Wohnhaus Zentralheizung, um so besser ist es. Im übrigen gilt hierfür auch all das, was schon unter »Die Platzauswahl ist die erste Entscheidung« gesagt wurde.
Unter dem Nutzungsaspekt wollen wir auch nochmal die Türgröße ansprechen. Die Türgrößen bzw. deren Breiten sind für die Nutzung insofern von Interesse, da schmale Häuser in der Regel auch ebensolche Türen haben und Transportarbeiten behindern. Angenehm ist es nicht, wenn man sich, mit einer Pikierkiste in den Händen, seitwärts durch eine enge Türöffnung zwängen muß. Oft genug müssen Türen auch als zusätzliche Luftungsmöglichkeiten herhalten, wenn die dafür vorgesehenen Einrichtungen nicht ausreichen.
Ohne über Treppen und Stufen in das Gewächshaus gelangen zu können, erleichtert die Tätigkeit im Haus und rundherum. Vor allem bei einem größeren Gewächshaus weiß man es zu schätzen, wenn man mit der Schubkarre gleich durch die (entsprechend große) Tür in den Gang zwischen den Tischen fahren kann. Ist ein Höhenunterschied vorhanden, sollte man diesen als schiefe Ebene anlegen. Das ist auch nachträglich noch zu bewerkstelligen.
Noch ein Wort zur Türbreite, Treppen, Stufen in einem anderen Zusammenhang: Gärten werden immer mehr als Tätigkeitsbereiche für Behinderte herangezogen. Dabei werden auch kleine Gewächshäuser noch mehr an Beliebtheit gewinnen. Spricht man schon davon, daß vielerorts die Gärten nicht behindertengerecht seien (z. B. schmale Wege, auf denen kein Rollstuhl fahren kann), dann sollten auch Gewächshäuser solche Mängel nicht haben. Und zu diesen gehören Stufen, enge Türen und Treppen. Es wäre wünschenswert, wenn sich die Gewächshaushersteller hinsichtlich der sonst lieferbaren Sonderausstattungen auch auf diesen Personenkreis mit vielen begeisterten Gartenfreunden einstellen würden.
Ob Glas- oder Kunststoffeindeckung, vor allem ob Isolierglas oder einfache Verglasung, ist letztlich auch eine Frage des Geldbeutels. Zu berücksichtigen ist aber auch der Isolationswert. »Ganzjahres-Gewächshausgärtner« müssen an die Heizungskosten denken. Natürlich ist die Anschaffung teurer, aber wenn man ca. 40 % Heizkosten sparen kann, wird man sich die Energiesparmöglichkeit sicher nicht entgehen lassen. Unter diesen Gesichtspunkten sollte man die Firmenangebote kritisch prüfen, denn, wie gesagt, nachträglich läßt sich kaum etwas verbessern.

Was als Erstausstattung alles dazugehört

Kalthaus Wer ein Kalthaus hat, sei es ein kunststoffumhülltes oder ein glasbedecktes, benötigt eigentlich keine zusätzlichen Einrichtungen außer einer leichten Heizung. Wird darin nur ausgepflanzt, kann man eventuell auf Tische verzichten. Die Pflanzen setzt man in die Grundbeete, also in den Gewächshausboden, den man mit Torfmull oder Kompost verbessert. Als Wegbelag ist hier ein Holzrost durchaus ausreichend.
Temperiertes Gewächshaus Diese Form erfordert schon etwas mehr Investitionen. Die Heizung muß stärker ausgelegt sein. Außerdem sind Tische erforderlich, denn es wird auch Jungpflanzenanzucht betrieben. Topfpflanzen im Wärmebereich bis +17 °C benötigen je nach Erfordernis eine Schattiereinrichtung. Vor allem sind für den temperierten Bereich elektrisch beheizte Vermehrungsgefäße notwendig, wenn man Pflanzenanzucht betreiben will. Ein ausgesprochenes Vermehrungsbeet braucht man hier jedoch nicht unbedingt. Ein Thermometer wie auch ein Hygrometer zur Kontrolle von Temperatur und Luftfeuchtigkeit sollte jedoch vorhanden sein.
Warmhaus Erfordert mehr Aufwendungen. Außer einer Heizung, die auch starken Kälteeinbrüchen zu trotzen vermag, gehören Tische, ein ordentlicher Weg, eine Schattiervorrichtung zur Ausstattung, ebenso Luftbefeuchter, eventuell auch Zusatzbelichtung. Automatische Bewässerungseinrichtungen und Vorrichtungen zum vollautomatischen Betreiben von Geräten zur Klimaregelung können nach und nach angeschafft werden. Dagegen zeigt es sich immer wieder, daß man gut beraten ist, sich einen automatischen Lüftungsautomaten sogleich anzuschaffen. Wer kann denn immer den Witterungsverhältnissen entsprechend die Lüftung bedienen? Vor allem, wenn man berufstätig ist, weiß man seine Schutzbefohlenen daheim in den richtigen Temperaturbereichen.

Pflanzenanzucht im Folienhaus (Beckmann).

Innen-einrichtungen stellen sich vor

Zum fachgerechten Betreiben des Gewächshauses gehört mehr als nur die bloße Umhüllung aus Glas oder Kunststoff. Erst die technischen Einrichtungen ermöglichen den erfolgreichen Umgang mit Pflanzen. Zu den Einrichtungen gehört alles, was in ein Gewächshaus eingebaut werden kann. Je nachdem, welche Art von Pflanzenbau betrieben werden soll, ist mehr oder weniger Ausstattung und Zubehör erforderlich. Kann man auch ohne technische Ausrüstung Pflanzenbau betreiben? Ja, nur eben nicht auf allzu breiter Basis. Ohne Heizung ist ein Gewächshaus ausschließlich als Kalthaus zu nutzen. Hat das Gewächshaus keine Tische, kann der Pflanzenbau, einschließlich Jungpflanzenanzuchten, nur im Gewächshausboden erfolgen.

Ein Blick in das Pulthaus eines Liebhabers sukkulenter Gewächse. Durchgehende Lüftung, Ventilator (Schlachter).

Tische

Sie werden auch als Stellagen bezeichnet und ermöglichen eine bequeme Arbeitshöhe. Man braucht sich nicht zu bücken, was besonders bei der Jungpflanzenanzucht und der Pflege von Topfpflanzen angenehm ist. Außerdem stehen die Pflanzen näher im Lichtbereich. Wenn das auch in einem Gewächshaus mit bis zum Erdboden reichenden Seitenwänden nicht so eine große Rolle spielt, bei den anderen im Abschnitt über Gewächshaustypen besprochenen und auch bei Erdhäusern sollten Tische zur Grundausstattung gehören. Wer weitgehend Gemüseanbau betreibt, kommt auch im Gewächshaus mit hohen Seitenwänden ohne Tische aus. Hier wird gleich in das Grundbeet ausgepflanzt bzw. ausgesät. In vielen Folienhaustypen wird ohnehin so verfahren. Es empfiehlt sich aber auch hier, vielleicht nachträglich, eine Stellage (auch als Arbeitstisch) einzubauen.
Viele Hobbygärtner bringen nur auf einer Seite des Satteldachhauses einen Tisch an. In die andere Seite wird direkt in das Grundbeet ausgepflanzt.
Sehr gut bewährt sich folgende Variante: In einem Gewächshaus mit Trennwand wird das Warmabteil mit Tischen versehen und der temperierte oder kalte Bereich bleibt ohne Stellagen. Wer noch nicht recht schlüssig ist, was er anbauen möchte, sollte so verfahren und die Tische später einbauen.
In den Zubehörlisten vieler Gewächshaushersteller stehen Tische auch als nachträglich einzubauendes Interieur. Es braucht am Anfang nicht immer gleich alles hundertprozentig und komplett zu sein. Wir kennen viele, die mit einem Kalthaus begannen und sich erst später Heizung, Tische und noch einiges mehr anschafften. Mit der Erfahrung im Pflanzenbau »wuchs« auch die Inneneinrichtung.

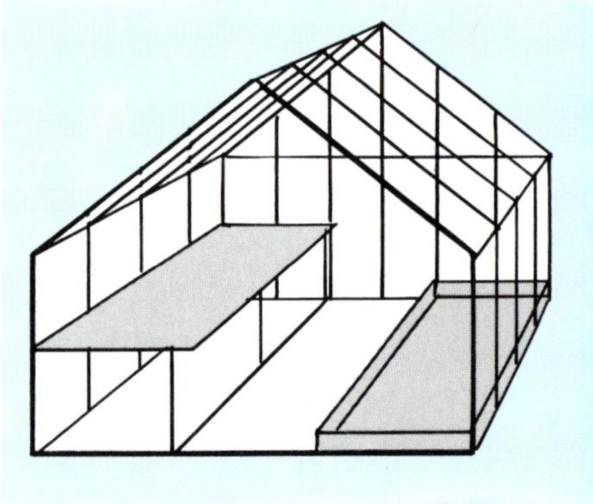

Inneneinrichtung mit vielen Nutzungsmöglichkeiten. Auf den Tisch kommen Kisten oder Töpfe, rechts in das Grundbeet Gemüse oder Zierpflanzen.

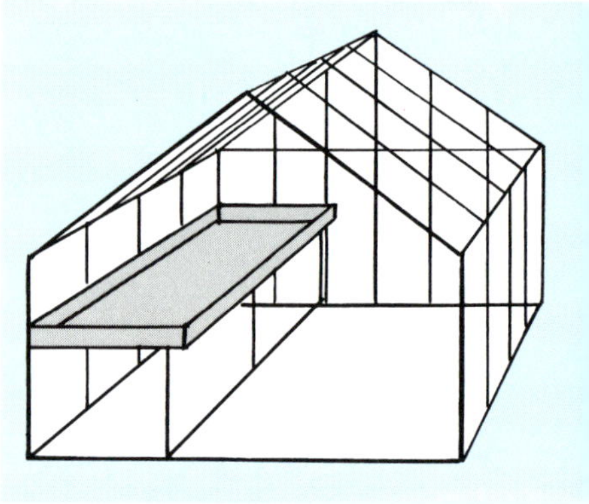

Werden die Ränder etwa 15 cm erhöht, können auf die Tische Erde aufgebracht und Radies, Salat und anderes angebaut werden.

Bequeme Tische sind 80 bis 100 cm hoch, niedrigere von 65/70 cm sind beim Tragen von Kisten nicht störend. Die Breite ergibt sich aus der Gewächshausbreite. Ein 3 m breites Gewächshaus mit 50 cm breitem Weg hat Platz für zwei 1,25 m breite Stellagen.
Gut bewähren sich Tischbeläge aus Faserzement, die in Winkelrahmen liegen. Betontische sind zu schwer und im Bedarfsfall auch nicht herauszunehmen. Vielleicht wollen Sie nach der Pflanzenanzucht im Frühjahr doch für einige Zeit die Tische entfernen und im Grundbeet Tomaten oder Gurken auspflanzen oder die Kübelpflanzen überwintern.

Hänge

Sie heißen auch Hängetische, -stellagen, -tabletts und haben ihren Namen daher, weil sie im Gewächshaus »hängen«. Sie bieten eine zusätzliche Stellfläche. Natürlich können wir solche Einrichtungen, die die Gewächshauskonstruktion belasten, nicht an ein leichtes Folienhaus anhängen. In die Winkelrahmen legen wir Faserzement- oder Glasplatten. Letztere haben den Vorteil, in unbesetztem Zustand noch durchscheinend zu sein, was der Lichtausnutzung zugute kommt.
Für Aussaaten und Stecklingsanzuchten sind Hänge ideale Stellplätze, ebenso für

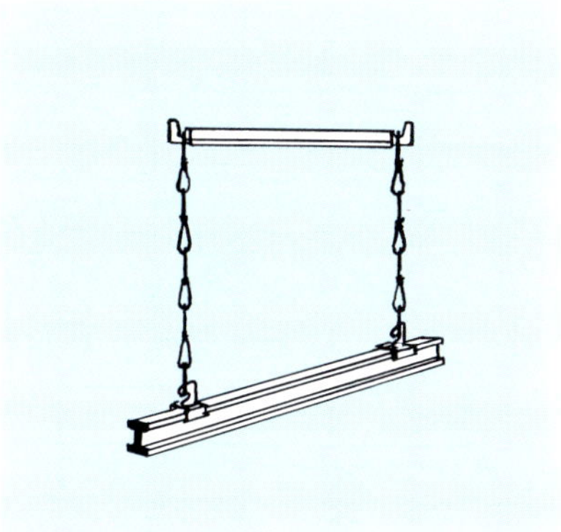

Anbringung von Hängen mittels Ketten.

Hängepflanzen im temperierten und warmen Bereich, weil diese sich, ihrer Wuchsform entsprechend, hier am besten entfalten können. Besitzer stabiler Gewächshauskonstruktionen können sogar zusätzlich Platz gewinnen, indem sie an den (geraden) Seitenwänden Konsolen anbringen. Allerdings sind das weitere lichtschluckende Elemente, die aber von Pflanzen, die diffuse Lichtverhältnisse wünschen, durchaus »akzeptiert« werden.

Vermehrungsbeet

Für routinierte Gartenpraktiker, besonders Warmhausbesitzer, ist es selbstverständlich, eine Einrichtung zu haben, die es ermöglicht, auch anspruchsvolle Pflanzen zu vermehren. Auch, wer sich erst im Laufe der Zeit zum Warmhausgärtner entwickelt, kann sich noch ein Vermehrungsbeet bauen – bei einigem Geschickt sogar selbst. Ein »klassisches« Vermehrungsbeet ist von einer Tischseite abgezweigt. Es hat eine Unterheizung, das heißt, einige Warmwasserheizungsrohre sind unter der Tischfläche, deren Länge für unsere Zwecke nur etwa 1 m zu betragen braucht, angeordnet. Dadurch wird an dieser Stelle mehr Wärme abgegeben. Und damit diese nur nach oben abstrahlt, werden die Seiten ringsherum »dicht« gemacht. Für das Warmhaus des Profis sollte man sich Mauersteine, Kelle und Mörtel besorgen und sich so eine »Kinderstube« des Gewächshauses selbst bauen oder mauern lassen. Eine Öffnung sparen wir aus. So gewinnen wir einen dunklen und sehr warmen Raum, der sich vorzüglich zum Treiben von Blumenzwiebeln, Maiglöckchen, Schnittlauch und anderem eignet, bevor die Pflanzen an das Licht gestellt werden. Die Öffnung wird mit einer Klappe verschlossen. Solide Ausführungen sind mit Scharnieren befestigt. Wem dies alles zu umständlich ist, kann auf eine normale Tischfläche mit erhöhtem Rand ein Elektroheizkabel auslegen. Das läßt sich sowohl für Warmhausverhältnisse wie auch im temperierten Haus bewerkstelligen. Sogar „Kalthausgärtner« haben diese Möglichkeit, wenn ein Stromanschluß vorhanden ist und eine obere Abdeckung keine Wärme entweichen läßt. Diese Methode ist vor allem auch dann anzuwenden, wenn das Gewächshaus nicht mit einer Warmwasserheizung erwärmt wird.
Eine andere Möglichkeit, Pflanzen im Gewächshaus, Frühbeet und sogar auf dem Balkon zu vermehren, bieten elektrisch beheizte Anzuchtkästen, Vermehrungsschalen, die auch mit automatischer Temperaturregelung angeboten werden. Hierfür ist wichtig, daß die eingestellte Temperatur konstant gehalten und auf jeden Fall Staunässe vermieden wird.

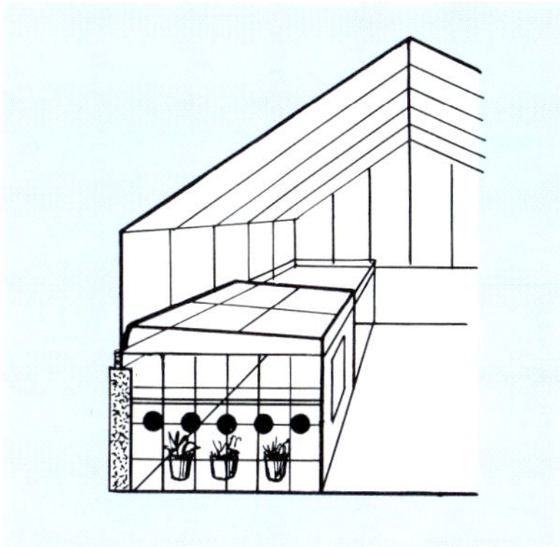

Vermehrungsbeet im Gewächshaus.

Wasserleitung

Wer ein Kalthaus im Garten hat, braucht nur eine Sommerleitung, die im Winter außer Betrieb bleibt. Ist sie abgestellt, läßt sich die geringe Wassermenge für Kübelpflanzen und andere Überwinternde leicht mit der Gießkanne von einem frostsicheren Wasseranschluß holen. Eine funktionsfähige Wasserzufuhr ist allerdings für ein temperiertes Gewächshaus und erst recht für ein Warmhaus erforderlich. Keine Frage, daß diese frostsicher angelegt und auch im Winter benutzbar sein muß. Frostfrei heißt, die Leitung (verzinkt oder aus Kunststoff) mindestens 80 bis 100 cm tief im Erdboden zu verlegen, am besten in eine grobkörnige Sandschicht. Steht das Gewächshaus in unmittelbarer Verbindung zum Wohnhaus, ist dieses Problem einfacher zu lösen.

Wasserzuleitung im Gewächshaus – wichtig bei »Winterbetrieb«.

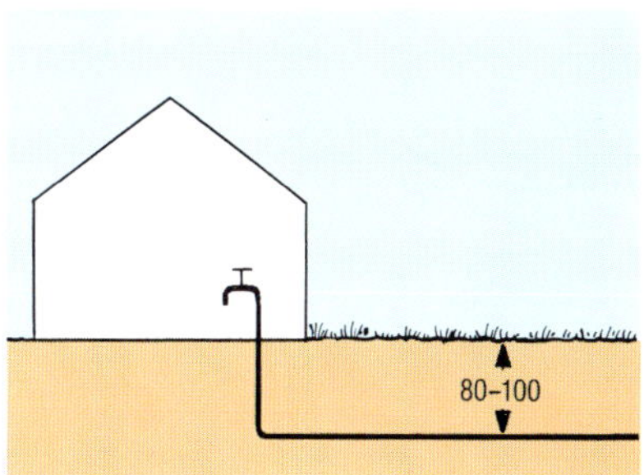

Bewässerung

Wasser hält nicht nur die Pflanzen »in Form«, es löst auch die im Boden befindlichen Nährstoffe. Aber nicht nur das Gießwasser ist wichtig, manche Pflanzen haben auch einen hohen Bedarf an Luftfeuchtigkeit. Je nach Pflanzenart ist der Wasserbedarf verschieden hoch. Im Gewächshaus rechnet man mit 1300 bis 1500 l pro m^2 und Jahr, im Frühbeet mit 800 bis 1000 l. Das sind Durchschnittswerte. Während z. B. eine Gurkenpflanze während der ganzen Kulturzeit 600 l braucht, kommen Sukkulenten mit 800 l pro m^2 und Jahr aus. Gut wäre ein Becken unter dem Wasserhahn, damit temperiertes Gießwasser zur Verfügung steht, das mit der Gießkanne herausgeschöpft wird. Mit dem Schlauch und Gießgerät zu gießen, ist eine weitere Möglichkeit, die nicht so schädlich ist, wie es hin und wieder heißt. Durch folienausgekleidete Tische können sich Gewächshausgärtner die Wasserversorgung ihrer Schützlinge wesentlich erleichtern. Voraussetzung dafür ist eine möglichst ebene Tischfläche, die mit einer ringsherumlaufenden Randleiste von 4 bis 5 cm Höhe umgeben sein muß. Dieses flache Becken wird mit einer 0,10 mm starken PE-Folie ausgekleidet, das nun mit einer kalkfreien Sandschicht in der Körnung von

Einzeltopfbewässerung: Links: Einzeltopfbewässerer im Blumentopf. Rechts oben: Löcher einstechen. Rechts unten: Bewässerungsschlauch einsetzen.

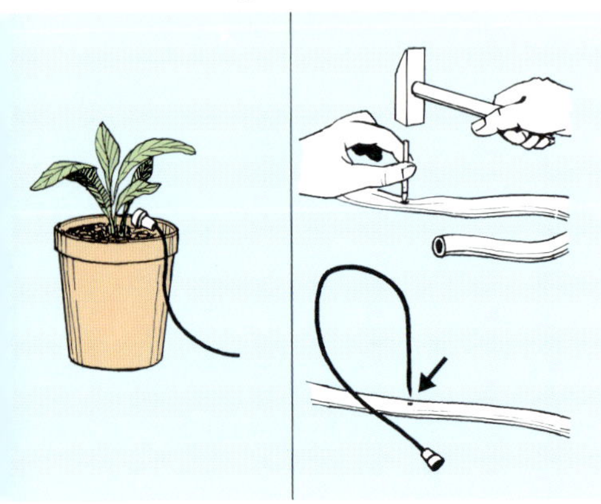

Ein Tensiometer regelt die Bewässerung automatisch. Der Fühler steht im Wurzelbereich.

2 bis 3 mm Durchmesser bis 3 cm hoch angefüllt wird. Nachdem der Sand glattgestrichen ist, werden die Töpfe darauf gestellt. Damit eine gleichmäßige Wasserversorgung der Pflanzen erreicht wird, müssen alle Töpfe gleichmäßig und gerade auf die Sandschicht gestellt werden. Wesentlich an dieser Methode ist die Befeuchtung des Sandes mit Wasser. Das Prinzip beruht auf der unterschiedlichen Wasserspannung zwischen dem Sand und dem Substrat in den Pflanzentöpfen. Vorsicht ist allerdings geboten bei gleichzeitiger Verwendung von Ton- und Plastiktöpfen. In letzteren wird die Feuchtigkeit wesentlich länger gehalten.

Anstelle von Sand können auch Bewässerungsmatten auf dem Tisch ausgerollt werden. Sie saugen sich voll Wasser und geben es an die Töpfe und Kisten ab. Die Wasserzufuhr läßt sich mit gelochten Folienschläuchen gut lösen. Mittels eines Magnetventils und Feuchtefühlers läßt sich die Wasserzufuhr sogar automatisieren. Dieses Verfahren erspart jegliche Handarbeit. Mit geringen Kosten läßt sich die automatische Wasserzufuhr auch über einen Schwimmer in einem besonderen Becken an einer Tischseite verwirklichen. Durch ein gelochtes Plastikrohr, das in den Schwimmerkasten mündet, gelangt das Wasser in die Sandschicht. Ebenso wie Tische können auch Hänge im kleinen Gewächshaus, mit Folie ausgekleidet und mit Sand beschichtet, mittels Tröpfelschläuchen bewässert werden. Die Entwicklung auf dem Gebiet ist noch nicht abgeschlossen.

Auch einzelne Pflanzen können »tröpfchenweise« bewässert werden, indem von einem in Tischmitte liegenden Plastikrohr dünne Schläuche zu den Töpfen führen und dort mittels Klammern oder kleinen Gewichten befestigt werden. Im Grundbeet ausgepflanzte Gewächse, vor allem auch Gemüsepflanzen, können ebenfalls mit Tröpfchenschläuchen, auch einzeln, bewässert werden. Automatik ist in jedem Fall günstig, damit das Wasser stets bei Bedarf zur Verfügung steht, wie es zum Beispiel bei Systemen mit Fühlern aus Holz oder Ton verwirklicht ist. Hier erhält jedes Pflanzgefäß einen Regler, der über einen dünnen Schlauch mit einem Wasserbehälter verbunden ist. Da der

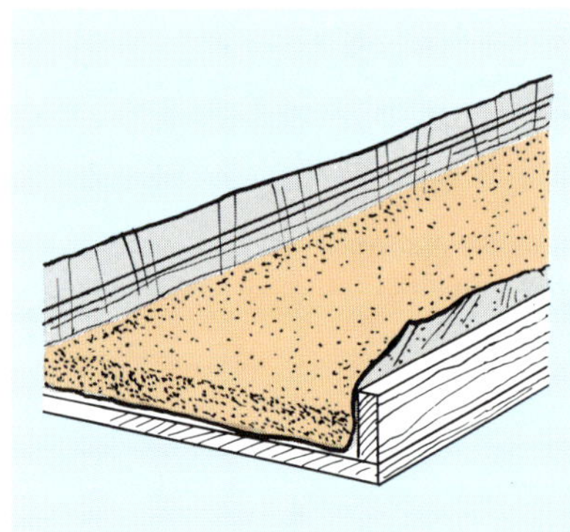

Folienauskleidung zur Sandbefeuchtung.

Aufbringen der Bewässerungsmatte.

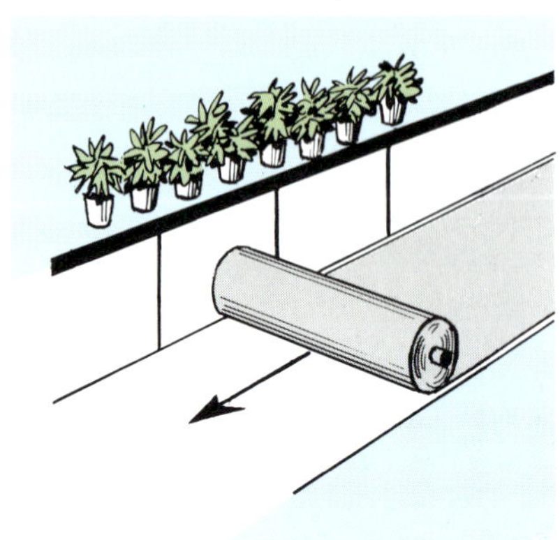

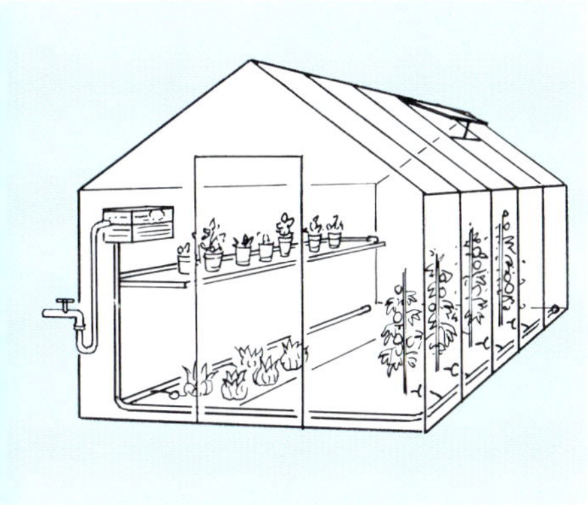

Selbsttätige Bewässerung mit dem BETA 8-System, hier über Wasserhahn und Behälter mit Schwimmerventil.

Regler auf Trockenheit und Feuchtigkeit reagiert, wird stets so viel Wasser in der benötigten Menge zugeführt, wie es die Pflanzen verbraucht haben. Sehr zu empfehlen für Pflanzen, deren Blattwerk nicht naß werden soll (z. B. Tomaten).
Für andere können die Freizeitgärtner eine kleine Beregnungsanlage basteln. Mittels Magnetventil, Feuchtefühler und Steuergerät ist die Bewässerung auch hier automatisierbar. Man benötigt ein Rohr, das man mit Düsen bestückt und unter dem First aufhängt, oder zwei Rohre, die man beidseitig des Gewächshausweges anordnet. Wir verwenden verzinkte Rohre, Aluminium- oder Plastikrohre.

Beleuchtung

Damit man auch noch abends und während der Nacht nach dem Rechten sehen oder seine Schützlinge einem späten Besucher zeigen kann, sollten eine oder mehrere Lampen im Gewächshaus angebracht sein. Damit man nicht im Dunkeln zu tappen braucht, installiert man 3 bis 6 W/m² Gewächshausfläche. Bei einem 3×5 m großen Gewächshaus sind das 45 bis 90 W, also eine 40- bis 100-W-Glühlampe, wobei die Lichtverteilung bei 2 Lichtstellen günstiger ist. Bei Leuchtstoffröhren rechnet man mit 2 W/m², was in diesem Fall 30 W entspricht. Als kleinste angebotene Leistung installiere man eine 40-W-Leuchtstofflampe der Lichtfarbe »Universal Weiß«.

Arbeitstisch

Wer großzügig gebaut hat, wird sicher von einem Gewächshaustisch ein Plätzchen zum Aussäen, Pikieren, Ein- und Umtopfen, Stecklingeschneiden abzweigen können. Freilich gibt es nicht ganzjährig diese Arbeiten zu verrichten, so daß man sich auf diese Art behelfen kann. Für das temperierte Gewächshaus und das Kalthaus (auch das Folienhaus) trifft das sicher zu.
Trotzdem wäre hier und erst recht im Warmhaus ein besonderer Arbeitstisch sehr nützlich. In Gewächshäusern mit einer Heizstelle im Vorraum läßt sich ein Arbeitstisch leicht unterbringen, in anderen vielleicht gleich neben dem Vermehrungsbeet. Findige Gartenpraktiker bauen sich auch bewegliche Tische, die bei Bedarf, den Weg überbrückend, auf die Ränder der Gewächshaustische aufgelegt werden. Eine gute Idee ist es auch, einen flexiblen Tisch am Ende des Gewächshauses als Abschluß des Weges anzuordnen.

Gewächshausweg

Je festgefügter die Bauweise ist, desto massiver soll auch der Weg sein. Legt man ihn aus Beton, an Ort und Stelle hergestellt, an, hat man eine dauerhafte Lauffläche.
Wege aus Betonplatten, besonders Waschbeton, dies wirkt optisch gut und ist auch hinsichtlich der Begehbarkeit griffig, sind ebenso geeignet. Zudem sind sie besser als feiner Glattstrich, der bei feuchter Oberfläche nicht rutschfest ist und leicht zu Unfällen führen kann. Nur sollten die Wege festgefügt, das heißt, auf einem soliden Kiesunterbau, besser noch auf einer zusätzlichen Magerbetonschicht, verlegt sein. Der Weg sollte etwas höher als der Gewächshausboden sein, damit der Gang gut sauberzuhalten ist.

Ein Holzrost als Weg ist schnell zusammengenagelt und auch leicht herauszunehmen.

Kies- und Sandwege sind in die Reihe der Provisorien einzuordnen. Zwar werden auch diese Materialien durch ständiges Begehen verfestigt, jedoch ist die Gefahr der Verschmutzung recht groß und eine Reinigung schwerlich möglich. Dauerndes Knirschen bei Schritt und Tritt ist aber auch nicht jedermanns Sache. Außerdem ist so ein Weg gegenüber dem umgebenden Gewächshausboden nur mittels Randbegrenzungen erhöht anzulegen.
Selbst wenn Schlacke preiswert zu erwerben ist, sollte man sie nicht in die Überlegungen zum Wegebau einbeziehen.
Dagegen sind Holzroste durchaus angebracht. Vor allem sind sie mühelos wieder umzusetzen und bei einem Standortwechsel des Gewächshauses (Folienhaus) wieder verwendbar. Außerdem können sie auch ohne besondere handwerkliche Fähigkeiten selbst angefertigt werden.

Elektrizität – kein Buch mit sieben Siegeln

Die Elektrotechnik bietet die Voraussetzungen für den Einsatz klimatechnischer Einrichtungen im Gewächshaus. Ein Warmhaus ohne Elektroanschluß ist einfach undenkbar, denn optimale klimatische Voraussetzungen sind eben nur mittels elektrobetriebener Einrichtungen zu bieten. Aber auch im temperierten Gewächshaus und im Kalthaus sollte ein Stromanschluß vorhanden sein, wenigstens für Lampen und Heizung.

Die Maßeinheit für den elektrischen Strom und dessen Leistung ist Watt (W). Die Spannung wird mit Volt bezeichnet (220 V Wechselstrom bzw. 380 V Wechselstrom, der auch als Dreh- oder Kraftstrom bezeichnet wird). Ein weiterer Begriff ist die Stromstärke, die mit Ampere (A) bezeichnet wird. Strom ist das Endprodukt, das sich aus der Leistung und aus der Spannung zusammensetzt: Watt = Volt × Ampere (W = V×A).

Verfallen Sie nicht in den Fehler, das Vorhaben für die Installation technischer Ausrüstung planlos in die Tat umsetzen zu wollen. Einrichtungen für die Stromversorgung erfordern genaue Überlegungen. Künftiger Leistungszuwachs, das heißt, noch anzuschaffende Geräte, müssen berücksichtigt werden. Besonders zu beachten ist, daß die Installation nur von einem beim EVU (Elektro-Versorgungs-Unternehmen) eingetragenen Elektrofachmann errichtet und instandgesetzt werden darf. So ist am ehesten gewährleistet, daß sie den VDE-Bestimmungen entsprechen.

Die Grundlage für die Planung ist der Anschlußwert. Das heißt, es ist von der Nennleistung aller elektrobetriebenen Geräte, die gleichzeitig betrieben werden, bei der Bemessung der gesamten Anlage, der einzelnen Anschlüsse und der Stromkreise auszugehen.

Gerade beim Umgang mit der Elektrizität ist die Sicherheit nur gewährleistet, wenn bestimmte Vorschriften und Bestimmungen beachtet werden. Eigene Basteleien gehören auf diesem Gebiet in den Bereich des Unerlaubten! Das um so mehr, da nach der »VDE 0100« verschiedene Raumarten unterschieden werden und Gewächshäuser in die Gruppe der »feuchten und nassen Räume« einzuordnen und entsprechend zu installieren sind. In »feuchten und nassen Räumen« dürfen für feste Verlegung nur Feuchtraumleitungen oder -kabel verwendet werden. Als bewegliche Leitungen sind mindestens mittlere Gummischlauchleitungen oder, noch besser, schwere zu verwenden.

Festangeschlossene Geräte ab 2 kW sollten gesonderte Stromkreise erhalten, so z. B. Elektrorippenrohr-Heizkörper, die es in verschiedenen Abstufungen hinsichtlich der Leistung gibt.

Möglichkeiten der Beheizung

Ein Gewächshaus selbst ist ja schon mit einem Sonnenkollektor vergleichbar, denn die am Tage eingestrahlte Wärme wird »eingefangen«, trägt mit zur Deckung des Wärmebedarfs bei – aber eben nur am Tage und je nach Strahlungsintensität. So wäre eine solarunterstützte Beheizung durchaus denkbar, etwa durch die Nutzung von Umweltwärme über Kollektoren und Speicher in der Art der zeitlich verschobenen Abgabe nachts, denn hier werden rund 75 % des Heizenergiebedarfs benötigt. Das Problem ist nur die Speicherung. Aber Modellversuche werden sicher auch hier künftig zu einer Problemlösung gelangen. So muß auch zunächst weiterhin die fehlende Wärme durch die Heizung voll ersetzt werden. Welche, das muß von Fall zu Fall entschieden werden. Nachfolgendes soll dazu beitragen, Entscheidungshilfen zu geben. Aber soviel schon vorab: die Anschaffungskosten müssen im Verhältnis zum Nutzen stehen.

Raumheizung

In Betracht kommen Warmwasserheizungsrohre und auch Luftheizungen, weniger Elektroheizungen (diese nur für die Übergangszeit) im Gewächshaus. Im Frühbeet verwenden wir auch Warmwasser- und Elektroheizungen.

Warmwasserheizung Bei der Warmwasserheizung fließt erwärmtes Wasser durch Metallrohre und beheizt hierdurch den Raum. Die Erwärmung des Rohrinhaltes erfolgt in einem Heizkessel. Die Rohrführung sollte so erfolgen, daß eine gleichmäßige Wärmeverteilung erzielt wird. In Gewächshäusern mit fest eingebauten Tischen kann ein Teil der Rohre unter diesen Tischen angeordnet sein (Unterwärme). Sonst verlegt man die Heizrohre entlang der Stehwände und bei hohen Häusern eventuell in der Mitte der Dachseiten. Ohne die Dach-

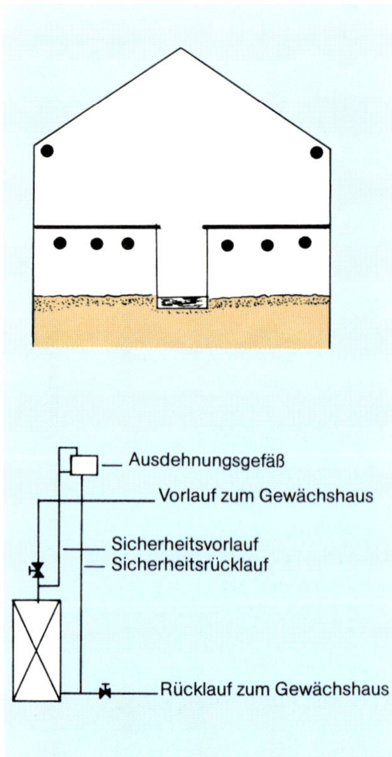

Oben: Heizrohre unter den Gewächshaustischen und im Traufenwinkel.
Unten: Heizkessel mit Rohrführungen.

konstruktion zu belasten, können die Rohre auch nur an den Seiten angebracht sein. Die Rohranordnung richtet sich weiterhin nach der Innenausstattung. Keinesfalls dürfen Heizrohre so verlegt werden, daß Pflanzenteile durch Verbrennungen Schaden erleiden.
An der höchsten Stelle des Rohrgefüges ist das **Ausdehnungsgefäß** angebracht. Es ist unbedingt notwendig, um das größere Wasservolumen, das durch die Wassererwärmung im Rohrsystem entsteht, aufzunehmen. Der Wasserumlauf nach dem Schwerkraftprinzip erfordert ein leichtes Rohrgefälle von ca. 10 mm/m Rohr. Vorteilhaft ist eine Heizungs-Umwälzpumpe. Dann erübrigt sich diese leichte Neigung. Eine Warmwasserheizung garantiert eine gleichmäßige Erwärmung des gesamten Kulturraumes. Sie ist als sichere und zuverlässige Heizung anzusehen. Trotzdem kann man ihr eine gewisse Trägheit nicht absprechen. Es dauert geraume Zeit, bis sich das Wasser im Kessel erwärmt und durch die Rohre zirkuliert. Umgekehrt wird noch längere Zeit Wärme abgestrahlt, auch wenn sie nicht mehr benötigt wird und die Heizung abgestellt ist.
Ölofen Gut haben sich Ölöfen für die Gewächshauserwärmung bewährt. Mit Hilfe eines zusätzlichen Ventilators, der über dem Ölofen angebracht wird, läßt sich auch eine gute Umwälzung und Verteilung erzielen, denn im kleinen Gewächshaus ist eigentlich nur an der Giebelseite Platz. Die Bedienung des Ofens ist einfach, das Heizen sauber. Als Kamin genügt ein aus dem Dach hinausführendes Blechrohr, das durch eine Blechplatte geleitet wird.
Gasheizer Mit Gas werden nicht nur Warmwasser-Heizkessel betrieben, sondern auch, ähnlich Ölöfen, kleine Heizgeräte für unser Gewächshaus. Es gibt spezielle Geräte, die flüssiggasgespeist aus einem kleinen Tank oder aus Gasflaschen versorgt werden. Außer solchen speziell für Propan- oder Butangas sind auch sogenannte Allgasheizungen am Markt, die, außer den genannten, auch mit Erdgas betrieben werden können.

Propangas-Heizgerät; sparsam, regelbar, ohne Kamin.

Hier kann zunächst mit Flüssiggas und später, wenn das Wohnhaus an das Erdgasnetz angeschlossen ist, eine Leitung in das Gewächshaus geführt werden. Die Verbrennungsluft wird von außen angesaugt und auch wieder nach außen abgegeben. Elektronische Zündung und Flammenüberwachung sowie thermostatgeführte Innentemperatur gehören zur Selbstverständlichkeit. Vorteilhaft für den Außenbereich: stromlos arbeitende Geräte werden mittels Mignonbatterien betrieben.
Lufterhitzer und Heizgebläse Diese Geräte werden mit Öl und Strom oder nur mit Strom betrieben. Um eine gleichmäßige Luftverteilung braucht man sich hierbei keine Sorgen zu machen. Das verrichtet der eingebaute Ventilator, der in jedem Fall stromabhängig arbeitet. Eingebaute Thermostate lassen die Gewächshauswärme genau auf dem gewünschten Temperaturwert halten.
Elektrische Heizungen Sie sind für nicht zu große Häuser und zur Beheizung in den Übergangsmonaten geeignet. Sie sind leicht selbst zu verlegen und anzuschließen. Elektroheizungen erfordern keinen Brennstofflagerraum, haben auch keinen Sauerstoffverbrauch, sind unabhängig von einem Schornstein und können überall angebracht werden. Der Strompreis schränkt jedoch die Anwendungsmöglichkeiten ein, soweit es sich um eine ausschließliche Beheizung

Elektro-Heizrohre je 500 Watt Heizleistung.

mit dieser Energieform handelt. Auch hier gibt es Heizungen mit vollautomatisch arbeitenden Temperaturreglern, die die Raumtemperatur konstant auf dem eingestellten Wert halten.
Zur elektrischen Gewächshausheizung sind daneben **Rohrheizkörper** sowie **Rippenrohrheizkörper** gebräuchlich. Sie funktionieren ebenfalls vollautomatisch durch thermostatische Steuerung. Zum Frostfreihalten sind auch sogenannte **Frostwächter,** wie sie z. B. für

Elektro-Rippenrohrheizkörper.

frostgefährdete Stellen (Wasserleitungen) verwendet werden, durchaus akzeptabel. Thermostatisch auf eine bestimmte Temperatur eingestellt (z. B. +5° C) schaltet sich das Gerät bei Unterschreiten dieser Temperatur ein, bis die Innentemperatur wieder +5° C erreicht hat.
Infrarot-Heizung Ohne feste Installation ist auch eine Infrarot-Heizung zu betreiben. Außer dem Anschluß an die Steckdose bietet sich das vom Strom-

netz unabhängige Flüssiggas an. Diese Möglichkeit ist für Gewächshäuser ohne Stromanschluß beachtenswert.
Allerdings wird hierbei eine sehr direkte und trockene Wärme erzeugt, denn Infrarot ist mehr eine Heizbestrahlung. Praktisch werden nur die Gegenstände erwärmt, die von der Strahlung erfaßt werden. Daher ist es ratsam, die Strahlung nicht direkt auf die Pflanzen, sondern auf eine Wand oder den Boden zu richten. Von dort wird dann die Wärme an die Luft abgegeben. Wir wollen diese Möglichkeit nur zum Frostfreihalten in Übergangsperioden erwähnen, keinesfalls aber als Dauerheizung empfehlen.
Weitere Möglichkeiten der Raumbeheizung Verschiedentlich berichteten Gartenfreunde über die Erfahrung mit kleinen **Petroleumöfen** und gar **Petroleumlampen,** mit denen sie Folien- und Glasgewächshäuser erfolgreich frostfrei halten. Sogar **Talglichter** (z. B. Teelichter) werden aufgestellt und Blumentöpfe darüber gestülpt, um durch die Kachelofenwirkung den Raum frostfrei zu halten. Das mag im Frühjahr angehen, wenn wir in einem Kalthaus, im Gewächshaus ohne Heizungsanlage einige Tage eher mit dem Gärtnern beginnen. Gleiches gilt auch für den Herbst zur Verlängerung der Gartensaison. Wir wollen es uns trotzdem merken. In erster Linie handelt es sich hierbei um eine behelfsmäßige Heizung, die Minustemperaturen verhüten und den Raum nur leicht erwärmen soll.
Beheizung im Frühbeet Wie schon erwähnt, läßt sich auch ein Frühbeet an die Zentralheizung des warmwasserbeheizten Wohnhauses anschließen, wenn die Voraussetzungen dafür gegeben sind. Wie auch bei der Gewächshausheizung wird die Installation dem Fachmann übertragen. Viel eher ist eine elektrische Heizung zu installieren, denn ein Stromanschluß ist in der Regel leichter erreichbar. Zudem können auch leichte Bauweisen und sogar auch Folientunnel auf diese Art beheizt werden. Mit einem Thermostat läßt sich die Temperatur regeln. Wir können dazu Heizkabel verwenden, die etwa 40 bis 60 W/m leisten. Pro Quadratmeter sind 80 bis 100 W Heizleistung erforderlich. Ungefährlicher als 200 V aus dem Stromnetz ist eine Kleinspannung mittels eines Trafos. Schließlich ist ein erwärmbares Frühbeet viel besser und auch zeitiger zu nutzen, denn mit kalten Frühbeeten sind wir witterungsabhängig und dürfen den Pflanzenanbau erst dann betreiben, wenn keine Kälteschäden mehr zu befürchten sind. Allgemein hat hier die Erwärmung des Bodens mehr Bedeutung.

Boden- und Vegetationsheizung

»Warmer Fuß – kühler Kopf« ist eine Erkenntnis, die Gärtner sehr zu schätzen wissen. Eine zusätzliche Beheizung des Vermehrungsbeetes im Gewächshaus ist besonders effektiv, da Bodenwärme die Bewurzelung von Stecklingen und rasches Keimen der Saaten fördert. Hierfür kann man sich, wie schon erwähnt, auch der Warmwasserheizung bedienen. Zur Bodenheizung können warmwasserbeheizte Kunststoffrohre aus Polyethylen (PE) in das Erdreich etwa 25 cm mit gleichem seitlichen Abstand verlegt werden. Ausgepflanzte Kulturen haben dann immer »warme Füße«, wie die Pflanzen im Frühbeet auf einer Dungpackung. Vor allem die wärmeliebenden Gurken reagieren darauf mit einem freudigen Wachstum.

Warmer Fuß durch BETA Solar-Wärmespeicher.

Vegetationsheizung Unter Vegetationsheizung versteht man die Wärmeübertragung von direkt im Pflanzenbestand verlegten Kunststoffrohren, durch die ca. 50° C warmes Wasser fließt. Dadurch wird die aufgewendete Heizungsenergie besser genutzt und letztlich Energie gespart. Unter optimalen Verhältnissen kann mit einer 20- bis 30 %igen Heizkosteneinsparung gerechnet werden, im Vergleich zu den oben im Gewächshaus verlegten Heizrohren, die nur etwa 25 % Wärme an die Pflanzen abgeben.
Die Wärme wirkt direkt auf die Pflanzen und beeinflußt das Kleinklima besonders günstig durch Feuchteabfuhr, Bodenerwärmung und auch Lufterneuerung durch die aufsteigende warme Luft, rasches Abtrocknen der Pflanzen nach dem Gießen.

Geripptes Vegetationsheizungsrohr.

Die Rohre verlegen wir so, daß jede Pflanzenreihe im Grundbeet oder jede Topfreihe auf den Tischen von einer Seite Wärme bekommt.
So sollen die Plastikrohre beschaffen sein: korrosionsfest und haltbar im Kontakt mit Boden, Dünge- und Pflanzenbehandlungsmitteln; wärmebeständig bei guter Wärmeabgabe, biegsam, einfach zu verlegen. Gut verleg- und biegbar sind PE-Rohre »weich«. Die Temperatur darf nicht über +60° C ansteigen. Die lineare Wärmeausdehnung beträgt 0,23 mm pro m und °C. Ein 10 m langes Rohr dehnt sich bei 40° C

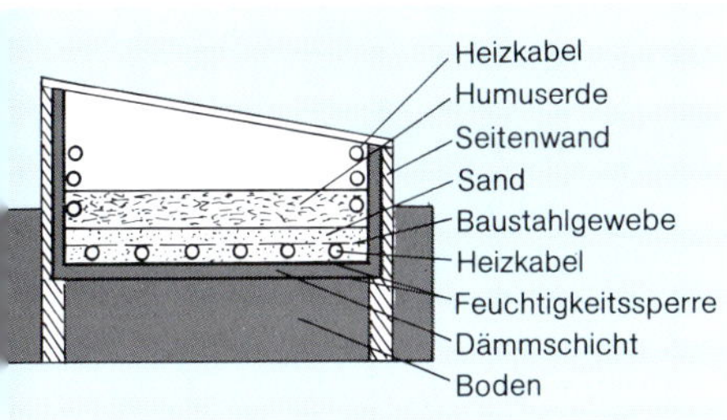

Elektro-Heizleistungen für Raum- und Bodenheizung im Frühbeet.

Erwärmung also um 10×40×0,23 mm = 9,2 cm. Das ist beim Verlegen zu beachten. In der Wärmeabgabe besser als glatte sind gerippte Rohre, wegen ihrer größeren Oberfläche. Außerdem sind sie sehr flexibel und gerade bei der Auflage auf dem Tisch (auf eine Sandschicht, Bewässungsmatte) weitaus günstiger zu handhaben. In der Praxis hat es sich bewährt, die Rohre auf sogenannte Aufstellklemmen zu legen. Dadurch ist die Wärmeabgabe noch besser als bei direkter Auflage auf den Boden. Eine interessante Entwicklung, die wir hier bei der Vegetationsheizung nennen wollen, weil hier Wärme gespeichert und an den Boden und die Pflanzen abgegeben wird, ist der BETA SOLAR-Wärmespeicher (Beckmann). Das Prinzip ist denkbar einfach: Schwarze PE-Schläuche von 7 cm Durchmesser mit Wasser gefüllt, liegen im 20-cm-Abstand auf dem Erdreich zwischen den Pflanzen. So wird die auch bei spärlichem Sonnenschein eingestrahlte Wärme gespeichert und abgegeben – im Frühjahr und im Herbst, aber auch während kühler Sommernächte für wärmeliebende Gewächse wie Paprika, Melonen, Tomaten und vor allem Gurken.

Bodenheizung Für Bodenheizung gilt, daß die Wassertemperatur etwa 10° C wärmer als die gewünschte Bodentemperatur ist. Damit die Temperatur eingehalten wird, wird ein kleiner Dreiwegemischer benötigt sowie eine Pumpe, die bei dem engen Rohrdurchmesser von 20 mm das Heizungswasser umwälzt, am besten noch eine thermostatische Absicherung und vor allem für den Vor- und Rücklauf je ein Thermometer. Hierbei soll die Differenz nicht größer als 3° C bis 5° C sein.

Wer sich so eine Heizung zulegen möchte, sollte den Rat eines Heizungsfachmannes einholen, wobei am günstigsten ist, vom Heizkessel eine Extrazuleitung zu verlegen. Vegetations- und Bodenheizungen sind nur während der Heizperiode zu betreiben. Sobald die Sonnenenergie zur Raumbeheizung ausreicht, aber trotzdem eine zusätzliche Erwärmung des Bodens erforderlich ist, bleibt nur die elektrische Anlage. Heizkabel werden etwa 20 cm tief und 30 cm auseinandergelegt, zur Erwärmung von Vermehrungsbeeten. Plastiküberzogene Kabel haben 30° C bis 40° C Oberflächentemperatur und werden direkt an die Steckdose angeschlossen. Ein ins Erdreich gesteckter Fühler hält die Bodentemperatur auf dem eingestellten Wert.

Außer der technischen Erwärmung ist beim Frühbeet die »biologische Erwärmung« durch Packmaterial möglich, denn der »Mistbeetkasten« alter Prägung erhielt seinen Namen durch die Verwendung von Dung, meistens Pferdemist. Dieser ist heute Mangelware, wenn dies sicherlich örtlich auch verschieden ist, weil in Gegenden, in denen der Reitsport sich zunehmender Beliebtheit erfreut, die Situation vermutlich anders ist. Ansonsten wird es notwendig sein, sich anderweitig zu behelfen, was noch besprochen wird (Seite 58). Vor allem sind es eine Reihe von Substraten, die hier die wärmende Kraft des tierischen Düngers ersetzen müssen.

Thermostatisch geregeltes Heizkabel; für Frühbeet und Gewächshaus zur Verlegung im Boden.

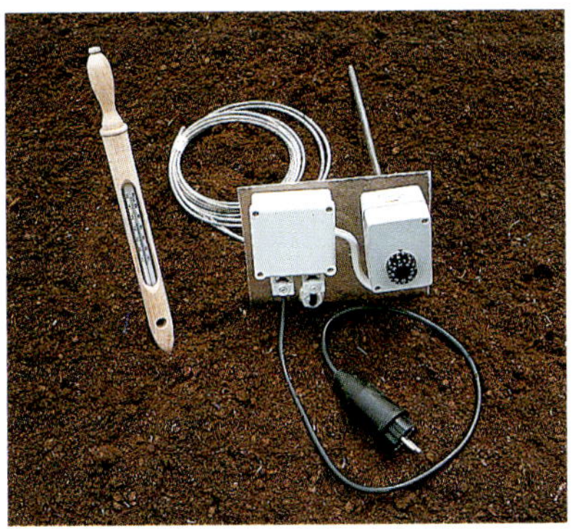

Bodenheizung mit warmwasserbeheizten Kunststoffrohren.

Vermehrungsbeet mit Elektro-Heizkabel.

Elektrisch beheizte Vermehrungsschale für Anzuchten.

Wärmebedarf und Wärmekostenvergleich

Der erforderliche Wärmebedarf für Gewächshäuser errechnet sich nach der Formel:
Glas-Hüllfläche [m²] × k-Wert (W/m²K) × Temperaturdifferenz [K] = Wärmebedarf in kW.
Für das 5×3 m große, rechts skizzierte Gewächshaus (mit Einfachverglasung und Heizrohren, k = 7,5) wird unter Zugrundelegung von +15° C Innentemperatur und −15° C Außentemperatur (= 30° C Temperaturdifferenz) folgende Wärmemenge benötigt: 42 × 7,5 × 30 = 9,5 kW = 34 358 kJ. Zu empfehlen ist ein Wärmeerzeuger im Leistungsbereich von 11,6 kW.
Die in der Tabelle aufgeführte Übersicht kann nur zur Orientierung dienen und Anhaltspunkte vermitteln. Das Preisgefüge auf dem Energiesektor ist nicht einheitlich und zudem Schwankungen unterworfen. Außerdem spielt die Bezugsmenge eine Rolle, die beispielsweise bei Strom und Gas die Tarifart beeinflußt. Nicht berücksichtigt sind Bereitstellungspreise, Anschlußkosten, Grundpreise, Tankmiete (bei Flüssiggas), die recht unterschiedlich sind. Flüssiggas

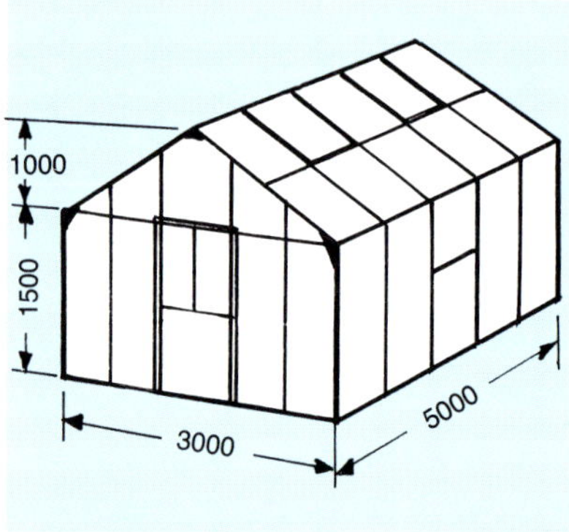

Gewächshaus 5×3 m.

wird in kg, Erdgas in m³ abgerechnet. Heizöl wird in Liter gehandelt, wobei 1 l 0,85 kg wiegt. Umgekehrt entspricht 1 kg Heizöl 1,18 l. Der tatsächliche Heizwert gasförmiger Stoffe muß bei den zuständigen Stadtwerken erfragt werden.
Unter Zugrundelegung von 200 Heiztagen mit je 8 Stunden – denn die Heizung läuft ja nicht ununterbrochen Tag und Nacht im Dauerbetrieb – ergeben sich für das genannte Gewächshaus mit dem benötigten Wärmebedarf von 11,6 kW × 1600 Heizstunden = 18 560 kWh pro Heizperiode. Die dafür zu erwartenden Kosten sind in der Spalte »Heizkosten in DM« aufgeführt.

Da die zugeführte Energie nicht hundertprozentig in nutzbare Wärme umgesetzt wird, muß der Wirkungsgrad (außer Strom) mit 75 bis 80 % angenommen werden. Dies ist aber hier schon weitgehend berücksichtigt, da das Beispiel auf 11,6 kW basiert, der tatsächliche Wärmebedarf aber mit 9,5 kW errechnet ist. Großer Wirkungsgrad = optimalere Ausnutzung. Wenn Sie den tatsächlichen Brennstoffpreis wissen, können Sie leicht selbst einen Kostenvergleich anstellen, in diesem Fall für 11,6 kW. Die Formel dazu lautet:

$$\frac{\text{11,6 kW} \times \text{Preis für 1 kg/l/m}^3\text{/kWh Brennstoff}}{\text{Heizwert in kWh pro 1 kg/l/m}^3\text{/kWh Brennstoff}}$$

Als Heizwert bezeichnet man den Teil der Wärme, der bei der Verbrennung ohne die in Wasserdampf enthaltene Wärmemenge frei wird.
Beispiel: $\frac{\text{11,6} \times \text{70 Pf}}{\text{10,00}}$
1 l Heizöl (EL) = 81,2 Pf für 11,6 kW oder 41 900 kJ.
Nach dem internationalen Einheitensystem sind die Begriffe Kalorie und Kilokalorie (cal und kcal) ersetzt worden durch Joule (J) und Kilojoule (kJ) sowie Watt (W) und Kilowatt (kW). Wärmeleistungen und Heizwertangaben von

Brennstoff	**Heizwert in kWh je Einheit**	**Einkaufspreis pro Einheit in Pf**	**Preis für 11,6 kW 41 900 kJ*) in Pf**	**Heizkosten in DM**	**Verbrauchsmenge**
		(Preise auf volle Pf- bzw. DM-Beträge gerundet)			
Heizöl EL	10,00/l	50	58	930	1860 l
		70	81	1300	
		80	93	1488	
		90	104	1664	
Erdgas L	8,56/m³	65	88	1408	2168 m³
		75	102	1632	
Erdgas H	10,00/m³	65	75	1200	1856 m³
		75	87	1392	
Flüssiggas	12,70/kg	100	91	1456	1461 kg
Koks	8,14/kg	45	64	1025	2280 kg
Strom	1,00/kWh	15	174	2784	18 560 kWh

*) entspricht in der bisherigen Einheit Kilokalorien = 10 000 kcal

Brennstoffen werden mit W bzw. kW bezeichnet, ebenso auch Wärmedurchgangszahlen (W/m^2K) der Baumaterialien.
Wärmemengen werden oftmals auch in J und kJ angegeben.
Um dem Leser den Umgang mit den Begriffen, die uns überall begegnen, etwas verständlicher zu machen, sei erklärt:
Joule (J) und Kilojoule (kJ) = Einheit für ■ Energie ■ Arbeit ■ Wärmemenge
Watt (W) und Kilowatt (kW) = Einheit für ■ Leistung ■ Energiestrom ■ Wärmestrom
Es entsprechen
1 W = 0,860 kcal/h
1 kW = 860 kcal/h = 3600 kJ/h
1 kcal/h = 1,163 W = 4,19 kJ/h
1 kJ/h = 0,24 kcal/h = 0,278 W
Finden Sie auf Elektro-Motoren für Ventilatoren, Ölbrennern u. ä. die Angabe noch in PS, so können Sie leicht umrechnen, denn 1 PS = 0,735 kW bzw. 1 kW = 1,36 PS.
Wir sehen, daß die Erzeugung der Wärme je nach Preisgefüge des Energieträgers mit unterschiedlichen Kosten verbunden ist. Um so mehr Bedeutung kommt der Wärmeeinsparung durch Isolation von Heizungszuführungsrohren zum Gewächshaus, des Gewächshauses selbst, kurzum der Wärmedämmung zu, worauf wir noch zu sprechen kommen.

Heizung nachträglich eingebaut

Wer ein Gewächshaus gebaut hat, wird sich auch gleich die Heizung einrichten, falls nicht von vornherein die Absicht bestand, es beim Kalthaus bewenden zu lassen. Der Spaß daran und die Freude am Umgang mit den Pflanzen rufen weitere Wünsche wach, so muß dann die Heizung nachträglich eingebaut werden. Schon oft ist aus einem Kalthaus ein temperiertes Gewächshaus oder gar ein Warmhaus geworden. Oftmals über besondere Vorliebe für Pflanzen des tropischen Bereiches. In der Regel bedeutet das keine Schwierigkeiten. Der Einbau einer Warmwasserrohrheizung ist zwar nicht ganz einfach, weil man in einem kleinen glas- oder kunststoffbedeckten Raum mit dem Schweißbrenner hantieren muß, aber bei einiger Vorsicht geht auch das. Das nachträgliche Aufstellen von anderen Heizgeräten, wie Ölofen, Gasheizer oder Elektro-Heizgerät, bereitet indes keine Schwierigkeiten.

Wichtig und nützlich: Thermometer

Wärme muß man messen können. Wenn es auch mal mit der Temperatur um einige Grad nicht stimmt, nehmen es die meisten Pflanzen nicht übel. Überhöhte Temperaturen kosten jedoch bares Geld. Automatisch regelbare Heizungen, die über Thermostat und Regelgerät selbsttätig ein- und ausgeschaltet werden, sind für heizungskostensparendes Betreiben eines Gewächshauses besonders vorteilhaft. Trotzdem brauchen wir auch mindestens ein Thermometer. Es leistet vom Warmhaus bis zum »kalten« Folienhaus gute Dienste.

Links oben: Bodenthermometer.
Rechts oben: Maxima-Minima-Thermometer.
Mitte: Kombination Innen- und Außenthermometer mit Fühler für draußen.

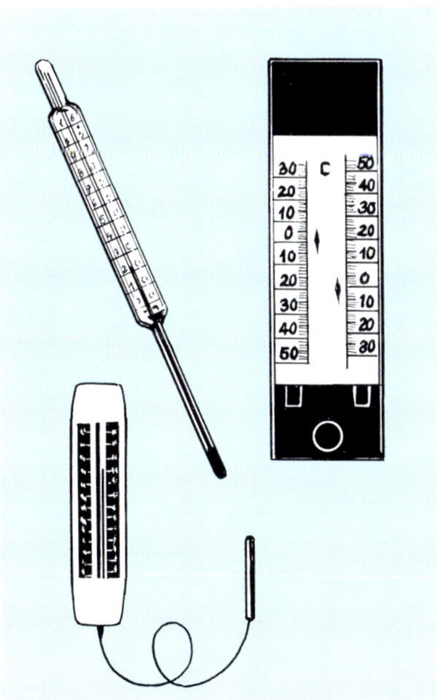

Wer gleich mehrere Thermometer hat, wird interessante Feststellungen treffen können, wenn er sie in verschiedenen Höhen aufhängt. Beispielsweise dicht in den Pflanzenbestand hinein, 1 m darüber und unter das Dach. Man wird zu der Erkenntnis gelangen, daß es dort, wo die meiste Wärme benötigt wird, nämlich im Pflanzenbestand, um einige Grade kühler ist, da die Wärme nach oben steigt. Daher sei Ihnen auch nochmals eine Vegetations- oder Bodenheizung empfohlen.
Zur Temperaturmessung im Erdreich ist ein Bodenthermometer nützlich. Einfach in den Boden stecken, zweckmäßigerweise in den Hauptwurzelraum, und nach kurzer Zeit ablesen. Das ist geradezu unerläßlich, um in Stecklingsvermehrungen, Aussaatschalen und überhaupt im Erdreich die Temperatur zu kontrollieren. Dabei wird man feststellen können, daß der Boden vom Herbst bis zum Frühjahr in der Mitte des Gewächshauses wärmer als an den Seiten ist, wenn das Gewächshaus nicht auf einem soliden Fundament steht, das am besten styroporplattengeschützt allseitige Kälteeinflüsse abhält.
Auch im erwärmbaren Frühbeet muß die Temperatur gemessen werden. »Normale« Thermometer haben ein Manko: Man kann nur die momentane Temperatur ablesen und feststellen, ob zum Zeitpunkt der Ablesung die gewünschte Temperatur herrscht. Daher sollte man sich ein **Maxima-Minima-Thermometer** anschaffen. Hier können wir die tiefste Nachttemperatur am nächsten Morgen und die höchste Tagestemperatur am späten Abend ablesen. Wer sich ein Digitalthermometer kauft, hat zwar etwas technisch sehr modernes, aber hinsichtlich der Ablesung eben auch nur eine »Momentaufnahme«.

Getrübte Winterfreuden – Hilfe, die Heizung streikt!

Schon eine 3 mm starke Rußschicht vermag den Heizenergieverbrauch um 25 % zu erhöhen. Aber nicht nur deshalb soll der Heizkessel öfter gereinigt werden. Eine »saubere« Heizungsanlage bietet am ehesten Gewähr für störungsfreien Betrieb. Einerlei, wo sich der Ölheizkessel befindet, zum Verbrennen sind ca. 13,5 m³ Frischluft je kg Heizöl erforderlich. Ist das nicht gewährleistet, wirkt sich das nicht nur auf den Wirkungsgrad sondern auch auf die Störanfälligkeit der Heizung aus. Einen Kundendienstvertrag abzuschließen und die Telefonnummer der Firma parat zu haben, ist durchaus kein Luxus. Gut wäre es auch, würde man den Ölbrenner, das Gasheizgerät oder auch jeden anderen Wärmespender nicht als Wunderding der Technik betrachten und sich ein wenig mit der Funktion befassen. Oftmals sind harmlose Störungen selbst zu beheben.

Vor allem achte man auf genügenden Heizmaterialvorrat. Siebeinsätze bei Ölöfen haben ihre Berechtigung. Sie sollen Verunreinigungen beim Einfüllen zurückhalten. Schalenbrenner sollen hin und wieder gereinigt werden, denn es kann sich Ruß ansetzen (Störungen). An Elektroheizungen keinesfalls selbst basteln. Auch ohne akuten Anlaß gehören sie etwa alle 3 Jahre zur fachmännischen Durchsicht.

Ein Gewächshaus mit optimaler Isolation (Schlachter-Super-Therm).

Wärmedämmung – gut isoliert ist halb geheizt

Je höher die Brennstoffkosten sind, desto mehr muß man darauf achten, die Heizungskosten in erträglichen Grenzen zu halten. »Gut isoliert ist halb geheizt« – damit wird die Bedeutung der Wärmedämmung klar und deutlich umrissen.

Die Isolationsmaßnahmen betreffen aber nicht nur das Gewächshaus selbst, sondern auch die Hin- und Rückführung der Wärme, das heißt, die Zu- und Rückleitungen, wenn wir es an die Warmwasserheizung des Wohnhauses anschließen. Nicht isolierte Rohrleitungen verursachen ganz erhebliche Wärmeverluste. So strahlt ein Rohr mit dem Außendurchmesser von 57 mm pro Stunde und Meter so viel Wärme ab, wie zum Beheizen von ½ m² Gewächshausfläche eines temperierten Hauses im gleichen Zeitraum benötigt wird, nämlich 637 kJ/h/m. Dabei beträgt die Wassertemperatur 80° C und die Lufttemperatur im Heizungsschacht 5° C. Bei einer 10 m langen Zuleitung sind das schon 6370 kJ/h, entspricht 1,8 kW Heizleistung. Daher gut isolieren, mindestens 30 mm stark (z. B. mit Rohrschalen aus Schaumstoff)!

Grundsätzlich sollten Rohrummantelungen nicht zu dünn sein. Eine Faustformel besagt, daß die Dämmstoffstärke gleich Rohrdurchmesser sein soll.

Hier sorgen Abdichtprofile für Energieeinsparung (Bartscher-Novaflor).

Schließlich sind die Materialkosten für eine stärkere Dämmschicht nur wenig höher und der Arbeitsaufwand ist der gleiche. Zusätzlich kann der Kanal noch mit Styroporplatten ausgekleidet werden, oder man füllt ihn mit Styromull.

Besondere Aufmerksamkeit müssen wir den Hüllflächen des Gewächshauses zuwenden, denn sie verursachen die größten Wärmeverluste. Obwohl Glas ein guter Wärmesiolator ist, gehen doch durch 1 m² Glasfläche einschließlich der Konstruktion in einer Stunde bei einer Temperaturdifferenz von 1° C zwischen Außen- und Innentemperatur etwa 7,5 W/m² K verloren. Das betrifft einfache Eindeckungen. Man spricht hier vom schon erwähnten k-Wert (Wärmedurchgangskoeffizienten). Je kleiner diese Zahl ist, desto besser ist die Wärmedämmung. Je nach Dichtigkeit können wir für Isolierverglasungen k-Werte von 3,5 bis 5 W/m² K bezogen auf die gesamte Fläche, in Ansatz bringen.

Den Vorteil jeglicher Wärmedämmung mit Einsparung an Heizenergie, genau einzuhaltender Temperatur stehen aber auch einige Nachteile gegenüber: Zu nennen ist einmal die Lichtminderung, auch durch kondensiertes Wasser an den Innenseiten der Eindeckungsfläche, die materialbedingt mit 10 bis 15 % anzusetzen ist. Unter jeglicher Isolierverglasung ist die Dachinnenflächentemperatur und somit auch die Luftfeuchte

höher als bei Einfachverglasung. Ein gut isoliertes Gewächshaus ist sehr dicht, dadurch ist der Luftwechsel bedeutend geringer. Der Luftfeuchtigkeitsgehalt ist um ca. 10 % höher, besonders nachts, was unter Umständen Probleme mit Pilzkrankheiten nach sich ziehen kann. In der Kulturführung, insbesondere hinsichtlich gezielter Wasserdarbietung, z. B. mit wassersparender Tröpfchenbewässerung, läßt sich hierbei einiges ausgleichen. Es kommt darauf an, das Wasser nicht flächig zu verteilen und Tische samt Substraten und Wege zu befeuchten, wie es bei Einfachverglasung zur Erhöhung der Luftfeuchtigkeit praktiziert wird. Für Gewächse des tropischen Bereiches ist eine hohe Luftfeuchtigkeit allerdings eine Lebensnotwendigkeit.
In sehr dichten Gewächshäusern ist auch eine Verringerung des CO_2-Gehaltes möglich. Bleibt noch zu vermerken, daß auf gut isolierten Gewächshausdächern der Schnee weit langsamer abtaut als auf einfachverglasten. Schon aus Gründen der dadurch noch größeren Lichtminderung, abgesehen von der Schneelast, sollte man den Schnee abräumen. Je geringer der Dachneigungswinkel ist, desto notwendiger wird dies sein. Loser, frischgefallener Schnee hat eine Dichte von 125 kg/m³. Das bedeutet, daß bei einer Schneeschicht von 25 cm pro m² Dachfläche 31,25 kg Schnee lasten. Bei nassem Schnee sieht es gar noch schlimmer aus, denn hier genügen 10 cm, um einen Druck von 50 kg/m² zu erzeugen.

Kunststoffprofile zum Aufstecken auf die Sprossen (Terlinden).

Es ist schon erwähnt worden, daß die Energieeinsparung von der Wärmedurchgangszahl abhängt. Hier wird seitens der Gewächshaushersteller schon an der Konstruktion einiges getan, um die Wärmeleitung von innen nach außen weitgehend zu unterbinden. Vor allem sind es die Metallteile, besonders auch die Sprossen, die als sogenannte »Kältebrücken« fungieren und mit Kunststoffprofilen oder Gummileisten abgedeckt werden. Hierbei sind durchschnittlich 6 % Energie einzusparen.
Da ja alle Überlegungen beim Bau eines Gewächshauses vordergründig mit der Energieeinsparung in engem Zusammenhang stehen, sollten die Konstruktionen auch diesen Erfordernissen angepaßt sein. Das bedeutet aber auch, in die Überlegungen der Isolation der Hüllflächen auch das Fundament einzubeziehen. Es wäre für denjenigen, der sein Gewächshaus das ganze Jahr hindurch benutzt, eine Fehlinvestition, heute noch ein Gewächshaus von gestern zu erstellen, das der Energiesparsituation nicht Rechnung trägt. Einige Firmen bieten Konstruktionen an, die in dieser Hinsicht keine Wünsche offenlassen.

Welche Möglichkeiten der Wärmedämmung gibt es?

Isolierglas Es gehört zu den »festen« Installationen und ist ein Doppelglas, das um 35 bis 40 % Einsparung erbringt, allerdings durch das doppelte Gewicht mit rund 14 kg/m² einer Einfachverglasung, eine stabile Gewächshauskonstruktion erfordert. Wir unterscheiden zwischen allseitig verschweißten Ganzisolierscheiben und allseitig verklebten Isolierscheiben.
Wer sich ein Gewächshaus kaufen möchte, möge sich genau erkundigen,

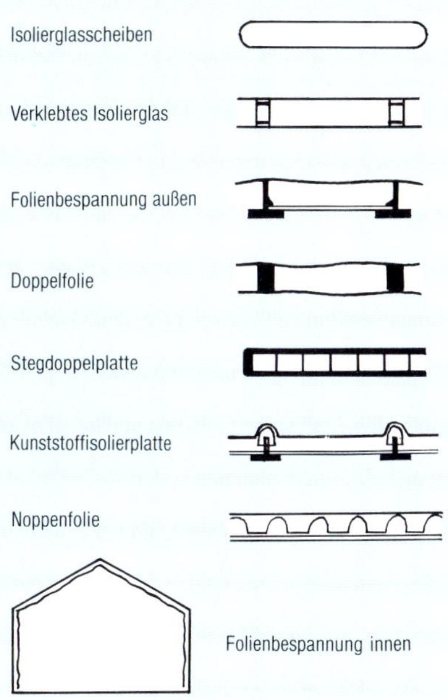

Möglichkeiten heizkostensparender Maßnahmen.

ob alternativ eine Isolierverglasung möglich ist – sowohl wegen der Stabilität der Konstruktion als auch wegen der konstruktiven Gestaltung der Sprossen. Unter Verwendung auf vorhandene Stahlsprossen aufzusteckende Aluminiumprofile kann auch eine zweite Glasscheibe aufgebracht werden. Die Wärmedämmwerte geschweißten und geklebten Isolierglases werden fast erreicht. Jedoch ist eine völlige Abdichtung erforderlich, sonst gibt es Probleme mit eindringendem Staub und durch Schwitzwasser, was zu einer allmählichen Verschmutzung (Lichtminderung) führt. Eine andere Möglichkeit ist, die Stehwände (Seitenwände) isolierverglast auszuführen und das Dach mit Einfachverglasung zu belassen und hier mit beweglichen Systemen, auf die wir noch zu sprechen kommen, zu arbeiten. Für Neubauten, aber auch für eventuelle spätere Umrüstungen kommen einige Materialien aus dem Bereich der Kunststoffe in Betracht. Hier wäre das schon seit vielen Jahren bewährte

Plexiglas (Acrylglas) zu nennen, von dem gleich mehrere Ausführungen für unsere Zwecke geeignet sind.

Stegdoppelplatten SDP 16 Sie haben einen Wärmedurchgang von 2,9 W/m² K, unter Einschluß der Gewächshauskonstuktion 4 W/m² K, erbringen durch die Doppelschaligkeit auch um 40 % Energieeinsparung. Die Platten wiegen ca. 5 kg/m² und haben eine Lichtdurchlässigkeit von rund 83 %. Die Verwendung dieses 1,20 m breiten Materials erspart jeweils jede zweite Sprosse, denn bei Glaseindeckung beträgt der Sprossenabstand meistens 60 cm (Lichtvorteil). Noch geringer ist die Wärmedurchgangszahl (1,9) bei der Stegdreifachplatte mit der Bezeichnung **S 3 P,** 32 mm stark, 7 kg/m² schwer, die bis 60 % Energieeinsparung gegenüber einfacher Verglasung erbringt, allerdings auch weniger Licht (ca. 75 % gegenüber Einfachglas) durchläßt. Die Verwendung kommt nur dort in Betracht, wo eine optimale Wärmedämmung bei geringem Lichtbedürfnis miteinander zu verbinden ist.

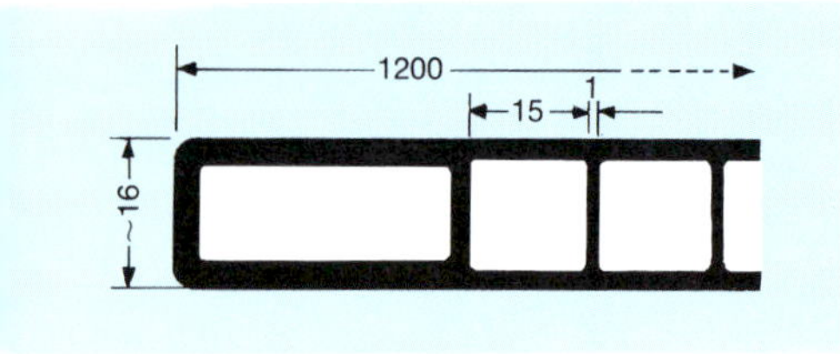

Stegdoppelplatte Plexiglas SDP 16.

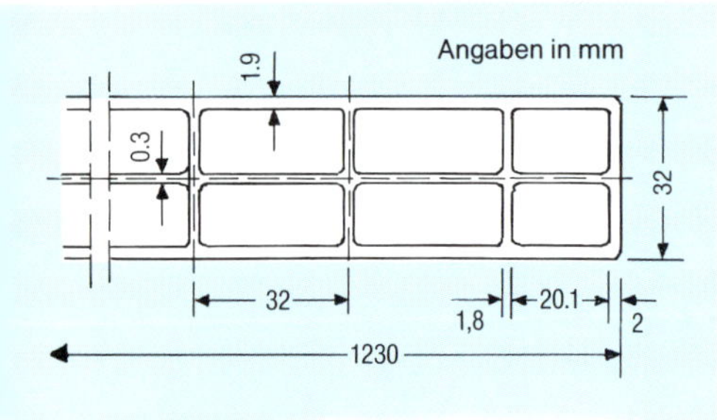

Stegdreifachplatte Plexiglas S3P32.

Plexiglas SDP 8 Dies ist eine zweikammerige Platte, die in 60 cm Breite entsprechend der Glasscheibenbreite zum Umrüsten von »Glas«-Gewächshäusern genommen wird. Dazu wird ein Umrüstprofil benötigt. Energieeinsparung: 30 bis 35 %. Gewicht: 3,5 kg/m².

Weitere Kunststoffe Von den Gewächshausherstellern werden auch noch andere Kunststoffe als Hohlkammerplatten verschiedener Stärke mit Gewichten von ca. 0,7 bis 5,2 kg/m² und möglichen Wärmeeinsparungen von 20 bis 35 % angeboten, z. B. aus dem Werkstoff Polycarbonat, wobei vielerlei Handelsnamen, je nach Verarbeiter, auf dem Markt sind. Zu beachten ist bei allen Kunststoffen der Ausdehnungskoeffizient. Nur die eigens entwickelten Spezialsprossen gewährleisten einwandfreie Verlegung, denn die Platten dürfen nicht fest arretiert werden. Die Entwicklungen auf diesem Gebiet sind sicher noch nicht abgeschlossen, denn immer wieder erscheinen neue und verbesserte Profile verschiedenen Materials. Interessant sind auch Stegdoppelpaneele mit Verbundprofil, die man einfach nach dem Nut- und Federprinzip zusammenfügt.

Alle Doppeleindeckungen haben eines gemeinsam: sie ersparen Energie bei Tag und Nacht, verursachen jedoch Lichtminderungen. Die notwendige Heizleistung ist entsprechend geringer als bei Einfachglas. Dadurch kann der Wärmeerzeuger geringer dimensioniert sein, und bei Warmwasserheizung benötigen wir weniger Rohre.

Übrigens: Heizungsrohre können zur Eindämmung des Strahlungsverlustes an der Außenseite mit Aluminiumbronze und an der pflanzenzugewandten Seite mit weißer Heizkörperfarbe gestrichen werden. Dies bewirkt um 8 % Energieeinsparung.

Folie Mit Energieeinsparungen im Bereich von 20 bis 25 %, bezogen auf die behandelte Fläche, kann man rechnen, wenn Folie an den Innenseiten der Steh-, Giebel- und Dachflächen gespannt wird. Wirkungsvoll ist es jedoch nur dann, wenn der eingeschlossene Luftraum möglichst dicht ist. Die Befestigung erfolgt mittels Abstandshaltern bzw. Klemmschienen. Jedoch empfiehlt es sich zur Verhinderung von Schwitzwasserbildung (Wassersäcke) an den Traufen (Übergang Dach/Stehwand) etwas freizulassen oder die Folie an diesen Stellen zu lochen. Der genannte Einsparungseffekt wird mit 0,05 mm PE-Folie erzielt. PVC und EVA-Folien (bis 20 %ige höhere Wärmeeinsparung gegenüber PE-Folien) 30 % höhere Reißfestigkeit, das heißt, straff spannen, werden günstiger beurteilt gegenüber einfachen Folien.

Luftpolsterfolien gibt es in 2- oder 3schichtiger Ausführung. Wir bekommen sie in verschiedenen Breiten und Längen. Vom Wärmedämmeffekt am besten: 3schichtig und großnoppig (30 mm Durchmesser), UV-stabilisiert und außen angebracht, halten sie rund 3 Jahre. Die Anbringung innen gestaltet sich meistens schwierig, so daß man die Außenbefestigung empfehlen kann. Der Arbeitsaufwand ist geringer und zum anderen ist die Wärmedämmwirkung höher, weil auch sämtliche Metallteile überdeckt werden, so auch die Lüftungen und Sprossen. Hierfür gibt es Befe-

Noppenfolie-Unterspannung im Folienhaus.

stigungs-. und Distanzelemente, die, einmal angebracht, am Gewächshaus verbleiben können. Im Frühjahr wird dann die Folie abgenommen, lichtgeschützt aufbewahrt und im Herbst wieder an den selben Stellen angebracht. Wir finden hierfür aber auch schon konfektionierte Luftpolsterfolienhauben, die wie eine Kapuze über das ganze Gewächshaus gezogen werden. Für Noppenfolie gilt, daß die Relation der Kosten zur Wirkung der 30%igen Einsparung besonders günstig ist, aber nur dann, wenn die Fläche lückenlos dicht ist. So gesehen ist dieses Verfahren ein Zwischending zwischen festen und beweglichen Systemen.

Bewegliche Wärmedämmsysteme Sie bieten einige Variationsmöglichkeiten, werden nur nachts geschlossen und ermöglichen tagsüber den vollen Lichteinfall. Der größte Energieverbrauch mit ca. 75 % des Wärmebedarfs ist ohnehin nachts gegeben. Als erste und primitivste Maßnahme wollen wir hier Strohdecken nennen, mit denen wir nicht nur nachts Frühbeete vor Wärmeverlusten schützen, sondern auch die Dach- und Seitenwände des Gewächshauses bedecken können.

Hierher gehören auch Schattierungsanlagen, die allerdings dicht schließen müssen und mit 10 bis 15 % Energieeinsparung zu Buche schlagen. In der Kombination mit beispielsweise isolierverglasten Stehwänden haben wir tagsüber das Dach frei für den Lichteinfall. Diese Kombination ist durchaus brauchbar. Im Erwerbsgartenbau sind Energieschirme ein fester Bestandteil, mit denen Einsparungssätze bis um 35 % zu erzielen sind. In diesem Falle wird der Energieschirm, es ist ein Wärmedämmgewebe, von Fundamentkopf zu Fundamentkopf, innerhalb des Gewächshauses geführt. Auch hierbei kann tagsüber das volle Licht ungehindert in das Gewächshausinnere gelangen. Natürlich müssen sich die Heizkörper (Rohre) innerhalb des abgeschirmten Raumes befinden.

Als weitere preislich günstige Möglichkeit ist das Auskleiden der Gewächshausinnenseiten mit Styroporplatten zu nennen. Natürlich nur dann, wenn unter den Tischen kein Tageslicht benötigt wird. Wir verwenden dazu ca. 4 bis 5 cm starke Platten, die auch an den Gewächshausnordseiten angebracht werden können. Befestigung mit Keilen und Nylonseilen; Abstand zwischen Platte und Glas oder Kunststoff etwa 1 cm mit Hilfe von Styroporstreifen. Bündiges Aneinanderstoßen verbessert die Isolierwirkung. Wo dies nicht möglich ist, Spalten und Ritzen mit 0,05 mm dicker Folie bespannen, um den energietechnisch ungünstigen Luftaustausch zu verhindern.

Fundament und Wärmedämmung In unsere Energiesparüberlegungen wollen wir aber auch das Fundament einschließen. Noch günstiger als Styroporplatten sind Styrofoamplatten (Baustoffhandel) bzw. Styrodurplatten aus Polystyrol-Hartschaum zu beurteilen, bei denen es hinsichtlich der Feuchtigkeit keine Probleme gibt. Sie haben eine geschlossenzellige Struktur mit verdichteter glatter Oberfläche und können deshalb kein Wasser aufnehmen. Dichtes Aneinanderfügen ist durch Platten mit Nut und Feder möglich. Der Wärmedämmwert ist erheblich, denn die Wärmeleitfähigkeit bewegt sich rechnerisch um 0,040 W/m² K. Die schon erwähnten Hohlkammerplatten aus Polycarbonat oder Plexiglas können auch als zusätzliche Stehwandisolierung bei einfach verglasten Gewächshäusern während der Heizperiode mit Spezialaufstecksprossen bzw. Befestigungsnocken mit Klemmprofil aufgesetzt werden. Einzubeziehen in diese Überlegungen sind auch die Anordnung und Verteilung der Heizkörper und -rohre. In der Wärmewirkung günstiger als glatte Rohre sind Konvektoren. Das sind lamellenbesetzte Heizstränge, ähnlich der Elektro-Rippenrohr-Heizkörper, die eine viel größere wärmeabgebende Oberfläche haben. So ersetzt 1 m Konvektorrohr je nach Fabrikat und Größe ca. 10 bis 13 m normales Heizrohr der Nennweite 50. Aber auch Boden- und Vegetationsheizung (siehe Seite 42) sind Möglichkeiten, die sich energiesparend auswirken.

Styroporplatten am Fundament innen und außen und an der Stehwand innen angebracht.

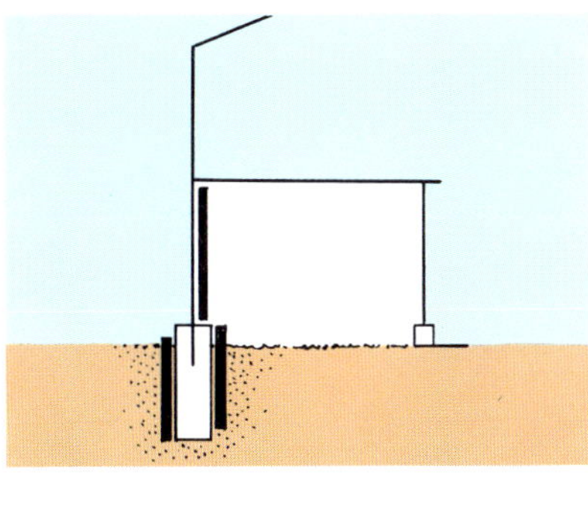

Bei oberflächlicher Betrachtung der Wärmedämmproblematik könnte man vielleicht zu dem Ergebnis kommen, daß nur einige dieser Maßnahmen in die Tat umzusetzen sind, um schon 100 % oder gar mehr zu erreichen. und die Heizung wäre gar überflüssig. Weitgefehlt! Man muß jeweils von dem erzielten Einsparungsergebnis wiederum den Einsparungssatz der nächsten Maßnahme abziehen.

Beispiel: Nach einer Wärmedämm-Maßnahme, die 25 % Einsparung bringt, benötigt man nur noch 75 % Energieeinsatz. Die 2. Maßnahme erbringt beispielsweise 6 %, was jedoch letztlich 6 % von 75 % = 4,5 % sind; also 70,5 % Energieaufwand, nicht nur noch 69 %. Je erfolgreicher die Maßnahmen zur Energieeinsparung sind, desto schwerer ist es auch weiterhin, erhebliche Einsparungen zu erzielen.

Der Übertragung angegebener Prozentzahlen in Prospekten und anderen Publikationen ist ohnehin mit Vorsicht zu begegnen. Im Grunde genommen können es nur Anhaltspunkte und Richtwerte sein, die von vielerlei Dingen abhängig und beeinflußbar sind:

Windlage, freistehendes oder an ein wärmeabstrahlendes Gebäude angesetztes Gewächshaus. Zu unterscheiden ist in jedem Fall bei solchen Angaben zwischen den k-Werten des Eindeckmaterials (Glas, Kunststoff) und den Werten des gesamten Gewächshauses einschließlich der Konstruktion mit

Innen angebrachte Styroporplatten helfen im Frühbeet, die Wärme zu erhalten.

Zieht man die Schattierung nachts zu, so lassen sich Heizkosten einsparen (Schneider-Minival-Gewächshaus).

allen Undichtigkeiten und Wärmeverlustquellen.

Frühbeetfenster Sie bedeckt man in der kühlen Jahreszeit nachts mit Frostschutzmatten. Als zusätzliche Maßnahme ist ein Laubumschlag empfehlenswert. Bei zeitiger Nutzung ist er sogar unerläßlich. Eine weitere Möglichkeit ist das Unterspannen der Frühbeetfenster mit Folie. Bedeutungsvoll für den Wärmehaushalt ist eine Isolierung nach unten und an den Seiten, vornehmlich wenn eine Packung oder Heizung die Wärmelieferanten sind. Mit ca. 3 – 4 cm starken Styroporplatten ist dies schon mühelos und billig zu bewerkstelligen. Damit überschüssiges Gießwasser abziehen kann, werden die unteren Platten mit Löchern versehen. Gelochte Folie kaufen oder selbst »herstellen«.

Ein paar Tips zum Schluß

Wenn wir eingangs feststellten, daß die Heizkosten neben dem Energiepreis und natürlich auch der Heiztemperatur vor allem vom Wärmedurchgang durch die Gewächshausflächen abhängen, wobei auch der Standort (geschützte, ungeschützte Lage, Windlage usw.) eine Rolle spielt, so können wir sagen, daß die Effektivität energiesparender Investitionen an den Kosten gemessen werden muß. Einzubeziehen ist selbstverständlich auch die Haltbarkeit der Materialien. Von Folien wissen wir von vornherein, daß sie je nach zeitlicher Dauer des Einsatzes und der Aufbewahrung dazwischen etwa 3 bis 4 Jahre brauchbar sind.

Grundlage der Überlegungen, die Energiesparmaßnahmen zum Ziel haben, muß in jedem Fall die Gewächshausnutzung sein. Wer nur vom Frühjahr bis zum Herbst gärtnert, wird in dieser Hinsicht gar nichts oder nur sehr wenig aufzuwenden haben. Dagegen wird sich der »Warmhausgärtner« ab 16 bis 18 °C Heiztemperatur im Gewächshaus mit Ganzjahresnutzung schon eher überlegen müssen, ob er mit Isolierverglasung und 35 bis 40 % Heizkosteneinsparung letztlich trotz hoher Investitionskosten auf die Dauer mit weniger laufenden Kosten für Heizmaterial nicht doch besser fährt. Wenn wir eingangs schon sagten, daß sehr kleine Gewächshäuser für die Nutzung nicht recht günstig sind, so gilt das eigentlich auch für den Bereich der Energieausnutzung. Je kleiner nämlich ein Gewächshaus ist, um so ungünstiger ist auch das Verhältnis der wärmeabstrahlenden Oberfläche zum Nutzraum.

Vergessen wir aber auch nicht zunächst unwichtig erscheinendes. Wir sprachen so viel vom Lichtverlust. Halten Sie Ihre Scheiben aus Glas oder anderem Material immer stets blitzeblank sauber. Zerbrochene Scheiben sollten immer gleich ausgewechselt werden. Auch Undichtigkeiten an Türen und Lüftungsklappen sind »Schlupflöcher«, durch die teuer erzeugte Wärme entfleucht. Präzise arbeitende Regelgeräte mit der Möglichkeit der Nachtabsenkung sind ebenfalls geeignet, Heizkosten zu sparen. So lange Wärme durch das Schlüsselloch hinauszieht und der Wind durch alle Fugen bläst, ist noch nicht alles getan. Und damit, mit diesen vermeintlichen Kleinigkeiten, sollten wir eigentlich beginnen, unserem Energiebewußtsein Taten folgen zu lassen. Dabei sollten wir aber auch überlegen, daß es bei uns während der Wintermonate vielleicht doch mehr um die Erhaltung des Pflanzenbestandes geht, als um eine Pflanzenproduktion in der lichtarmen Zeit, wie sie der Erwerbsgärtner betreiben muß.

Mit einer Schattierung werden Lichtfülle und Wärme reduziert. Außenschattierungen halten Licht und Wärme schon vor der Bedachung ab, denn Wärme, die draußen bleibt, braucht nicht erst durch die Luftklappen hinaus befördert werden. Trotzdem: Sonnenschutz ersetzt niemals die Be- und Entlüftung. Innenschattierungen (Seite 50) mindern, nachts zugezogen, auch Wärmeabstrahlung von innen und umgekehrt den Kälteeinfluß von außen (Energieeinsparung). Außenschattierungen müssen wetterfest sein, sie dürfen den Lüftungseffekt nicht behindern. Mindestabstand von Luftklappen 15 cm.

Oben rechts: Außenschattierung parallel zur Dachfläche in Führungsschienen befestigt (Wagner).

Unten rechts: Rollbar und den Lichtverhältnissen entsprechend auf- oder herunterzuziehen (Bartscher).

Klimatische Bedingungen für das Pflanzenleben

Der Lebensraum der Pflanzen im Gewächshaus, Frühbeet und auch unter Folie ist ein ganz anderer als auf den Gartenbeeten. Wachsen und Gedeihen sind von der Pflege besonders abhängig. Am ehesten wird das deutlich, wenn wir uns überlegen, daß Gewächshausbewohner auf natürliche Weise kein Wasser bekommen. In reichlichem Maße dagegen ist im Sommer Wärme vorhanden, die wir im Winter künstlich zuführen müssen. Das natürliche Lichtangebot ist auch recht unterschiedlich. Optimales Wachstum der Pflanzen wird dann erreicht, wenn die Wachstumsfaktoren Licht, Luft, Wärme und Feuchtigkeit im wohlausgewogenen Verhältnis zueinander vorhanden sind. Wir wollen sie hier im Hinblick auf ihre Bedeutung für das Pflanzenleben unter Glas und Kunststoff betrachten.

Licht

Mit Hilfe des Lichtes bildet die Pflanze aus anorganischen Stoffen organische Substanzen (Photosynthese). Daher, und weil ein ausreichendes Lichtangebot für ein gesundes Pflanzenwachstum unerläßlich ist, ist auch die Auswahl des Platzes für Gewächshaus und Frühbeet sehr wichtig. Natürliches Licht steht vom Frühjahr bis zum Herbst zur Verfügung. Oftmals mehr als es uns lieb ist, denn viel Sonneneinstrahlung bedeutet auch reichliche Wärmeentwicklung. Hier müssen wir oftmals eingreifen und mit Schattiermaterial die Wirkung sengender Sonnenstrahlen mildern. In den lichtarmen Wintermonaten dagegen ist das Licht der begrenzende Wachstumsfaktor. Mittels einer Zusatzbelichtung läßt sich dieser Mangel aber beheben. Leuchten und Lampen nur dort kaufen, wo man von dieser Materie etwas versteht.

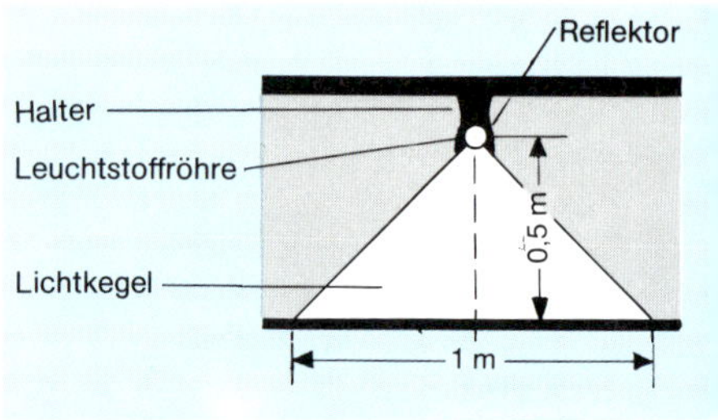

Leuchtstofflampe für Zusatzbelichtung.

Warmhaus und temperiertes Haus

Beide sind mit ihrer umfangreichen Nutzungsbreite hinsichtlich des Lichtbedarfs nicht fest einzuordnen. Er richtet sich nach den Ansprüchen seiner Bewohner. Im Sommer werden wir mit Schattiermaterial die Sonnenstrahlung abschwächen. Kunststoffbedachungen brauchen in der Regel nicht schattiert zu werden. Im Winter, der Zeit des größten Lichtmangels, läßt sich mit künstlicher Belichtung das Defizit ausgleichen. Mit „Assimilationslicht« wird die Wachstumsleistung gefördert. Es ersetzt die Energie des Sonnenlichtes bei der Photosynthese.

Mit Hilfe dieses Lichtes können wir aber auch in der dunkelsten Zeit des Jahres Pflanzenanzucht betreiben. Verwendet werden Lampen in feuchtraumgeschützter Ausführung. Die Aufhängehöhe sollte im Bereich von 50 bis 80 cm über den Pflanzen liegen. Eine Höhenverstellbarkeit (z. B. Kettenaufhängung) wäre gut, um die Strahler der Wuchshöhe anpassen zu können. Wichtig ist eine gleichmäßige Bestrahlung der Fläche. Bei Jungpflanzenanzucht wird rascheres Jugendwachstum erreicht und dadurch auch eine bessere Ausnutzung des Gewächshauses. Bei Langtagspflanzen erzielt man eine frühere Blütenbildung, dagegen läßt sie sich bei Kurztagspflanzen verzögern.

»Floratherm®«-Pflanzenleuchte mit Natriumdampf-Hochdruck-Lampe 400 W zur Zusatzbelichtung; rechts: Hochleistungsluftbefeuchter (Krieger).

Die gesamte Belichtungszeit (Tages- und Kunstlicht) darf im Sommer nicht mehr als 16 Stunden und im Winter nicht mehr als 12 Stunden pro Tag betragen. Die Zeitdauer ist auch von der Jahreszeit abhängig. Im Winter muß man länger als im Frühjahr oder Herbst belichten.
Im Sommer kann größtenteils darauf verzichtet werden, es sei denn, man möchte abendliche Lichteffekte im Gewächshaus hervorzaubern (aber innerhalb des 16-Stunden-Limits). Für unsere Zwecke kommt man meistens mit einer Doppelleuchte bei 1 m breiten Tischen aus.
Bei der künstlichen Belichtung wird allgemein die Beleuchtungsstärke in Lux angegeben. Für diese assimilatorische Zusatzbelichtung rechnet man mit 1500 bis 5000 Lux. Am wichtigsten ist die Lichtleistung. Darunter versteht man, wie viel Licht eine Lampe abgibt.
Die Lichtleistung wird gemessen in Lumen, eine physikalische Einheit, die man in Lampenkatalogen findet. Freilich geben Lampen mit höherer elektrischer Leistung (Watt) auch mehr Licht (Lumen, lm) ab. Um vergleichen zu können, muß man die abgegebene Lumenzahl den aufgenommenen elektrischen Watt gegenüberstellen: z. B. bei Glühlampen entsprechen 100 Watt/1400 Lumen (14 lm/W); Leuchtstofflampe: L 65 W/30; Anschlußleistung mit Vorschaltgerät: 78 Watt ≙ 5100 Lumen (65 lm/W). Der Wirkungsgrad von Leuchten beträgt 40 %, da der Lichtstrom durch Alterung, Verschmutzung usw. des Gerätes abnimmt.
Aus obigen Zahlen ersehen wir, daß Glühlampen bei fast gleicher elektrischer Leistungsaufnahme eine niedrigere Lichtstromleistung (Lumen) ergeben.
Für Assimilationsbelichtung kommen sie nicht in Betracht. Halogen-Glühlampen werden als Akzent- und Effektlicht zusätzlich zum Tages- oder Kunstlicht empfohlen. Als Lichtquelle für Assimilationslicht kommen von den Leuchtstofflampen (Langfeldlampen) Drei- oder Fünf-Bandenlampen (Lichtfarbe »Warmton«, »Warmton de Luxe«, 18 bis 25 Watt) in Frage, bei einer Aufhängehöhe von 30 bis 50 cm über den Pflanzen. Kompakt-Leuchtstofflampen haben sich für die Belichtung kleinerer Gefäße bewährt (Lichtfarben »Warmton« und »Warmton extra«). Weitere geeignete Lampenarten sind unter anderem Quecksilberdampf-Hochdrucklampen, Metallhalogendampf-Hochdrucklampen ab 35 Watt Leistung mit zwar etwas geringerer Lichtausbeute, aber angenehmer Wirkung auf das menschliche Auge, sowie Natriumdampf-Hochdrucklampen, die auch als Komplettsets angeboten werden. Sie gehören zu dem Lampentyp mit der höchsten Energieausbeute (Lumen/Watt).

Beispiel: Soll eine 2 m² große Fläche mit 4000 Lux (lx) belichtet werden, ist die Frage, wie groß der Lichtstrom (Lumen) sein muß, und wieviele Lampen benötigt werden.

$$\text{Lichtstrom} = \frac{\text{Beleuchtungsstärke} \times \text{Fläche}}{\text{Wirkungsgrad}}$$

$$= \frac{4000\ \text{lx} \times 2\ \text{m}^2}{0{,}4} = 20\,000\ \text{lm}$$

Um die 20 000 lm zu erreichen, benötigt man 4 der schon erwähnten Leuchtstofflampen à 5100 lm, so daß in diesem Fall 2 Doppelleuchten je 2×78 Watt zu empfehlen sind.
Eine andere Form der künstlichen Belichtung ist photoperiodisch wirksames Licht, das man zur Blütenbildung oder deren Hemmung verwendet, z. B. bei Chrysanthemen, die als Kurztagspflanze im »kurzen« Tag blühen. Durch künstliche Belichtung zusammen mit Tageslicht über 12 Stunden pro Tag wird die Blütenbildung unterdrückt. Dafür kann man mitten im Sommer Chrysanthemen zur Blüte bringen, indem man sie verdunkelt. Seit die Gärtner das entdeckt haben, gibt es rund ums Jahr blühende Chrysanthemen. Hierfür reichen 50 bis 500 Lux oder 10 bis 30 W/m². Wichtig ist, stets Lampen mit Reflektoren zu verwenden. Ohne sie verschenkt man 50 % des nutzbaren Lichtes, da es im Gewächshaus keine reflektierenden Wände und Decken gibt.

Kalthaus

Hierfür brauchen wir künstliche Belichtung wohl kaum. Hingegen treffen hierfür alle Ausführungen zu, die über das natürliche Licht gemacht wurden. Da dieses Haus über Winter doch weitgehend die Funktion eines Überwinterungshauses hat und erst im Frühjahr so richtig in den Ausnutzungsplan einbezogen wird, müssen wir natürlich auch hier schattieren, soweit es sich um Glashäuser handelt.

Frühbeet

Die Frühbeetinsassen leben vom natürlichen Licht. Daher haben wir das einfache Frühbeet auch mit leichter Neigung der Fenster nach Süden aufgestellt. Intensive Sonnenstrahlung erfordert das Schattieren der Fenster. Am besten mit einer Schattenleinwand oder einer Matte aus Kunststoffgewebe oder -röhrchen. Wer das Glas mit Schattierfarbe anmalt, hat auch an trüben Tagen die, dann unerwünschte, Schattierwirkung. Es läßt sich dafür aber auch Weizenmehl verwenden. Je nach Stärke werden bis zu 40 % Wärme und ca. 20 % Licht zurückgehalten. Wird der Anstrich naß, quillt er und wird lichtdurchlässiger.

Folien

Im Tunnel und in ähnlichen Konstruktionen sind die Pflanzen mehr vom Licht umgeben als im Holz- oder Betonfrühbeet. Ein Zuviel an Licht gibt es aber kaum; das betrifft auch die Bodenbedeckung mit Folie für Aussaaten und Pflanzungen. Der Grund ist leicht erkennbar: Folien verwendet man im Frühjahr bis etwa Mai/Juni und dann wieder im Herbst. Aber selbst bei sommerlicher Benutzung, z. B. bei Gurken, treten durch Lichteinwirkungen keine Schäden auf, wie eigene Erfahrungen bestätigen. Nur muß man hierbei auch für Luftzufuhr sorgen, im Gegensatz zu der geschlitzten und weiß eingefärbten

»wachsenden Schattierfolie«, die besser als die transparente Schlitzfolie für die Verwendung im Sommer geeignet ist.

Luft

Sie ist im engen Zusammenhang mit der Wärme zu betrachten. Gegen zu hohe Wärme im Gewächshaus und Frühbeet wird gelüftet. Lüftungseinrichtungen benötigen alle Bauformen, Bauweisen sowie Typen vom Kalthaus bis zum Warmhaus und bis hin zum Folientunnel. Durch die Lüftung wird frische Luft zugeführt, gleichzeitig die verbrauchte und warme Luft herausgelassen und auch der Pflanzenbestand »abgetrocknet«, was nach dem Gießen wichtig ist. Eigentlich können in einem Gewächshaus nicht genug Luftklappen vorhanden sein. Viel besser ist es, wenn mal eine geschlossen bleiben kann, als wenn es infolge fehlender Lüftungseinrichtungen Übertemperaturen gibt. Wegen des kleinen Luftvolumens hat ein Frühbeet die stärksten Temperaturschwankungen zwischen Tag und Nacht.

»Floratherm«-Lüftungsautomat (Krieger).

Selbsttätige Luftzufuhr im Beckmann-Folienhaus.

Warmhaus

Dieses Haus, so hört man oft, braucht nicht so viel gelüftet zu werden; also benötigt es auch weniger Luftklappen. Weit gefehlt! Auch wenn viele ständige Bewohner dieses Bereiches weniger Luft beanspruchen. Auch Gewächshausgurken gehören zu denjenigen, die viel Wärme und Feuchtigkeit lieben und die auf reichlich Luftzufuhr durchaus negativ reagieren und »Rote Spinne« und andere Krankheiten auf den Plan rufen. Wenn Sie dieses Haus nicht als ausgesprochenes Warmhaus nutzen und Jungpflanzenanzucht betreiben, wird reichlich Luftzufuhr benötigt. Jungpflanzen wollen am Ende der Anzuchtperiode von Luft »umspült« sein; daher räumt man sie eine Woche vor dem Auspflanzen am besten ins Frühbeet, wenn man sie nicht ins kalte Abteil umquartieren kann. Wie oft wird auch ein Gewächshaus mit der Heizleistung eines Warmhauses zum Anbau von Tomaten, Salat, Kohlrabi und dergleichen benutzt. Und wehe, wenn es nicht gelingt, die Temperatur durch reichliche Lüftungsmöglichkeiten zu reduzieren!

Die Notwendigkeit optimaler Lüftung wird noch deutlicher, wenn wir wissen, daß bei einer Temperaturdifferenz von 30° C etwa 349 $W/m^2/h$ Heizleistung im Winter zur Erhaltung der Temperatur zugeführt werden müssen. Durch die beträchtlichen Energiemengen der Sonnenstrahlen im Sommer verzeichnen wir Differenzwerte bis zu 907 $W/m^2/h$ im Freiland. Das ist mehr als das Doppelte, was an kalten Tagen im Winter dem Gewächshaus zugeführt werden muß.

Temperiertes Haus und Kalthaus

Wir können beide in einem Atemzug nennen. Eine Differenzierung hinsichtlich der Lüftung sollte vermieden werden. Es sollte in dieser Beziehung auch zum Warmhaus keine Unterschiede geben. Am besten wäre es, alle Gewächshäuser würden hinsichtlich der Lüftung über gleiche Voraussetzungen verfügen. Denn wer kann sich schon von vornherein festlegen, für welchen Zweck er sein Gewächshaus in Zukunft verwenden wird?

Hier kommt es auf reichliche Lüftungsmöglichkeiten an. Von der Jungpflanzenanzucht, über den Anbau von Gurken (geringes Lüftungsbedürfnis) bis hin zu Kopfsalat und Tomaten (große Luftzufuhr) und zur Nutzung als Überwinterungshaus müssen hier alle pflanzenbaulichen Möglichkeiten zu verwirklichen sein.

Frühbeet

Auch hier dient die Lüftung zur Temperaturreduzierung, der Lufterneuerung, dem Abhärten der Pflanzen und der

Einflußnahme auf den Luftfeuchtigkeitsgehalt. Richtiges Lüften ist weitgehend eine Erfahrungssache und eine Angelegenheit des Gefühls. Pflanzen, kurz vor dem Aussetzen auf die Gartenbeete, benötigen viel Luft. Sie müssen abgehärtet werden. Wichtig ist die Dosierung der Luftzufuhr. Wenig Luft ergibt schwächliche, reichlich Luft gedrungene und kräftige Pflanzen.
Die Lufterneuerung muß allmählich geschehen. Im zeitigen Frühjahr öffnet man die Fenster nur ganz wenig. Dem Anfänger leistet ein Thermometer dabei gute Dienste. Anzuchten werden bei

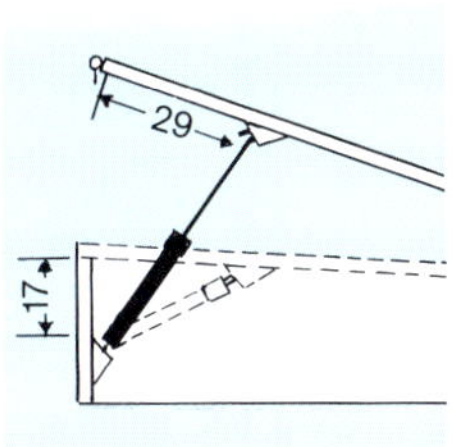

Oben: Automatischer Fensteröffner.

Links: dreistufiges Luftholz.

windstillem Wetter schon bei +5° C im Freien gelüftet. Jungpflanzen und die meisten Auspflanzkulturen gedeihen am besten bei 12 bis 15° C, Kastengurken haben mit 20 bis 25° C einen hohen Bedarf an Wärme und Luftfeuchtigkeit. Zum Lüften verwendet man Lufthölzer. Am besten in der dreistufigen Form, um die Luftmenge variieren zu können. Gelüftet wird entsprechend den Wachstumsstadien und den Ansprüchen der Pflanzen. Einfacher geht es mit »selbstlüftenden Frühbeetfenstern« und mit automatischen Fensteröffnern.
Mit etwas Geschick sind sie leicht selbst anzufertigen und wirken schon optisch besser als andere Behelfe, die zudem nur eine Öffnungsstellung ermöglichen.

Folien

Das Lüftungsproblem ist infolge der verschiedenen Anwendungsmöglichkeiten differenziert. Bei Flachfolienbedeckung ist das Problem schon von vornherein gelöst, wenn gelochte und geschlitzte Folien oder Vliese verwendet werden. Bei Folientunnel ist das Problem »Luft« auch recht schnell zu lösen. Entweder man verwendet gelochte Folien, die zusätzliches Lüften erübrigen, oder nimmt gleich Folientunnel, bei denen die Folie zwischen 2 Federstahlbügel zum Ernten und zum Lüften hochgeschoben wird. Bei Schlitzfolien gibt es keine Lüftungsprobleme, denn mit zunehmendem Wachstum der Pflanzen öffnen sich die Schlitze, wodurch die Luftzufuhr gesichert ist.

Wärme

Im Winter muß die fehlende Wärme durch Heizung ersetzt werden. In einem Gewächshaus haben wir es in der Hand, für gleichmäßige Wärme sorgen zu können. Schon im Abschnitt über »Luft« haben wir erfahren, daß es leicht zuviel Wärme geben kann, die durch die Lüftung reduziert werden muß. Auch an sonnigen Wintertagen wird es gelegentlich zu warm. Hier gilt es, die Heizung thermostatisch so zu regeln, damit die Temperaturerhöhung durch Sonnenstrahlen nicht allzu hoch wird.

Warmhaus

Optimal ausgestattet hat es eine Warmwasserheizung, die auch im kalten Winter die Innentemperatur auf +24° C halten kann. Die Heizrohre sind unter den Tischen und im übrigen Raum verteilt. Heizungsanschluß entweder vom Wohnhaus oder eine extra Heizstelle, vielleicht kombiniert mit einem kleinen Arbeitsraum. Das Warmhaus besitzt außerdem noch ein Vermehrungsbeet, das entweder mit einer Warmwasserheizung (siehe Seite 37) oder mit einer Elektroheizung ausgestattet ist.

Temperiertes Haus

Dieses Gewächshaus braucht weniger Rohre. Hier läßt sich unter Umständen auch mit einem Öl- oder Gasheizgerät die Wärme erzeugen. Zumindest elektrisch beheizte Anzuchtschalen sollten vorhanden sein, um innerhalb des Gewächshauses Pflanzenanzuchten bei genügender Bodenwärme heranziehen zu können. Ist das Haus mit Grundbeeten ausgestattet, könnte auch eine Bodenheizung, besser noch eine Vegetationsheizung verlegt werden.

Kalthaus

Wenn überhaupt, so hat ein Kalthaus nur eine schwache Heizung, die ausreicht, um die Funktion als Überwinterungshaus zu ermöglichen. In Gewächshäusern dieser Konzeption sind auch Ölöfen verbreitet. Oftmals genügen in Folienhäusern auch Heizlüfter als Frostwächter, die dann in Frühjahr und Herbst die Wachstumszeit verlängern helfen. Nachtfröste können mit geringen Kosten verhindert werden. Auch Petroleumlampen sind als provisorische Wärmequelle verwendbar. Ein Kalthaus braucht aber nicht immer ein solches zu bleiben. Durch Verstärken der Heizung läßt sich sogar ein Warmhaus daraus machen.

Noppenfolien-Haube zur Energieeinsparung (Fischer-Gewächshaus).

Frühbeet

Weitaus vielfältiger als kalte sind erwärmbare Frühbeete zu nutzen. Die Erwärmung kann auf zweierlei Art erfolgen: Einbringen von Substraten oder durch technische Beheizung. Diese läßt sich konstant halten. Einschalten – Ausschalten – Drosseln. Einmal angeschafft, ist so eine Einrichtung immer wieder zu gebrauchen. Außerdem braucht man sich nicht mit Packmaterial abzuplagen. Für den Gartenfreund kommt die Warmwasserheizung nur in Betracht, wenn sich das Frühbeet in geringer Entfernung zum zentralbeheizten Wohnhaus befindet. Eine den jeweiligen Erfordernissen angepaßte Temperaturgestaltung ist durch einen im Frühbeet installierten Thermostaten erzielbar, der die Pumpe bei Bedarf ein- oder ausschaltet. Die elektrische Heizung ist im Frühbeet eher einzusetzen. Zudem können auch leichte Frühbeetbauweisen und Folientunnel auf diese Art beheizt werden.

Folien

Der Wachstumsfaktor Wärme wird unter Folien, soweit es nicht Folienhäuser sind, kaum durch Heizung erzeugt. Vielmehr benutzt man die natürliche, durch Sonneneinstrahlung erzeugte Wärme. Zwar kann man durchaus einen Folientunnel mit einer elektrischen Heizmatte erwärmen, jedoch müßte dann für eine gute Abdichtung gesorgt sein, damit nicht zu viel Wärme verloren geht.

Feuchtigkeit

Außer der Wasserdarbietung ist auch die Luftfeuchtigkeit insbesondere im Warmhaus für den Pflanzenbereich tropischer Gebiete und darüber hinaus für alle Gewächse ein wichtiger Wachstumsfaktor. So, wie die Temperatur zu messen ist, läßt sich auch der Luftfeuchtegehalt mit einem Hygrometer feststellen. Völlige Sättigung der Luft mit Wasserdampf entspricht 100 % relative Feuchte. Völlige Trockenheit würde 0 % relative Feuchte bedeuten.

Über den Feuchtegehalt und den für die Pflanzen günstigsten Bereich Bescheid zu wissen, ist genauso wichtig, wie die Kenntnis der Ansprüche der Pflanzen an die Temperatur. Für Kopfsalat liegt der günstigste Bereich zwischen 65 und 80 % relativer Feuchte. Bei Tomaten verkleben die Keimschläuche über 80 % und vertrocknen unter 50 % relativer Feuchte. Temperatur und Feuchtigkeit sollen in einem vernünftigen Verhältnis zueinander stehen. Die Luftfeuchte sollte etwa doppelt, höchstens dreimal so hoch wie die Temperatur sein. Bei starkem Sonnenschein sind zur Ermittlung des Feuchtigkeitswertes 8° C und bei mäßiger Besonnung 4° C hinzuzurechnen.

Beispiel: Temperatur +18° C +4° C = 22° C; richtige relative Luftfeuchte ist also 44 bis 66 %.

Niedrige relative Luftfeuchte (trockene Luft) ist erreichbar durch Lüften und Erhöhung der Lufttemperatur. Bedenken wir auch: Luftheizung erzeugt trockenere Wärme als andere Heizsysteme; der Luftfeuchtegehalt läßt sich erhöhen durch Versprühen von Wasser, Steigerung der Verdunstung bei geschlossenen Luftklappen. Die Verdunstungskraft der Pflanzen wird durch optimale Wasserversorgung des Bodens aufrechterhalten. Luftfeuchte wirkt aber auch temperaturreduzierend, denn durch die Verdunstung von einem Liter Wasser werden gut 2500 kJ gebunden.

Warmhaus und temperiertes Haus

Zur individuellen Wasserversorgung benötigen wir eine 3 l-Gießkanne mit Längsbügel. Ist eine Warmwasserheizung vorhanden, empfiehlt es sich, ein Rohr durch das Becken zu leiten, um im Winter warmes Gießwasser zur Verfügung zu haben. Tische für Sand- und Mattenbefeuchtung sind vorteilhaft. Gelegentliches »Herausgießen« wird trotzdem notwendig sein. Das aber erspart eine Tröpfchenbewässerung. Gewächsen mit hohem Luftfeuchtigkeitsbedarf können wir kaum durch umständliches Bespritzen des Gewächshausweges ein entsprechendes Klima schaffen. Besser ist ein Elektroluftbefeuchter, der automatisch aerosolartigen, sofort in reine Luftfeuchtigkeit übergehenden Wasserstaub erzeugt.

Kalthaus

Ein Luftbefeuchter wird hier sicher nicht unbedingt benötigt. Dagegen aber Einrichtungen zur Topfpflanzenbewässerung und auch eine Beregnungsanlage, die ebenfalls für das temperierte Haus empfehlenswert ist, besonders wenn Gewächse im Grundbeet ausgepflanzt sind. Dies trifft auch für Folienhäuser ohne Tische zu.

Frühbeet

Die zarte Jungpflanzenanzucht werden wir zunächst mittels Gießkanne mit Wasser versogen. Später nach dem Auspflanzen kann bedenkenlos mit dem Gartenschlauch gewässert werden. Mit einfachen Mitteln läßt sich aber auch ein Bewässerungsrohr im Frühbeet anbringen und im Abstand von 50 bis 60 cm mit Sektorendüsen versehen. Das Rohr bringt man ca. 10 cm unterhalb des oberen Kastenrandes an, damit das

Frühbeetberegnung mit Düsenrohr.

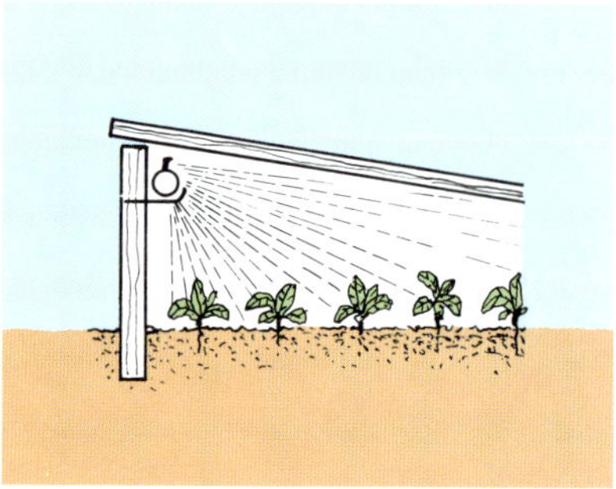

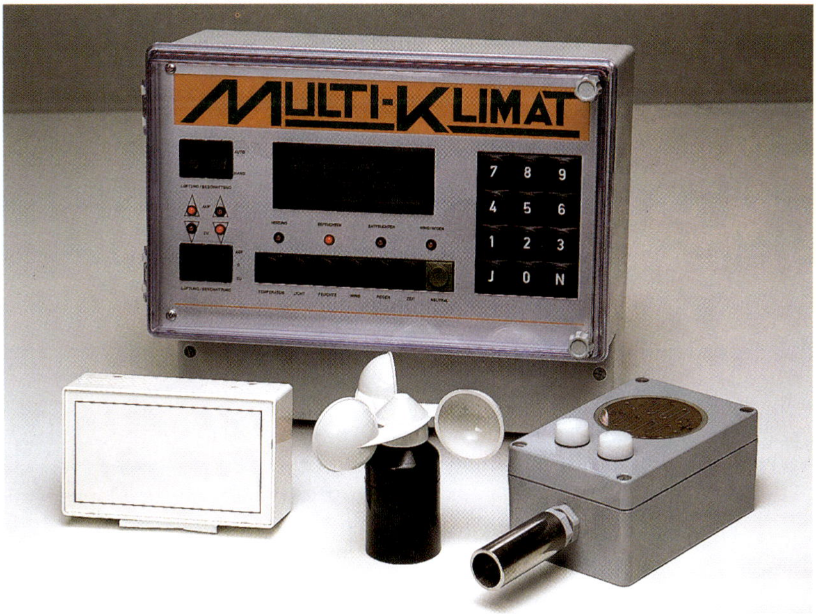

Mikroprozessor-Steuerung für Schattierung, Lüftung, Heizen mit automatischer Nachtabsenkung, Be- und Entfeuchten; mit Außensensoren für Regen, Messen der Windgeschwindigkeit – dann schließt die Lüftung – und anderes (Schlachter).

Wasser nicht an die Fenster schlägt. Am besten verbinden wir das Düsenrohr über ein Durchgangsventil mit der Wasserleitung. Es geht aber auch über einen flexiblen Anschluß mittels moderner Wassersteckarmaturen.

Folien

Für Folientunnel braucht man hinsichtlich der Bewässerung keinen Aufwand zu betreiben. Zuerst fein dosiert mit der Kanne gießen und später dann, wie auch im eigenen Garten immer wieder schadlos praktiziert, mit dem Schlauch. Noch unkomplizierter geht es bei der Schlitzfolie und dem Vlies, bei denen das Wasser einfach durch die Schlitze und das feine Gewebe hineinläuft. Die Luftfeuchtigkeit unter Folie ist höher als im Freiland, unter Vlies fast ausgeglichen.

Klimaregelung durch technischen Komfort

Die optimale Darbietung der genannten Wachstumsfaktoren ist natürlich nicht alles, was Pflanzen zum Leben brauchen. Denken wir nur an Dünger und gelegentliche Schutzmaßnahmen vor Schädlingen und Krankheiten. Trotzdem bilden Licht, Luft, Wärme und Feuchtigkeit das »Grundgerüst«. Wenn es gelingt, diese aufeinander abzustimmen und auch der berufstätige Gartenfreund seine Schützlinge während der Abwesenheit versorgt weiß, wird es auch Anfängern nicht schwer fallen, erfolgreich zu sein. Moderne Technik macht es möglich, denn keiner ist in der Lage, so schnell und exakt den Veränderungen der Witterung entsprechend zu reagieren, wie es die Pflanzen verlangen.
Bei der Verwendung von Zusatzbelichtung ist eine Schaltuhr unerläßlich, die Leuchtstoffröhren ein- und wieder ausschaltet. Auch mit einem Dämmerungsschalter, der die Lampen einschaltet, wenn eine bestimmte Beleuchtungsstärke des natürlichen Lichtes (im Anschluß an das Tageslicht) unterschritten wird, kann geholfen werden. Die Kombination mit Dämmerungsschalter und Zeitschaltuhr ist zu empfehlen: Einschalten mit Dämmerungsschalter; ausschalten mit Zeitschaltuhr zum vorgewählten Zeitpunkt.
Auch der Wachstumsfaktor Luft ist automatisch regelbar. Stromlos betriebene Fensteröffner lüften nach eingestellten Werten ohne unser Zutun. Auch bei der »Zwangsentlüftung« durch Ventilatoren ist das möglich, wenn der Temperaturwert eingestellt werden kann. Eine automatische Regelung für dosierte Wärmedarbietung ist ebenso notwendig. Auch im Winter kann das Gewächshaus sich selbst überlassen bleiben.
Mit speziellen Einrichtungen läßt sich sogar die Nachttemperatur senken. Das wird durchaus von den Pflanzen gewünscht und vertragen und trägt außerdem zur Heizkostenersparnis bei.
Die Darbietung der Feuchtigkeit läßt sich ebenso gut regeln. Die Wasserzufuhr für Matten- und Sandbefeuchtung über Feuchtefühler, die die Pflanzen nach Bedarf mit Wasser versorgen, ist eine echte Arbeitshilfe. Die Luftfeuchtigkeit ist mit automatisch regelbaren Elektro-Luftbefeuchtern über Hygrostate (automatische Feuchteregler) genau einzuhalten. Mit Regelbereichen zwischen 20 und nahezu 100 % relativer Luftfeuchte wird man allen Pflanzenansprüchen gerecht. Geräte mit automatischem Zufluß von der Wasserleitung sind völlig wartungsfrei.

Gewächshäuser, Frühbeete und Folien

Frühjahr

Warmhaus

Ob in Satteldach-, Pultdach- oder Rundform ermöglicht es mit seinem hohen Temperaturinhalt den Aufenthalt aller Pflanzen mit entsprechendem Wärmebedarf und gewinnt noch an Wert als Pflanzenanzuchtstätte. Wer schon im Januar Kopfsalat und Kohlrabi aussät, später vereinzelt oder in kleine Töpfe bzw. Jiffy-pots, Multitopfplatten oder auch nur in Joghurtbecher setzt, kann die ersten Setzlinge, zum Auspflanzen im Frühbeet und später unter Folie, selbst heranziehen. Das Warmhaus ist der richtige Vermehrungsort für alle Pflanzenarten, die man selbst heranziehen kann, besser noch mit Hilfe eines Vermehrungsbeetes oder einer elektrisch beheizten Vermehrungsschale.

Wer nur Gemüse heranzieht, benötigt den Warmhausbereich nur relativ kurze Zeit, denn nach der Anzucht wollen es alle Gewächse, außer Gurken, etwas kühler.

Temperiertes Haus

Mit zunehmender Jahreszeit gewinnt das temperierte Haus an Bedeutung. Es gibt nicht allzu viele Gewächse, außer Pflanzenanzuchten in fortgeschrittenem Stadium, die im zeitigen Frühjahr im Bereich von 12° C bis 17° C zügig wachsen. Eher schon im reduzierten Wachstum gehaltene, wie z. B. Pelargonien, Fuchsien und andere, die hier, als im Juli/August Vermehrte, ihr Jungpflanzendasein fristen, bis sie dann, wärmer gehalten, zum Wachstum angeregt werden. Die genaue Temperaturabgrenzung zwischen Warmhaus und temperiertem Haus ist nicht immer einzuhalten. Deutlich wird das im Frühjahr, wenn die Anzuchten unter Bedingungen um 18° C heranwachsen, später dann aber nur noch 10° C bis 12° C benötigen. Schwierig wird es, wenn dann keine Ausweichmöglichkeit vorhanden ist, und die Pflanzen nicht kühler stehen können. Gut dran ist, wer ein Gewächshaus mit Trennwand hat.

Kalthaus

Mit 5° C bis 12° C ist es zur Überwinterung von Kübelpflanzen, Knollen, Blumenzwiebeln und vielem anderem geeignet. »Kalthaus« heißt ja, daß dieses Haus heizungsmäßig nicht so ausgestattet ist, daß es eine oder zwei Stufen in der »Wärmeordnung« höher rücken kann. Je weiter die Jahreszeit fortschreitet, desto mehr gewinnt aber auch das Kalthaus an Bedeutung. Je nach Witterung können ab Anfang März auch hier schon verschiedene Gemüsearten angepflanzt oder ausgesät werden. In diesen Bereich gehört auch das Foliengewächshaus mit einer kleinen Heizung.

Warmes Frühbeet

In stabiler Bauweise wird es entweder technisch oder durch Packmaterial erwärmt und liegt im Temperaturbereich von 17 bis 22° C. Für viele Gartenfreunde, die noch kein Gewächshaus haben, ist es die Pflanzenanzuchtstätte schlechthin. Die ganz Kühnen pflanzen hier auch schon im Februar Salat und freuen sich über die erste Ernte im April.

Für die technische Erwärmung steht uns die Warmwasserheizung zur Verfügung, deren Einrichtung vom nahestehenden Wohnhaus abhängig ist. Wo Strom in der Nähe ist, bietet sich die Elektroheizung an, die je nach Bedarf eingeschaltet werden kann.

Ein gepacktes Frühbeet erfordert Packmaterial, was oftmals kaum zu bekommen ist. Außer dem klassischen Pferdedung gibt es eine Reihe anderer Stoffe, mit denen nahezu der gleiche Effekt erzielbar ist. Für diesen Zweck eignen sich verschiedene Materialien.

Auch Torf ist als Träger für organische Substanzen zu benutzen. Die Packhöhe braucht dann nur 30 bis 35 cm zu betragen, 500 l Torf reichen für etwa 1½ Fenster. Der Torf wird zu einem Rechteck von 20 cm Höhe ausgebreitet und mit 10 kg organischem Volldünger durchmischt. Mit 70 l Wasser gut anfeuchten,

Holz wirkt im Garten fast immer gut. Beim Gewächshaus jedoch verursachen die stärkeren Bauteile auf jeden Fall Lichtverluste.

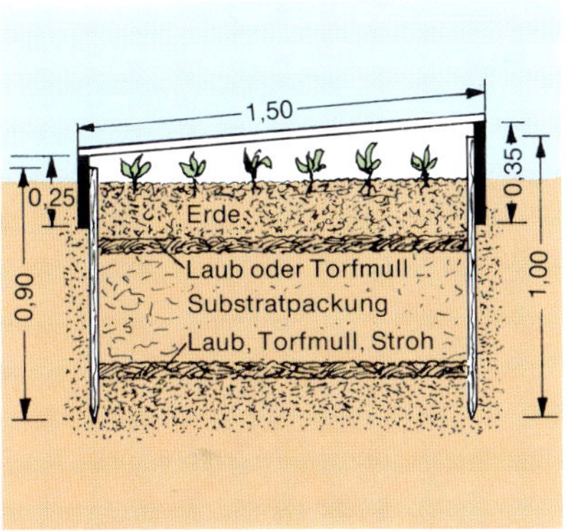

Schnittskizze: Frühbeet mit Packung.

mehrmals umschaufeln und wieder auf 20 cm Höhe einebnen. Nunmehr überbraust man ihn mit 30 l möglichst warmem Wasser, in dem 1 kg Zucker aufgelöst wird. Damit packt man den Kasten und überzieht alles noch 15 cm hoch mit der Kulturerdemischung. Die Temperatur steigt innerhalb von 8 Tagen bis 40°C an und fällt dann allmählich auf 10° C ab. Bei 30° C, die ein eingestecktes Thermometer anzeigt, kann gesät oder gepflanzt werden.
Andere Mischungen: 50 kg Rhizinusschrot, 1,3 kg Zucker, 2 kg Kalimagnesia, 1 kg kohlensaurer Kalk oder 25 kg Melasseschnitzel und je 1,5 kg Kalkstickstoff, Thomasphosphat und Kalimagnesia, oder 30 kg Kakaoschalen, 1 kg Zucker, je 1,5 kg Thomasphosphat und Kalimagnesia.
Die Antwort auf die Frage, wie lange ein gepacktes Frühbeet warm bleibt, ist aus der Tabelle zu entnehmen. Sie zeigt das Verhältnis von der Stärke des Packmaterials zur erreichbaren Temperatur und der Wärmedauer.

Mit einer Trennwand läßt sich ein »Vermehrungsfenster« vom Frühbeet abteilen.

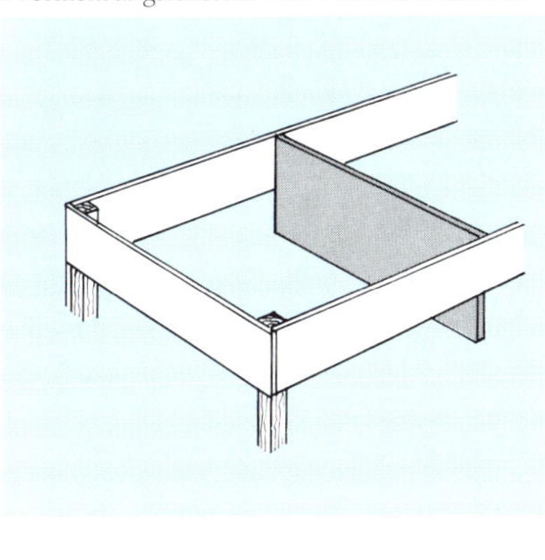

Verhältnis Pferdemist : Laub (Teile)	**Stärke (cm)**	**Temperatur (° C)**	**Wärmedauer (Wochen)**
1 : –	30	40–50	6–8
3 : 1	30	30–40	3–4
1 : 1	30–40	22–24	4
1 : 1	50	25–30	5
1 : 1	60	30–35	6
1 : 3	30	18–20	5–6
– : 1	40	15–18	8

Was das Packmaterial anbelangt, so rechnet man pro Normalfenster (1,5 m²) mit 30 bis 50 kg Substrat. Das Material wird locker mit der Gabel eingebracht, Klumpenbildung ist zu vermeiden. Die Schichten (ca. 40 cm stark) werden festgetreten, bis das nächste Material eingebracht wird. Beachten wir, daß noch eine Erdschicht aufgebracht werden muß, und daß das Substrat noch etwas zusammenfällt. Feste Packungen geben die Wärme langsam und nachhaltig ab; lockere erwärmen sich rasch, aber weniger anhaltend. Auch für halbwarme Kästen darf die Packung nicht unter 25 cm dick sein, weil sich dünne Lagen kaum erwärmen.
Für Aussaaten wird bis zur Oberkante gepackt. Bei Auspflanzkuluren bleibt der Platz bis zum Glas größer. Direkt auf die Packung wird eine etwa 5 cm starke Laub- oder Torfmullschicht aufgetragen. Mittels eines Steckthermometers sollte man die Wärmeentwicklung verfolgen. Mit den aufgelegten Frühbeetfenstern und darübergedeckten Matten ist diese Arbeit beendet. Zweckmäßig ist ein Laubumschlag um die Seiten- und Giebelwände. Sobald 20° C erreicht sind, wird die Erdschicht aufgetragen. Keinesfalls gefrorene Erde verwenden, weil die sich entwickelnde Wärme zunächst zum Auftauen gebraucht würde. Als Richtwert für den Erdbedarf eines 4 × 1,50 m = 6 m² großen Frühbeetes dient folgende Zusammenstellung:

	Erdschicht (cm)	**Erdbedarf (m³)**
Auspflanzkulturen		
Salat, Rettich	15	0,9
Gurken, Kohlrabi	20	1,2
Saatkulturen		
Radies	15	0,9
Karotten	25	1,5
Jungpflanzenanzucht	10	0,6

Ein Frühbeetfenster von 100 × 150 cm hat 1,5 m² Fläche, die Abmessung 80 × 150 cm = 1,2 m². Je nach der tatsächlichen Größe des Frühbeetes läßt sich das benötigte Erdquantum ausrechnen.

Halbwarmes Frühbeet

Der Temperaturbereich beträgt 10/12° C bis 15/17° C. Die Bestellung beginnt hier entsprechend später, weil geringere Packhöhen weniger Wärme erzeugen und das Material von Natur aus weniger wärmeergiebig ist. Die klassischen ersten Gemüse wie Salat und Kohlrabi mit Zwischensaaten von Radies, aber auch die gesamte Jungpflanzenanzucht für die Beete und Rabatten sind hier unterzubringen.

Kaltes Frühbeet

Unter kalten Frühbeeten verstehen wir solche, die weder gepackt noch technisch erwärmt werden können. Daher läßt es sich erst nutzen, wenn die Sonne als natürlicher Energielieferant ausreicht. In manchen Gegenden kann das schon Mitte März sein. Freilich kann man dann schon aussäen und pflanzen. Wie bei anderen Frühbeeten muß hier auch am Tage gelüftet und nachts zugedeckt werden. Das Zudecken ist besonders wichtig, damit die tagsüber eingestrahlte Wärme möglichst lange anhält. Wir sollten es außerdem noch mit einem Laubumschlag versehen. So kann von den Seiten her keine Kälte eindringen.

Folien

»Folien im Frühjahr« ist immer wieder ein reizvolles Thema, das zum Basteln und Ausprobieren reizt. Ob in der Form selbstgebauter und mit Folie überspannter Gestelle oder fertiggekaufter Tunnel, alles gehört in den kalten, das heißt, nicht erwärmbaren Bereich. Es sei denn, man versucht mittels Elektroheizkabeln wie im Frühbeet zu zeitigeren Ergebnissen zu gelangen. Über die vielfältigen Verwendungsmöglichkeiten von Folie sei auf das Kapitel »Kunststoffe zum Verlängern des Gartenjahres« verwiesen (Seite 13).

Sommer

Warmhaus

Eine Unterteilung in Warmhaus, temperiertes Haus und Kalthaus in der lichtreichen Jahreszeit mit starker Sonneneinstrahlung ist eigentlich nicht möglich, zumal zu viel Wärme durch Lüften reduziert wird. Doch bleiben wir bei dieser Einteilung, denn ein Warmhaus hat meistens auch noch andere technische Einrichtungen zur Klimaregelung. Hier heizt man auch in kühlen Sommernächten, damit Orchideen, Bromelien und andere Anspruchsvolle gute Lebensbedingungen haben. Aber auch Gewächshausgurken mit ihren speziellen Anforderungen an Wärme und Feuchtigkeit finden hier gute Wachstumsbedingungen vor. Werden keine wärmebedürftigen Pflanzen kultiviert, kann dieses Gewächshaus ebenso gut die Funktion als Kalthaus erfüllen.

Temperiertes Haus und Kalthaus

Hier kann die Heizanlage getrost außer Betrieb bleiben, denn es gedeiht nur das, was keine Warmhaustemperaturen benötigt. Nutzung mit Tomaten, Paprika und anderen Gemüsearten. In ebenerdig gebauten Gewächshäusern, die hoch genug und hell sind, können auch Stangenbohnen angebaut werden. Dunkle Gewächshäuser sind dafür aber nicht geeignet, denn wenig Licht läßt Blütenknospen abfallen.

Frühbeet

Auch hier unterscheiden wir in den Sommermonaten nicht mehr zwischen warmen, halbwarmen und kalten Frühbeeten. Eine Heizung ist jetzt ohnehin nicht mehr vonnöten, und die Substratpackung hat längst ihre Schuldigkeit getan. Frühbeete sind mit Sommerkulturen, meistens Gurken und Melonen besetzt. Wo das nicht der Fall ist, sind Aussaaten von Zweijahrsblumen sowie Folgesaaten von Gemüse möglich.

Folien

Tunnel mit stark gelochten Folien sind auch im Sommer noch Aufenthaltsorte von Gurken, erfüllen sie doch ähnliche Aufgaben wie ein Frühbeet. Aber auch zum rascheren Keimen von Aussaaten eignet sich eine Folienbedeckung bestens, vor allem dann, wenn man mal »zu spät dran« ist oder eben die Neubestellung beschleunigen möchte. So ist schon die mehrmals erwähnte Schlitzfolie auch im Juni und Juli auf Beete mit Folgekulturen gelegt worden, so auch

»Wachsende« Schattierfolie schützt vor intensivem Sonnenlicht.

WAMA-Gewächshaus aus der 5 Modelle umfassenden »Junior-Serie«; hier der Typ 200, 3,20 x 2,55 m, 8,2 m² groß (Mauden).

In schwarze Folie gepflanzte Erdbeeren.

bei Buschbohnen, wodurch die Aussaaten, bedingt durch die höheren Temperaturen als im Normalfall, eher keimen und schließlich erntefähig werden. Schwarze Schlitzfolie, die unter dem Namen »Gurken- und Erdbeerfolie« verkauft wird, schützt den Boden vor Verunkrautung, Austrocknung, vor Verschlämmen und Verkrusten und wirkt wassersparend. Da die Folie geschlitzt ist, kann Regenwasser eindringen. Trotzdem wird die Verdunstung weitgehend unterbunden, und somit bleiben Krümelstrukturen und Bodengare erhalten. Außer einjährigen Pflanzen wie Tomaten, Gurken, Melonen und Paprika werden vornehmlich Erdbeeren in diese Mulchfolie gesetzt. So bedeckter Boden kühlt schließlich auch langsamer aus und ist um etwa 5° C wärmer als unbedeckter. Das wirkt sich positiv auf eine Ernteverfrühung und auch auf mehr Erträge aus.

Herbst

Warmhaus

Ab Herbst wird das Warmhaus seiner eigentlichen Bestimmung schon wieder gerechter, soweit es nicht durchweg Gewächse beherbergt, die Temperaturen um 18° C benötigen. In kühlen Nächten wird das Heizen wieder notwendig, auch bei Gemüseanpflanzungen, z. B. Gurken. Tomaten können unter Umständen schon eine Erhöhung des Wärmeangebotes benötigen.

Temperiertes Haus

Außer für empfindliche Gewächse, die ohnehin im Warmhaus (bei einer Trennwand im Warmbereich) stehen, wächst hier noch alles, was keine hohen Ansprüche an Wärme und andere Klimabedingungen stellt.

Kalthaus

Wir nennen es in einem Atemzug mit dem temperierten Haus, denn vom Pflanzenanbau her gibt es kaum Unterschiede. Eine provisorische Heizung reicht auch meistens noch aus, um bei den herbstlichen Abendtemperaturen die Wärmeansprüche vieler Pflanzen erfüllen zu können. Nachdem die Pflanzen hier das Feld geräumt haben, wird das Kalthaus wieder seiner Funktion als Überwinterungshaus gerecht. Aber auch als Einschlagplatz für Wintergemüse ist es ideal.

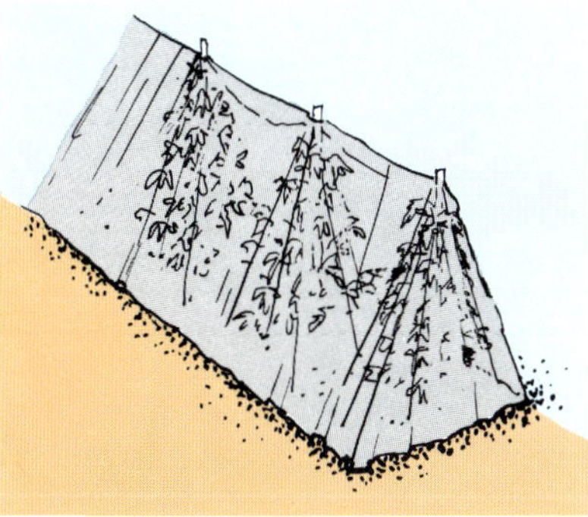

Frostschutz durch Folienüberzug.

Holzlattengestell mit Folienüberzug schützt höhere Gewächse vor Frost.

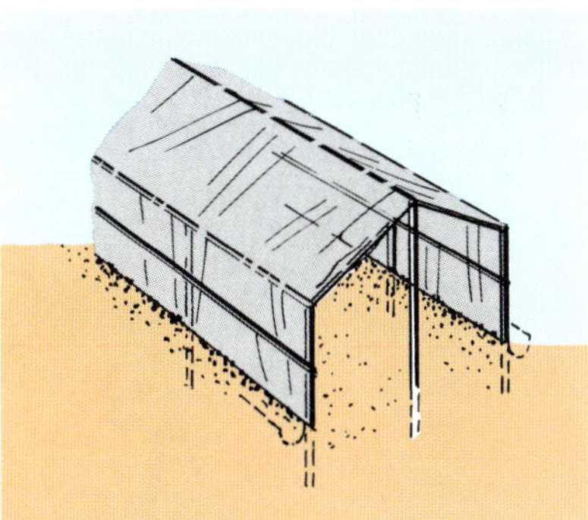

Frühbeet

Bis zu den stärkeren Frösten erfüllen sie noch ihre Funktion für eine ganze Reihe von Gemüsen, die laufend geernet werden. Feldsalat, Kohlrabi, Endivien und andere wachsen auch jetzt noch unter der schützenden Glas- oder Kunststoffbedachung heran.

Folien

Tunnelbauten über Gemüse verlängern auch hier das Gartenjahr. Schützende Folienhauben über Tomaten gezogen, und Folienbahnen über Dahlien gelegt, können Blüten und Früchte vor dem ersten Frost retten.

Winter

Warmhaus

Es wird nun seiner Funktion als Aufenthaltsort für alles, was viel Wärme zum Wachsen und Gedeihen benötigt, gerecht. Zum Jahresende können auch die ersten Aussaaten von Salat und anderen Gemüsearten erfolgen, die nach der Anzuchtperiode dann in den temperierten Bereich kommen.

Temperiertes Haus

Wie im Warmhaus können auch hier Aussaaten vorgenommen werden. Dazu ist eine elektrisch beheizte Vermehrungsschale erforderlich, aus der heraus die Pflänzchen vereinzelt oder gleich eingetopft werden. Hier stehen auch Mutterpflanzen sowie junge Pelargonienpflanzen auf den Hängen – dicht unter dem Glas, bei mäßiger Feuchtigkeit.

Kalthaus

Es hat nun völlig die Funktion des Überwinterungshauses, in dem außer den schon im »Herbst« genannten Pflanzen auch Balkonkästen und Blumenschalen ihren Platz gefunden haben. Achten wir nur darauf, daß die Heizung stets funktioniert, daß es keine Panne gibt; denn frostfrei muß das Kalthaus auf jeden Fall gehalten werden.

Frühbeete

Entweder haben sie ihre Funktion als Einschlagstätte für Wintergemüse, das man in einem Frühbeet regelrecht einmieten kann (in einem Kalthaus übrigens auch), oder wir können daraus noch Endivien- und Feldsalat ernten. In ein heizbares Frühbeet könnte man zum Jahresende Primeln, Stiefmütterchen, Tausendschön stellen und bei mäßiger Temperatur antreiben.

Folien

Ein Folientunnel über Porreebeet oder -einschlag gestülpt oder über Endivien, Feldsalat gesetzt, bringt viele Vorteile. Die Ernte ist leichter; man braucht nicht im Schnee herumzuwühlen.

Gute Pflege verlängert die Haltbarkeit

Gewächshäuser, Frühbeete, Frühbeetfenster, und alles andere aus Holz erfordert gelegentliche Anstriche. Wer Holzbauteile erneuert, sollte diese gleich vor der Verwendung **imprägnieren.** Sehr wirkungsvoll ist dabei das Tränkverfahren.
Die Holzteile werden in einen Behälter mit der Flüssigkeit gegeben. Das Mittel kann von allen Seiten eindringen. Aber

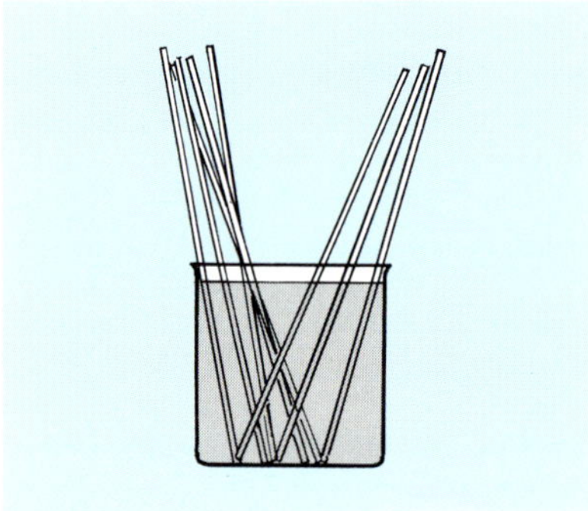

Imprägnieren durch Einstellen in die Flüssigkeit.

auch mehrmals zu wiederholende Anstriche sind möglich. Wichtig ist, nur solche Imprägnieröle und -salze zu verwenden, die pflanzenunschädlich sind, wie z. B. Holz-Fluid, Corbal-U, Bondex futur Holzlasur, Gori 66, Fungol in mehreren Farben. Holzschutzmittel mit dem »RAL«-Gütezeichen werden amtlich laufend überwacht.
Ebenso wichtig ist **Rostverhütung.** Für eine rechtzeitige und durchdringende Behandlung ist es nie zu früh, denn die zerstörende Wirkung bleibt nicht auf die Oberfläche beschränkt.
Das Angebot an ensprechenden Mitteln ist sehr umfangreich und wird ständig ergänzt. Vor der Anwendung sollte man sich deshalb über die Wirkung orientieren bzw. die von einer amtlichen Prüfstelle empfohlenen Mittel verwenden.

Von besonderer Wichtigkeit ist auch die Überwachung der **Elektrik,** also der Regeleinrichtung, Lampen und sonstigen Hilfsmittel, die mit Elektrizität betrieben werden. Diese sollte man alle drei bis vier Jahre vom Elektrofachmann durchsehen lassen.
Kunststoffe reinigt man mit Wasser, dem ein Spülmittel beigegeben ist. Niemals sand- oder schmirgelenthaltende Mittel verwenden, da sie die Oberfläche aufrauhen und nur um so schmutzempfindlicher und unansehnlicher machen. Die Säuberung mit chemischen Mitteln, auch Benzin, Spiritus und Azeton ist nicht zu empfehlen. Kunststoffe sind ebenfalls chemische Produkte, die sich in diesen Flüssigkeiten sogar auflösen können. Je schonender die Folie behandelt wird, desto länger hält sie.
Das beginnt schon bei der Verarbeitung. Zu straffes Spannen beeinträchtigt die Haltbarkeit. Tragegerüste müssen glatte Oberflächen haben; solche aus Metall sollten verzinkt, kunststoffbeschichtet oder gestrichen sein. Durch Rost wird Folie unansehnlich. Günstig sind Rohre, weil sie keine scharfen Kanten haben. Holzgestelle sollten gehobelt sein. Wird Folie nicht mehr gebraucht, bewahrt man sie lichtgeschützt auf. Dabei ist zu beachten, keine Falten und Kniffe entstehen zu lassen. Am besten legt man sie über Rundholzstangen. Man sollte Folie auch nicht mit Schuhen betreten. Verschmutzte Folie wird mit klarem Wasser abgespritzt, mit einem nassen Lappen abgewischt und in besonders hartnäckigen Fällen mit Feinwaschmittel abgeseift. PVC-Folie läßt sich mit handelsüblichen Kunststoffklebern kleben. Zuvor müssen die entsprechenden Stellen

Deckleisten bewahren die Folie vor dem Einreißen.

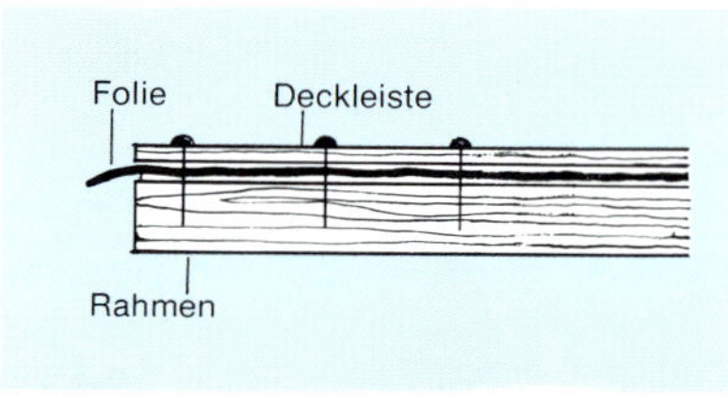

Nicht nur im Herbst, auch zwischendurch sorgen Reinigungen für mehr Licht.

sorgfältig gesäubert werden. Folienstärken bis 0,10 mm sollten besser geklebt werden, da sie sich nicht besonders günstig verschweißen lassen. Für schnellere Reparaturen ist auch Tesafilm geeignet.
Zum Thema »Gewächshäuser« ist auf die Säuberung der Bedachungen hinzuweisen. Verschmutzte Dächer und Stehwände beeinträchtigen erheblich die Lichtdurchlässigkeit. Vorsicht geboten ist bei Mitteln auf Fluorwasserstoffbasis, die Metall und Glas angreifen können. Trotzdem sind sie bei Ölfeuerungsrückständen ein gut reinigendes Mittel. Empfohlen wird eine kurze Einwirkungsdauer von 5 Minuten mit anschließender reichlicher Wassernachspülung. Während der Arbeit sollte Schutzbekleidung mit Gesichtsschutz (Maske) getragen werden. Das trifft auch für die Anwendung von Oxalsäurelösung (5%ig) zu, die nach 10-minütiger Einwirkungsdauer mit Wasser abgespült wird. Sie findet Verwendung zur Beseitigung von Schattierfarben. Dafür gibt es aber auch spezielle Mittel, die von den Herstellern der Schattierfarbe angeboten werden.

Kleingewächshäuser im Paragraphengestrüpp

Wer hierzulande ein Bauwerk errichtet, muß dafür eine Genehmigung haben. Für Gewächshäuser gilt dies meistens auch, wenn sie bestimmte Größen haben. Allerdings sind die Baubestimmungen hierfür recht unterschiedlich. Denn nach wie vor liegt das Bauordnungsrecht in der Kompetenz der Länder. In einigen wird nach »genehmigungsfrei«, »anzeige-(melde-)pflichtig« und »genehmigungspflichtig« unterschieden, während in anderen die Anzeigepflicht entfallen ist.
Unterschiedlich wird auch die Frage der Abstandsflächen, also der Grenzabstände, gehandhabt. Nun ist es gewiß ein Unterschied, ob ein kleines Gewächshaus, das zwar in das genehmigungsfreie Vorhaben fällt, im nicht einsehbaren »Garten hinter dem Haus« oder im Vorgarten als für jedermann sichtbarer Baukörper aufgestellt wird. Hier können öffentlich-rechtliche Interessen entgegenstehen. Da die Gesetzgebung auf diesem Gebiet wohl noch nicht abgeschlossen ist und sich ohnehin in Zeitabständen alles ändert, erscheint es nicht zweckmäßig, den gegenwärtigen Stand der gesetzlichen Baubestimmungen über den Gewächshausbau, der auf den Erwerbsgartenbau abgestimmt ist, darzulegen. Daher ist es empfehlenswert, sich vor der Anschaffung eines Gewächshauses beim städtischen Bauamt oder beim Kreisbauamt des Landratsamtes zu erkundigen. Dadurch können Sie sich Ärger ersparen. Nach bisherigen Erfahrungen sind hinsichtlich der Genehmigung kaum Schwierigkeiten zu erwarten.

Im Zweifelsfall sich vor dem Bauen nach den Vorschriften zu erkundigen, dies erspart Unannehmlichkeiten.

Nutzung von Klein-gewächshäusern, Frühbeeten und Folien

Möglichkeiten der Nutzung

Die erste Frage beim Bau oder Kauf eines Gewächshauses sollte lauten: »Was will ich mit dem Gewächshaus anfangen?« Meist jedoch wird erst nach dem Bau eines Hauses diese Überlegung angestellt. Da steht es nun – und wie soll man es nutzen? Diese Frage läßt sich pauschal nicht beantworten, da es einmal die verschiedensten Typen von Gewächshäusern gibt, zum anderen entscheidend ist, ob ein Haus beheizt werden soll oder nicht. Dabei spielt auch noch die Höhe der Temperaturen eine Rolle. Das gilt für Orchideen und andere exotische Blatt- und Blütengewächse (siehe Tabellen), die je nach Art unterschiedliche Temperaturen beanspruchen; für sie braucht der Pflanzenfreund tatsächlich 3 Abteilungen: Warmhaus, temperiertes Haus und Kalthaus. Das klingt sehr kompliziert, ist es aber nicht, da sich solche Abteilungen auch nachträglich einbauen lassen.

Die Orchideenfreunde waren überhaupt so etwas wie die Vorreiter des Kleingewächshaus-Gedankens, zumindest in Deutschland. Mittlerweile hat sich das auch durch die Vielzahl preiswerter Modelle geändert. Das Gewächshaus wuchs durch die Vielfalt der Nutzungsmöglichkeiten aus der Exklusivität heraus. Es darf deshalb heute von einer »Allerwelts-Nutzung« gesprochen werden. Das soll keineswegs eine Abwertung darstellen, sondern ist ganz einfach die Folge einer Entwicklung im Bereich des Freizeitgartens.

Die Gartenfreunde von heute sind durch Bücher, Zeitschriften und eigene Erfahrungen kenntnisreicher, aber auch wißbegieriger geworden. Das heißt, sie tun mit Pflanzen Dinge, die man früher nur den Profis zugetraut hatte.

Da werden beispielsweise Pflanzen durch Stecklinge oder Samen vermehrt, die als kompliziert galten, exotische Gemüse herangezogen, die eigentlich nur im sonnigen Süden Europas zu wachsen haben. Blumenfreunde bringen tropische Orchideen, andere wiederum seltene Warmhauspflanzen und blühfaule Kakteen zum Blühen und ziehen aus Samenkörnern Palmen, Bananen und sogar Baumwolle heran.

Auch der Garten ist durch das Kleingewächshaus reicher geworden, weil hier beispielsweise die Anzucht von solchen Einjahrsblumen möglich wird, die von den Gärtnereien nicht mehr oder nur selten angeboten werden. Echte Raritäten sind darunter, die es erfreulicherweise noch als Samen in Gartenfachgeschäften zu kaufen gibt und die durch die Aussaat im Gewächshaus vor dem Vergessen gerettet werden. Aussäen kann man natürlich alle als Samen erhältlichen Blatt- und Blütenstauden, die den Garten immer attraktiver machen. So ist das Gewächshaus, gleich für welchen Temperaturbereich, als Stätte für die Anzucht und Vermehrung, sei es durch Samen oder Stecklinge, von besonderer Bedeutung und für kühle Rechner deshalb auch rentabel.

Anzucht von Blumen- und Gemüsepflanzen

Denn was läßt sich hier nicht alles an Blumen- und Gemüsepflanzen zur Weiterverwendung auf Gartenbeeten aber auch für Balkonkästen und andere Pflanzgefäße heranziehen! Zu einer solchen Anzucht gehören auch das »Antreiben« von Blumenzwiebeln und Zimmerpflanzen für das Blumenfenster im Heim, was unter Glas und Kunststoff weitaus besser gelingt. Ganz abgesehen davon, daß man eine ganze Palette Blumenzwiebeln im Gewächshaus zur Blüte bringen kann: duftende Hyazinthen, Narzissen und Tulpen als Schnittblumen, aber auch Amaryllis, Gloxinien, Jakobslilien und Maiglöckchen. Natürlich alles mitten im Winter. Der Experimentierfreudigkeit in der eigenen Blumengärtnerei sind nur wenig Grenzen gesetzt.

Gewächshäuser müssen nun nicht unbedingt in der Hauptsache Lieferanten von Blumen- und Gemüsejungpflanzen sein. Pflanzensammler, die sich einer bestimmten Pflanzenfamilie verschrieben haben, widmen den vorhandenen Raum vornehmlich ihren auserkorenen Lieblingen. So sind manche Gewächshäuser reine Hobby-Räume für Orchideen, für Kakteen und andere Sukkulenten, für Bromelien und andere Warmhauspflanzen. Hier lassen sich seltene Gewächse sammeln und pflegen, die alle die gleichen Wärme- und Luftfeuchtigkeitsansprüche stellen. Das ergibt dann den Botanischen Garten »en miniature« mit einer großen Artenvielfalt von exotischen Pflanzen, die nicht immer Orchideen heißen müssen.

Gemüse aus dem Gewächshaus

Große Bedeutung hat der Anbau von Gemüse. Einmal wegen der früheren Reifezeit und wegen der meist besseren Qualität der Gurken und Tomaten, die hier nicht Wind und Wetter ausgesetzt sind. Einige Gemüse, wie Gemüsepaprika und Melonen, bringen unter Glas und Kunststoff überhaupt erst befriedigende Ernten, und das selbst im ungeheizten Haus. Wer will, kann Gurken oder Tomaten beispielsweise für eine Ernte in den Wintermonaten heranziehen, was natürlich eine Frage des Platzes und des Preises (für die Heizung) ist.

Wo ganzjährig durchgeheizt wird, sollten aber zumindest weniger wärmebedürftige Gemüse wie Kopfsalat, Kohlrabi, Radies sowie Kräuter angebaut werden. Das lohnt allemal, vor allem, wenn dann den ganzen Winter frische Petersilie und Schnittlauch zur Verfügung stehen. Diese Kräuter finden zudem noch Platz unter den Tischen.

Gewächshaus mit Mehrfachnutzung: Gemüse, Einjahrsblumen, Topfpflanzen

Wenn man überhaupt von einem sich lohnenden Gewächshaus sprechen will, so sei auch auf die Nutzung als »Pflanzen-Sanatorium« für stubenkranke Zimmerpflanzen verwiesen. Sie erholen sich in der luftfeuchten Atmosphäre eines Gewächshauses bald.
Was aber in der Tat finanziell zu Buche schlägt, ist die Rolle des Gewächshauses als Überwinterungsraum für Balkon- und Kübelpflanzen. Wieviele Blumenfreunde müssen jedes Jahr beim Einkauf von Geranien, Fuchsien und Margeritenbäumchen tief in die Tasche greifen. Andere wieder plagen sich mit unansehnlichen Pflanzengerippen herum, die noch dazu viel zu spät blühen. Mancher Blumenfreund mußte sich schweren Herzens von einem schönen Oleander oder einer prächtigen Agave trennen, die einfach zu groß wurden, um sie in Haus oder Keller noch unterbringen zu können. Ganz zu schweigen von dem Fehlen geeigneter Überwinterungsräume. Ein solcher steht mit dem geheizten Gewächshaus zur Verfügung, wobei jedoch nur schwach geheizt zu werden braucht: Temperaturen um 5° bis 8° C genügen.

Frühbeete und Folienhauben

Frühbeete und Folienhauben werden ähnlich vielseitig genutzt. Sie dienen der vorzeitigen Anzucht von Jungpflanzen (einjährige, zweijährige Sommerblumen, Stauden, Gemüse) und dem Gemüseanbau, hauptsächlich von Gurken, aber auch Stangenbohnen, Paprika, Tomaten und Kopfsalat. Das alles geht in Frühbeeten viel schneller als auf Gartenbeeten. Hier ist aber auch Platz für Kakteen und anderen Sukkulenten. Erfreulich, daß die Industrie den Wünschen der Garten- und Blumenfreunde nachkommt und für jede Gelegenheit und jeden Geldbeutel etwas anbietet.

Gemüse in einem Foliengewächshaus.

Gemüseanbau unter Glas und Folie

Es lohnt sich auf jeden Fall, vor Anbau des Gemüses einen Anbauplan anzufertigen. Das gilt sowohl für Gewächshäuser aller 3 Temperaturbereiche wie auch für Frühbeetkästen. Also aufschreiben, was wohin gepflanzt oder ausgesät werden soll und wieviel Samen für die Gemüseaussaat gebraucht wird. Zu überlegen ist weiterhin, welche Gemüsearten ganzjährig im Gewächshaus bleiben – in der Mehrzahl sind das Kopfsalat, Radies, Rettich, Gurken, Paprika, Tomaten, Stangenbohnen, Auberginen, Melonen, Kohlrabi, Feldsalat, Spinat, Kresse – und welche nur als Jungpflanzen unter Glas herangezogen werden, um sie dann später auf Gartenbeete, in Frühbeetkästen oder unter Folien oder Kunststoff-Vlies zu pflanzen.
Bei allen Überlegungen sollten wir auch daran denken, daß genügend Saatkisten und Gefäße für das Vereinzeln der jungen Pflanzen zur Verfügung stehen. Denn die meisten Gemüsearten (Sellerie, Tomaten, Kohlrabi, Paprika, Auberginen, Gurken) entwickeln sich erst richtig, wenn sie vereinzelt und vor dem Auspflanzen noch einmal in kleine Töpfe gesetzt werden. Will man ein beheiztes Gewächshaus voll mit Gemüse nutzen, so kann das folgendermaßen geschehen, wobei diese Angaben nur als Richtschnur anzusehen sind und jederzeit ergänzt und geändert werden können:
Anfang Januar bis Mitte März Kresse, Kopfsalat, Radies, Kohlrabi.
Ende März bis Ende September Gurken, Rettiche, Radies, Kohlrabi, Kopfsalat, Tomaten, Paprika.
Anfang Oktober bis Ende Dezember Radies, Kresse, Spinat, Feldsalat. Hinzu kommen noch die Aussaaten zur Pflanzenanzucht für die Kultur in Gewächshäusern, Frühbeeten und Freilandbeeten.

In einem nicht beheizten Gewächshaus könnten gesät und gepflanzt werden:
Anfang März bis Ende April Kohlrabi, Kopfsalat, Radies.
Mitte Mai bis Ende Oktober Gurken, Tomaten, Paprika, Rettiche, Radies, Kopfsalat.
Mitte September bis Ende Dezember Feldsalat.

Bodenfruchtbarkeit und Düngung

Beim Gemüseanbau im Kleingewächshaus wird der Boden stärker beansprucht als draußen im Garten. Das liegt zur Hauptsache an der weniger wechselnden Fruchtfolge, da sich im Haus eine weitaus geringere Anzahl von Gemüsearten für den Anbau lohnen, als dies im Freiland der Fall ist. Im Frühjahr können zum Beispiel Kopfsalat, Rettich, Kohlrabi und Radies, im Sommer Tomaten, Gurken, Paprika und Stangenbohnen unter Glas und Folie eingebaut werden. Dazu kommen die anspruchsvollen Auberginen und Melonen und im Herbst dann Feldsalat und Spinat. Diese Nutzung das ganze Jahr hindurch kann zu Bodenmüdigkeit führen, die sich in Wachstumsdepressionen und immer schlechter werdenden Ernten äußert. Verantwortlich zu

Aussaat in nicht zu flachen Schalen.

Pflanzen vereinzeln in Eierkartons.

Gemüsesämlinge in Blumentöpfen.

Vereinzelt wird im Keimblattstadium.

Gemüse in mehreren Entwicklungsstadien.

Die Pflanzenentfernung wird markiert.

machen sind dafür Nematoden, aber auch Welke- und Pilzkrankheiten und Bakterienbefall.

Ebenfalls ungünstig beeinflußt wird das Pflanzenwachstum durch Humusmangel, mangelhafte Bodenlockerung und Ernährung, zu trockenen oder zu feuchten Untergrund oder durch eine Übersalzung des Bodens, die durch mangelhafte Wasserversorgung hervorgerufen wird. Im Freien stellen sich solche Probleme nicht, da durch Regen und Schnee der Wasservorrat aufgefüllt und schädliche Stoffe aus der Krume ausgewaschen werden. Salzschäden erkennt man daran, daß Tomaten an der Spitze schopfartige Gebilde entwickeln, daß bei Gurken oben die Blätter verbrennen und daß Radieschensämlinge kurz nach der Keimung regelrecht umfallen.

Mit Sicherheit können Salzschäden im Gewächshaus durch das Auswaschen des Bodens vermieden werden. Dazu schütte man auf 1 m^2 etwa 150 l Wasser in Abständen von mehreren Stunden oder Tagen, damit die Erde das Wasser aufnimmt und die schädlichen Stoffe tief in den Untergrund gelangen. Das kann den ganzen Winter über geschehen.

Damit es gar nicht erst zu Salzschäden kommt, sollten bei der Düngung vornehmlich organisch-mineralische Düngemittel verwendet werden, bei denen sich die Hauptnährstoffe Stickstoff, Phosphor und Kali in einem pflanzenfreundlichen Verhältnis befinden. Bei der Auswahl der Dünger ist stets darauf zu achten, daß Kali enthalten ist. Dieses Naturprodukt macht die Pflanzen widerstandsfähiger und erhöht die Fruchtqualität erheblich. Dünger, in denen Kali fehlt, sind nicht für die Anwendung im Gewächshaus geeignet. Bei organisch-mineralischem Dünger bestehen die Hauptnährstoffe Stickstoff und Phosphor aus Rohstoffen wie Horn, Knochen, Blut und anderen Stoffen, die alle langsam fließen, somit anhaltend wirken und nicht ausgewaschen werden.

Mineralische Volldünger eignen sich ebenfalls, wenn man einige Düngeregeln beachtet und dafür sorgt, daß der Boden regelmäßig feucht gehalten wird und somit keine Überdosis den Pflanzen schädlich wird.

Eine regelmäßige Humuszufuhr entscheidet mit über gutes Wachstum und reiche Ernten. Dazu eignen sich Stallmist und Kompost. Ideal wäre natürlich Stallmist, der aber mindestens 1 Jahr alt sein muß und von dem nie mehr als jährlich 5 kg/m^2 (im Frühjahr) ausgebracht werden darf. Besonders geeignet ist verrotteter Rindermist. Da Stallmist nicht überall erhältlich ist, empfehlen sich ähnliche Produkte, die absolut frei von Unkräutern sind. Dazu gehören zum Beispiel Euflor- oder California Rinderdung oder Humobil. Wer viel Kompost besitzt, muß gegen die Unkrautsamen mit Spezial-Kalkstickstoff vorgehen. Sonst hat man das ganze Jahr mit Unkraut zu tun, dessen Samen im Kompost erhalten bleiben und nach dem Ausbringen dieser nahrhaften Humuserde sofort zu keimen beginnen. Hierbei aber aufpassen: mindestens 14 Tage nach der letzten Kalkstickstoff-Gabe (150 g/m^2) darf erst wieder nach der Behandlung ausgesät oder gepflanzt werden.

Bodenbearbeitung

Über den Erfolg im Gemüsegewächshaus entscheidet auch eine sachgerechte Bodenbearbeitung, die möglichst tief erfolgen sollte. Manche Gemüsearten wurzeln bis zu 1,50 m tief, der Durchschnitt 50 cm. Es hat sich bewährt, die

Tiefes Umgraben sichert den Ernteerfolg.

Krume von Jahr zu Jahr immer ein bißchen tiefer zu lockern. Auch eine Kontrolle nach dem Feuchtigkeitsgehalt der Erde ist angebracht. Dazu gräbt man an mehreren Stellen 2 Spatenstich tiefe Löcher. Ein Grundsatz ist stets zu beachten: Der Boden soll locker und krümelig, nicht aber feingesiebt wie Blumenerde sein.

Tomaten

Tomaten empfehlen sich für einen Anbau aus vielerlei Gründen. Im Gewächshaus kann man mit sicheren, besonders frühen und höheren Ernten als im Freiland rechnen. Durch die zumeist kühlen und sonnenarmen Sommermonate bleiben die Fruchtqualität und die Zahl der reifenden Früchte der Freilandtomaten erheblich hinter denen der im Gewächshaus angebauten zurück.
Versuche ergaben, daß die Zahl voll ausreifender Tomaten unter Glas bei 7 bis 8 und bei denen im Freiland bei 5 Stück liegt. Hinzu kommt, daß im Haus die Ernte bereits Ende Juni beginnt und sich bei sachgemäßer Pflege bis weit in den Oktober hinziehen kann. Das gilt sowohl für beheizte als auch für unbeheizte Gewächshäuser. Draußen reifen die ersten Früchte erst ab August, beginnend mit den kleinfrüchtigen Sorten.
Für den Anbau im Gewächshaus können fast alle Sorten verwendet werden, jedoch sollte man jene Sorten bevorzugen, die besonders reichtragend sind und sich aufgrund langjähriger Erfahrungen besonders eignen. Dabei spielt es keine Rolle, ob es sich um großfrüchtige Stabtomaten wie die Sorten 'Hellfrucht', 'Harzfeuer', 'San Marzano' (mit eierförmigen Früchten) handelt. Sie alle brauchen einen Stab.
Viele Gewächshausgärtner bevorzugen die kleinfrüchtigen Sorten, die besonders süß schmecken, reich tragen und die nicht nur auf Hausbeeten, sondern auch in großen Gefäßen (Kunststoffeimer, Balkonkasten) eine Vielzahl kirschgroßer Früchte hervorbringen. Sie heißen 'Benarys Gartenfreude', 'Phyra', 'Sweet Cherry F_1', 'Sperlings Bistro' oder 'Yellow Pearshaped' (eine gelbfrüchtige Sorte). Zu empfehlen sind auch die in Ampeln wachsenden Sorten 'Tumbler F_1' und 'Pendulina'. Man sollte sie alle nach und nach ausprobieren.
Die Anzucht der Tomatenjungpflanzen stellt uns vor keine großen Probleme, doch sollten genügend Helligkeit und Wärme vorhanden sein, wobei es nicht nötig ist, die von Fachleuten geforderte ideale Keimtemperatur von 22 bis 24° C aufzubieten. Tomatenpflanzen wachsen auch bei niedrigen Temperaturen heran, nur dauert es dann etwas länger. Bei hohen Wärmegraden keimen die Samen nach 7 bis 10 Tagen, bei Temperaturen um 15° C nach 15 bis 18 Tagen. Diese paar Tage Verspätung sollte man in Kauf nehmen.
Die ersten Aussaaten erfolgen im März. Die Differenz zwischen Aussaat- und Pflanztermin liegt zwischen 5 und 6 Wochen. Wer also Mitte März aussät, kann Ende April mit pflanzfertigen Tomaten rechnen. Für eine Pflanzung auf dem Gartenbeet genügt es, die Aussaat Ende März vorzunehmen, da die Tomaten erst nach den Eisheiligen (Mitte Mai) ins Freie dürfen.
Gesät wird in Töpfe, Kistchen oder Schalen und zwar nicht allzu dicht. Als Erde verwenden wir fertige, in Kunststoffsäcken erhältliche Anzuchterde oder eine hauseigene Mischung aus feingesiebter Komposterde, Sand und Torf. Die Anzuchtgefäße bleiben offen, das heißt, sie werden nicht mit Glasscheiben oder anderen Materialien abgedeckt.
Hat sich das zweite Blattpaar gebildet, ist es Zeit, die Pflänzchen zu vereinzeln. Dazu nehme man die Tomaten einzeln zwischen Daumen und Zeigefinger und setze sie mit Hilfe eines Stäbchens bis an das erste Blattpaar tief in die Erde eines kleinen Blumentopfes. Die Töpfe sollten höchstens einen oberen Durchmesser von 10 cm aufweisen. Auch hier verwenden wir fertige Anzuchterde oder unsere Hausmarkenerde; wer die eigene Mischung nimmt, muß allerdings nach dem Anwachsen in Abständen von 14 Tagen bis zum Auspflanzen flüssig nachdüngen. Damit es zu kräftigen, gedrungenen Jungpflanzen kommt, sollten wir die Töpfe auf den Tischen in gebührender Entfernung auseinanderrücken.
Tomaten stellen im Gewächshaus keine hohen Ansprüche. Trotzdem empfiehlt es sich, den Boden möglichst tief umzugraben, da die Wurzeln nicht selten über 1 m hinaus in den Boden eindringen. Sie wachsen besonders gut in einer humusreichen, lockeren Erde, die sich

Tomatenfrüchte bleiben im Gewächshaus gesünder als im Freien.

Kräftige Tomatenjungpflanzen im Torftopf.

Zu empfehlen: Tomaten einreihig pflanzen.

durch Verwendung von grobbrockigem Kompost (nicht durchsieben), mit Stallmist oder durch Zugaben von vorgedüngten Humuserden (Humobil) oder Rinderdung herstellen läßt.

Gewächshaustomaten brauchen auch mehr Nährstoffe als die im Freien lebenden und zwar nicht irgendwelche Dünger, sondern solche, die alle Grundnährstoffe in einem ausgewogenen Verhältnis enthalten. Das sind zum einen organisch-mineralische Dünger, von denen etwa 100 g/m^2 vor der Pflanzung und etwa 120 g/m^2 mit Erscheinen des ersten Fruchtansatzes ausgestreut und leicht eingehackt werden. Doch das allein genügt nicht. Diese Nährstoffgaben müssen durch mineralischen Volldünger ergänzt werden. Man rechnet 50 g/m^2 vor der Pflanzung und je 30 g/m^2 (mit Erscheinen des ersten Fruchtansatzes) in Abständen von 3 bis 4 Wochen. Insgesamt bekommen die Tomaten im Laufe einer Vegetationsperiode etwa 150 bis 180 g/m^2 Blau-Dünger. Nichts falsch machen kann man mit dem Compo-Tomatendünger, ein organisch-mineralischer Dünger mit Magnesium und Guano.

Gepflanzt wird in allseitigem Abstand von 40 bis 50 cm, nie enger, um dem möglichen Befall von Pilzkrankheiten vorzubeugen. Die Stabtomaten erhalten einen Stab oder werden noch besser an Bindfäden hochgebunden. Dazu treibe man starke Pfähle tief in den Boden, spanne oben von Pfahl zu Pfahl einen starken Draht und befestige dort den einen Teil des Bindfadens und den anderen Teil am Wurzelhals unter dem ersten Blattpaar.

Die Pflege besteht im regelmäßigen und frühzeitigen Entfernen der Seitentriebe (»Geiztriebe«) bei Stab-, nicht aber bei Buschtomaten. Man sollte dafür sorgen, daß die Tomaten möglichst hell und sonnig stehen, also nie schattiert werden. Die Spitzentriebe schneiden wir ab, sobald sie an das Dach des Gewächshauses stoßen.

In den ersten Wochen nach der Pflanzung wird nur mäßig gegossen und immer nur unten an die Wurzeln. Nie

Freilandtomaten im Herbst unter Folien.

spritzen oder sprühen! Die Höhe der Wassergaben richtet sich nach Temperatur, Bodenart und Wachstumszustand. Meist genügt es, zweimal in der Woche zu gießen. Wenn sich die ersten Früchte bilden, brauchen die Pflanzen erheblich mehr Wasser. Wieviel, läßt sich durch eine flache Bodenprobe feststellen, wo-

Tomatenbestäubung mit Zahnbürste.

bei die Erde in etwa 15–20 cm Tiefe geprüft wird. Oft ist die Erde in dieser Region pulvertrocken.
Immer sollte man für eine ausreichende Belüftung sorgen, weil die Tomaten dann gesünder sind, zu kräftigen Pflanzen heranwachsen, aber auch, um die Bestäubung zu sichern.

Tomaten müssen bestäubt werden

Wer zum erstenmal Tomaten in seinem Gewächshaus angebaut hat, klagt nicht selten über die geringe Ernte. Der Grund: Die Tomate gehört zu den Selbstbefruchtern, das heißt, um eine Befruchtung zu garantieren, muß der Blütenstaub auf die Narbe der gleichen Blüte gelangen.
Im Garten ist die Befruchtung einfacher. Hier sorgt der Wind für die Befruchtung fast aller Blüten. Im Gewächshaus bleibt uns nichts anderes übrig, als nachzuhelfen, also »Wind zu machen«. Das kann durch kräftiges Rütteln der Pflanzen, 2-bis 3mal in der Woche, geschehen, natürlich nur dann, wenn sich die Blüten geöffnet haben. Beste Zeit dafür sind die Stunden zwischen 12 und 14 Uhr, aber auch zu anderen Tageszeiten, vorausgesetzt, die Sonne scheint.
Ein Gewächshausgärtner kam auf einen ganz raffinierten, zur Nachahmung empfohlenen Trick. Er benutzte seine elektrische Zahnbürste (mit Ladegerät) als bequemen und sicheren Dauerrüttler. Von einem abgewetzten und unbrauchbar gewordenen Bürstenaufsatz wurden die übrig gebliebenen Borstenteile vorsichtig abgeschliffen, so daß zuletzt ein kleiner Stab übrigblieb. Der einfallsreiche Erfinder steckt diesen Stab in die Steckachse der Zahnbürste und stellt das Gerät an, hält es an die Blütenstiele und schon rieselt der Blütenstaub auf die Narben.

Gurken

Eine der Grundvoraussetzungen für einen erfolgreichen Gurkenanbau im Gewächshaus sind gleichmäßige Temperaturen. Sie sollten tagsüber bei bedecktem Himmel 18 bis 20° C und nachts nie unter +10° C betragen. Höhere Temperaturen bei intensiver Sonneneinstrahlung werden jedoch kurzzeitig vertragen.

In ungeheizten Gewächshäusern ist der Anbau von Gurken nur dann zu empfehlen, wenn auf widerstandsfähige Sorten zurückgegriffen wird. Das sind nicht etwa die typischen Landgurken, die viel besser im Freien wachsen, sondern spezielle Gewächshausgurken-Sorten, die nächtliche Abkühlungen ohne weiteres vertragen. Im Gewächshaus sind die Sorten zu bevorzugen, die nur rein weibliche oder parthenocarpe (= jung-

Düngung, Schnitt und richtige Sorten für gute Gurken-Ernten.

Gurken am Draht quer unter dem Dach.

fernfrüchtige) Blüten hervorbringen. Diese Sorten besitzen keine männlichen Blüten, jede Blüte wird zur Frucht. Bei jungfernfrüchtigen Sorten entfällt sogar die Bestäubung. Eine Spitzensorte aus dieser Kategorie, die natürlich auch im geheizten Haus hervorragende Erträge bringt, heißt 'Sandra'. 30 bis 50 bitterfreie Früchte je Pflanze sind bei regelmäßiger Düngung keine Seltenheit.
Wer gerne Gurken einlegt, wähle zusätzlich die Sorte 'Tomara', eine F_1-Hybride, die speziell als Einlegegurke gezüchtet wurde. Auch diese Sorte bringt überwiegend weibliche Blüten hervor und trägt in jeder Blattachsel völlig bitterfreie Früchte, die laufend gepflückt werden sollten. Im Freiland empfiehlt sich ein Anbau unter schwarzer Folie oder unter dem noch leichter zu handhabenden Kunststoff-Faservlies. Noch besser ist die jungfernfrüchtige, bitterfreie und widerstandsfähige 'Bimbostar', eine F_1-Hybride.
Für unbeheizte Gewächshäuser und Frühbeetkästen bewähren sich die Sorten 'Sperling's Klaro' und 'Eva' und für Häuser mit Heizung 'Corona', 'Bella' und andere. Zu den Sorten mit niedrigen Temperaturansprüchen zählen auch 'Burpless Tasty Green F_1', eine Schlangengurke, 'Bush Champion', die rein weiblichen 'Hyat' F_1, und 'Flamingo F_1'. Da die Sortenentwicklung ständig in Bewegung ist, empfiehlt sich bei hier nicht genannten Sorten auf die Prädikate »reinweiblich«, »parthenocarp«, »Haus- und Treibgurke« zu achten.
Bei der Anzucht der Gemüsejungpflanzen, die im April durch Aussaat im Gewächshaus oder für die Folienkultur im Zimmer vorgenommen wird, scheint es offensichtlich immer wieder Schwierigkeiten zu geben. Normalerweise legt man 2 bis 3 Körner in einen kleinen, 6 bis 8 cm (Durchmesser) großen Topf und verpflanzt anschließend auf den vorgesehenen Platz. Wichtig für Keimung und Jungpflanzenwachstum sind Temperaturen über 22 °C, wenn möglich noch darüber. Deshalb ist bei ungeheizten Gewächshäusern eine Aussaat über der Heizung am Zimmerfenster vorzunehmen. Mit einem Thermometer, neben die Töfchen gelegt, kann die so überaus wichtige Temperatur kontrolliert werden. Die Verwendung von keimfreier Erde, die nie austrocknen darf, sollte so selbstverständlich sein wie ein nicht zu früher Aussaattermin von Mitte April bis Anfang Mai.
Wenn es gar nicht funktionieren sollte, empfiehlt es sich, die für die Aussaat vorgesehenen Körner in ein feuchtes Leinen- oder Papiertaschentuch einzuwickeln und in eine Plastikdose zu legen, diese zu verschließen und in der Nähe eines Heizkörpers (Temperatur 25 bis 30 °C) aufzustellen. Wenn die Keimlinge groß genug sind, um sie mit den Fingern nehmen zu können, werden sie in 6 bis 8 cm große Töpfe vereinzelt und bis zum Auspflanzen feucht und warm (25 °C) gehalten. Wachstums- und Ernteerfolg hängen auch vom Zustand des Bodens in den Gemüsebeeten ab. Durch Umgraben mit einer Grabegabel (möglichst nicht mit einem Spaten) und das Ausstreuen von reichlich Rinderdung, Kompost oder Stallmist (abgepackt erhältlich) wird die Erde locker und krümelig, Grobe Erdbrocken bitte nicht zerkleinern. Sie sorgen mit dafür, daß Luft in den Boden und an die Gurkenwurzeln kann. Wird diese Lockerung versäumt, verschlämmt der Boden durch das nicht zu vermeidende, häufige Gießen.
Wasser brauchen die Gurken in Hülle und Fülle, weil die großen Blätter viel Feuchtigkeit verdunsten. An sonnigen Tagen muß jede Gurkenpflanze etwa 3 l Wasser bekommen, Das sollte aber nicht die Regel sein, da Gurken auf übermäßige Nässe recht empfindlich reagieren. Deshalb auch nur von morgens bis mittags gießen, damit alle Pflanzenteile trocken »übernachten«. Zur Erhöhung der notwendigen Luftfeuchtigkeit genügt es, die Wege im Gewächshaus regelmäßig zu befeuchten. Auch das darf nur bis Mittag geschehen. Gepflanzt wird etwa 3 Wochen nach der Aussaat, wenn die Keimlinge 8 bis 12 cm groß sind und zwar am besten auf einen etwa 25 cm hohen Wall in 50 cm Entfernung von Pflanze zu Pflanze. Eine Reihe genügt vollkommen. Der Wall verhindert stehende Nässe und dadurch Fäulnis. Zudem erwärmt sich der Boden schneller, was der Entwicklung der jungen Pflanzen zugute kommt.
Die Gurken benötigen Schnüre zum Klettern, die unten am Wurzelhals der Pflanzen (unterhalb der Keimblätter) und oben an einem am Dach gespannten Draht befestigt werden. Es hat sich bewährt, die jeweiligen Haupttriebe oben am Dachfirst anzubinden, damit die Pflanzen nicht abrutschen können. Anschließend den Haupttrieb einspitzen. An den Seitentrieben wird das Messer oder die Schere ebenfalls angesetzt; es verbleibt jeweils nur das erste Blatt sowie ein Fruchtansatz. Vom Haupttrieb sollten bis zu einer Höhe von 80 cm alle in den Blattachseln sitzenden Blüten ausgebrochen werden. Wer die Gurken ohne diese einschneidenden Maßnahmen wachsen läßt, erhält eine Menge Blätter, aber nur wenig Früchte. Somit ist bei Verwendung der richtigen Sorten, des regelmäßigen Schnitts, sowie einer

guten Vorbereitung des Bodens und ausreichenden Düngegaben gut und gerne mit 20 bis 30 Früchten pro Gurkenpflanze zu rechnen.
Die Düngung beginnt etwa 4 Wochen nach der Pflanzung in einem Rhythmus von 14 Tagen. Da die Gurken sehr salzempfindlich sind, empfiehlt sich die Verwendung von organisch-mineralischem Dünger, am besten in flüssiger Form: in 1 l Wasser 2 g Dünger auflösen oder fertigen Flüssigdünger nach Vorschrift verwenden. Jede Pflanze erhält 1 l Düngeflüssigkeit. Es sollte nach Möglichkeit nicht immer der gleiche Dünger verwendet, sondern hin und wieder gewechselt werden, vor allem dann, wenn sich die Blätter gelb verfärben oder wenn gar ein Wachstumsstillstand eintritt.
Besonders gut, zügig und kerngesund wachsen alle Gurken heran, wenn man sie auf Feigenblattkürbis veredelt. Diese Mühe lohnt sich, weil sie dann auch vor der berüchtigten Gurkenwelke verschont bleiben. Die Sache ist ganz einfach. Zuerst einmal werden die Kürbispflanzen einige Tage früher, mindestens aber gleichzeitig mit den Gurken bei Temperaturen um 22 bis 25 °C in Töpfchen ausgesät. Nach 3 bis 4 Wochen ist die günstigste Zeit zum Veredeln herangekommen. Dann werden die Töpfe dicht nebeneinander gestellt und mit einem sehr scharfen Messer oder einer Rasierklinge auf gleicher Höhe ein Zungenschnitt bis zur Triebmitte ausgeführt. Beide Triebe werden vorsichtig und sauber ineinandergepaßt und fest miteinander verbunden: mit Tesafilm, Gummi oder Wollfaden. Dabei möglichst die Schnittstellen ganz abdecken. Das Anwachsen dauert etwa 2 bis 3 Wochen. Übergelegte, durchlöcherte Folie oder Leinen sorgen für gespannte Luft und fördern den Anwachsprozeß. Danach heißt es aufpassen: Von der Gurke die Wurzeln abtrennen, vom Kürbis den Kopf, dann kann ausgepflanzt werden. Wer diese Veredlungsmethode ausprobiert, wird vom Wachstumserfolg überrascht sein, denn Schädlinge und Krankheiten haben kaum eine Chance. Ansonsten muß mit Weißen Fliegen, Spinnmilben (Rote Spinne), Blattläusen und mit Echtem Mehltau gerechnet werden (Bekämpfung siehe Kapitel »Pflanzenschutz« ab Seite 143). Wenn Gurken welken, können auch falsche Pflegemaßnahmen vorliegen wie zu kaltes, zu wenig oder zuviel Wasser, zu hohe oder zu niedrige Temperaturen sowie Zugluft, Überdüngung oder Beschädigung einzelner Pflanzenteile.

Gurken, an Schnüren aufgeleitet.

Jungfernfrüchtige Spitzensorte.

Stangenbohnen

Noch wenig bekannt ist der Anbau von Stangenbohnen im Gewächshaus. Wer gern frische grüne Bohnen noch vor der Freilandsaison ernten möchte, oder wer aus klimatischen Gründen in seinem Garten nicht mit befriedigenden Ernten rechnen kann, sollte einen Versuch wagen. Natürlich muß genügend Platz vorhanden sein, da um diese Zeit mit Gemüse genutzte Gewächshäuser voll mit Tomaten, Gurken oder Paprika besetzt sind. Ab Mitte Mai kann der Anbau auch im ungeheizten Gewächshaus erfolgen, da dann mit Nachtfrösten nicht mehr gerechnet werden muß. Die Ernte beginnt Ende Juni und hält bis Mitte August an.
Da Stangenbohnen stark wachsen, sollte man für sie eine ganze Gewächshausseite reservieren, denn nur ein paar Pflanzen zum Ausprobieren, das lohnt sich nicht. Gepflanzt wird in der Mitte des Beetes in Abständen von 40 cm. Zu empfehlen ist eine Vorkultur in Töpfen, um die Wachstumszeit zu verkürzen; auf diese Weise kann die geplante Beetfläche vorher mit anderem Gemüse länger genutzt werden.
Zur Anzucht der Jungpflanzen kommen 6 Bohnenkörner in Ton- oder Kunststofftöpfe von 10 cm Durchmesser. Die Töpfe nicht zu feucht halten, es reicht

aus, wenn die Erde bei der Aussaat angegossen und dann bis zur Keimung trocken gehalten wird. Bei Temperaturen um 15° C (möglichst nicht höher) dauert es etwa knapp 3 Wochen, bis man mit dem Pflanzen beginnen kann. Da die Ranken leicht abbrechen, empfiehlt es sich, die Bohnen früh genug zu pflanzen, denn mit jeder abgebrochenen Ranke vermindert sich der Ertrag. Für die Ranken wird am Boden entlang der Pflanzreihe, und in Firsthöhe ein Draht gespannt. Zwischen diesen beiden Drähten werden Schnüre gezogen, an denen die Bohnentriebe emporwachsen können. Es hat sich bewährt, am Anfang etwas nachzuhelfen. Bitte daran denken: Bohnen ranken »falsch« herum, also entgegen dem Uhrzeigersinn.

Stangenbohnen bleiben weitgehend von Pilzkrankheiten wie der gefürchteten *Botrytis* verschont, wenn man beim Gießen mit besonderer Sorgfalt vorgeht. Im ersten Entwicklungsstadium bis zur Blüte wird wenig gegossen, mit Beginn der Blütezeit dann reichlich. Wenn die Blüten abfallen, ist der Boden trocken. Dabei immer von unten gießen und die Blätter dabei so wenig wie möglich benetzen. Am besten gießt man am frühen Morgen. Temperaturen von nachts 8 bis 10° C, tagsüber bei bedecktem Himmel von 12 bis 14° C und bei Sonne von 24° C wären ideal. Regelmäßige Belüftung hilft, die Temperaturen niedrig zu halten. Beim Düngen ist Maßhalten am Platze, um die Blattentwicklung nicht auf Kosten der Erntemenge zu fördern. Deshalb erst ab Blühbeginn in Abständen von 2 Wochen düngen. Am besten Blau-Dünger im Wechsel mit Kalkammonsalpeter in einer Menge von 15 g/m² ausstreuen und anschließend einwässern.

Als Sorten eignen sich Bohnen mit schwacher bis mittlerer Laubbildung wie die ertragreichen 'Bertina', 'Trebona', 'Rakker' und 'Helda'.

Stangenbohnen, ideal für Gewächshäuser.

Paprikaanbau lohnt den Versuch.

Paprika

Gemüsepaprika gehört ebenfalls zu den »klassischen« Gewächshaus-Gemüsen. Die Ansprüche sind, was die Temperatur betrifft, ähnlich denen der Tomaten, liegen also bei 20° C am Tage und etwa 16° C in der Nacht. Der Anbau ist aber auch – entsprechend später, versteht sich – im temperierten Gewächshaus, ab Mai im Haus ohne Heizung und zur gleichen Zeit im Frühbeet möglich. Ausgesät wird in der letzten Märzwoche bei Temperaturen um 22–24° C. Keimdauer 10–14 Tage. Nach Bildung der beiden Keimblätter werden die Jungpflanzen einzeln in kleine Töpfe gesetzt. Sie wachsen am besten in guter, mit viel Kompost angereicherter Gartenerde oder in Fertigerde. Die Jungpflanzen brauchen Wärme und bei kümmerlichem Aussehen Flüssigdünger. Im Gewächshaus werden die gut durchwurzelten Paprikasetzlinge im Abstand von 50 × 50 cm ausgepflanzt.
Empfehlenswerte Sorten: Grüne Früchte die später rot werden: 'Merit', 'Bell Boy', 'California Wonder'; gelbe Frühte: 'Golden Bell F_1', 'Pußta Gold' und andere. Beim Einkauf sollten Sie immer darauf hinweisen, daß eine Pflanzung unter Glas oder Folie geplant ist.
Die Anzucht dauert etwa 10 Wochen, bis die Paprika pflanzfertig sind. Von der Pflanzung bis zur Ernte braucht man dann aber nur mit 6 bis 8 Wochen zu rechnen. In dieser Wachstumszeit sorgen wir für reichlich Wasser und achten auf Schädlinge. Reichlich lüften verhindert übrigens den Befall mit Grauschimmel. Vor der Pflanzung 40 g/m² Blau-Dünger geben. Empfehlenswert: Anfang Juni 20 g/m² Kalkammonsalpeter verabreichen. Bei der Ernte dürfen die Früchte nicht zu groß und zu reif werden, da sie sonst an Geschmack verlieren. Ernteerwartung: etwa 1 kg je Pflanze.

Rettiche

Auch bei Rettichen bringt die Jungpflanzenkultur sichere Erträge. Wie bei Radies wird an einen hellen, möglichst warmen Platz (zum Beispiel Hänger direkt unter dem Glas) ausgesät und im Abstand von 25 × 20 cm ausgepflanzt. Haben die Setzlinge Daumenlänge erreicht, werden sie kerzengerade eingesetzt, damit sich die Rüben nicht krumm entwickeln. Wer die »normale« Aussaat bevorzugt, vereinzelt kleinere Bündelrettiche ('Ostergruß', 'Neckarruhm') im Abstand von 12 bis 15 cm, größere Rettiche in 20 cm Entfernung.

Rettiche, weit genug gepflanzt.

Kopfsalat zwischen Kohlrabi und Rettich.

Bei beiden Methoden ist in den ersten Wochen auf sparsame Wassergaben zu achten, solange, bis die Jungpflanzen etwa 8 cm lang geworden sind. Dann regelmäßig aber nie zuviel gießen, da Ernteausfälle oft auf zuviel Wasser zurückgeführt werden können. Die Rüben verfärben sich dann bräunlich-schwarz. Treibrettiche wachsen besonders gut, wenn das Thermometer nicht höher steigt als 12 bis 14 °C. Düngeempfehlung: 100 g organisch-mineralischer Dünger oder 30–40 g/m² Blau-Dünger vor der Aussaat und nach dem Aufgang 20 g/m² Kalkammonsalpeter. Sorten: 'Aspro', 'Halblanger Weißer', 'Hilds Neckarruhm' (rot und weiß), 'Rex'.

Radies

Radies sind allein schon deshalb zu empfehlen, weil sie wie Kresse und Schnittsalat bald nach der Aussaat geerntet werden können. Mehr noch als im Garten muß man auf einen ausreichenden Abstand (6 bis 8 cm, in der Reihe 6 cm) achten, sonst bilden sich keine Knollen. Das heißt: Bei zu dichter Saat auf jeden Fall vereinzeln. Als Richtschnur gilt: auf 1 m² haben 150 bis 200 Stück Radies Platz. Gut bewährt hat sich, für viele Gartenfreunde noch unbekannt, das Verpflanzen der Radieschen in einer allseitigen Entfernung von 8 cm, wodurch man früher qualitativ hochwertige Früchte ernten kann.
Die Aussaat zur Jungpflanzengewinnung wird nahe am Licht in Blumentöpfen vorgenommen. Bevor die Jungpflanzen in die Erde kommen, sollte das Teilstück zwischen Wurzel und Keimblatt nicht länger als etwa 2 cm (Daumenlänge) groß sein, sonst gibt es lange, statt runde Knollen. Dünge-Empfehlung: 80 g organisch-mineralischer Dünger oder 40 g Blau-Dünger pro m². Sorten: 'Cyros F_1' 'Fanal', 'French Breakfast', 'Saxa Treib', 'Karissima', und für Kasten und Folien 'Knacker'.

Kopfsalat

Wer ein Gewächshaus besitzt, kann Kopfsalat das ganze Jahr ernten. In der kalten Jahreszeit im temperierten Haus, in den ersten Frühjahrsmonaten im geheizten, später ungeheizten Frühbeetkasten oder unter Folie, im Sommer bis zum frühen Herbst dann draußen auf den Gemüsebeeten.
Der Erfolg im Gewächshaus hängt von der Lichtmenge ab, die im Winter nur in geringem Umfang zur Verfügung steht. Die Wärmeansprüche sind dagegen recht niedrig. Für eine sogenannte Kalttreiberei reichen bereits +10 bis +14 °C. Bei höheren Temperaturen werden die Köpfe zu weich. Wenn irgendmöglich, sollten die Wachstumsfaktoren Licht und Wärme aufeinander abgestimmt sein. Vereinfacht heißt das: wenig Licht, zunehmende Wärme. Frische Luft und ausreichende Bodenfeuchte, wobei die Pflanzen bei Einbruch der Dunkelheit abgetrocknet sein müssen, erhöhen die Aussicht auf Erfolg.
Je nach Platz kann zu verschiedenen Zeiten ausgesät und gepflanzt werden. Bei einer Aussaat Anfang August (Pflanzung Anfang September) kann man mit der Ernte im Oktober rechnen. Soll zu Weihnachten frischer Kopfsalat zur Verfügung stehen, wird Mitte September gesät und Mitte Oktober gepflanzt. Spätere Aussaaten brauchen wegen der schlechteren Lichtverhältnisse im Winter ungleich länger und sind aus diesem Grunde nur mit Vorbehalt zu empfehlen. Man sollte im Winter deshalb auf den raschwachsenden Schnittsalat umsteigen, der ab Mitte Februar in Reihen (15 bis 20 cm Abstand) ausgesät wird und monatelang Salatblätter, wenn auch ohne Köpfe, liefert.
Ende Februar/Anfang März kann dann wieder »richtiger« Kopfsalat ausgesät werden, der, 4 Wochen später ausgepflanzt, bald schöne Köpfe bildet. Dazu braucht er Platz; deshalb ist beim Pflanzen eine allseitige Entfernung von 25 cm angebracht.
Für die Gewächshauskultur sollten auf keinen Fall Freilandsalat-Sorten verwendet werden, sondern Kurztagssalate, die speziell für die lichtärmeren Monate des Jahres gezüchtet wurden. Beispiele: 'Imba', 'Muck', Larissa; Kraussalat (holländisch Krutsalat); Eichblattsalate wie 'Novita', 'Azura', 'Krizet'.

Feldsalat

Der frostverträgliche Feldsalat ist das ideale und unproblematische Wintergemüse für Kalthäuser, unbeheizte Gewächshäuser und Frühbeetkästen. Gesät wird – für die Winterernte – von August bis Ende September. Feldsalat kann 1 cm tief entweder in 10 cm voneinander entfernten Reihen oder breitwürfig (Samen andrücken, nur leicht mit Erde bedecken) gesät werden. Die ersten 4 Wochen feucht halten, lüften.
Mehltau kann sich bilden, wenn die Pflanzen zu dicht stehen. Düngeempfehlung: 50 g organisch-mineralischen Dünger oder 20 bis 30 g Blau-Dünger je m². Sorten: 'Vit' und 'Elan', beide sind widerstandsfähig gegen Mehltau.

Die Sorten 'Verte de Cambrai' und 'Dunkelgrüne Vollherzige' sind nicht resistent, aber sehr wüchsig.

Schnittsalat

Schnittsalat kann man bereits nach 4 bis 6 Wochen ernten. Zwar bildet dieser Salat keine Köpfe, kann aber mit den gleichen Vitaminen und anderen Inhaltsstoffen aufwarten wie der Kopfsalat. Gesät wird von März bis Anfang September, 1 cm tief, dicht bei dicht, in 15 bis 20 cm voneinander entfernten Reihen. Vereinzeln ist nicht nötig. Man rechnet mit einer Erntemenge von 600 bis 800 g/m². Düngeempfehlung: 40 g organisch-mineralischer Dünger oder 20 g Blau-Dünger pro m². Sorten: 'Krauser Gelber', 'Hohlblättriger Butter' oder jede vorhandene Kopfsalatsorte, da keine Kopfbildung erwünscht und erwartet wird.

Pflücksalat

Das ist der ideale Gewächshaussalat, er macht wenig Arbeit und bietet eine lange Ernteperiode mit durchweg hohen Erträgen. Man erntet keinen Kopf, sondern nimmt Blatt für Blatt ab und zwar von unten nach oben. Plücksalat wird gepflanzt oder gesät und auf 10 cm Abstand vereinzelt. Sorten: 'Grand Rapids Salli', 'Amerikanischer Brauner', 'Lolla Rossa' (mit braunroten, gezeichnten Blättern).

Kohlrabi

Kohlrabi sollte man stets mit Kopfsalat zusammenpflanzen, vor allem deshalb, um den Raum besser auszunützen. Entfernung von Pflanze zu Pflanze: 25 cm. Wie auch im Garten kommen die Pflanzen flach in die Erde, ganz einfach deshalb, um keine braun-schwarzen Knollen zu bekommen, die dann später faulen. Bilden die Kohlrabipflanzen keine festen, runden Köpfe, so liegt das entweder an mangelhafter Wasserzufuhr, nicht ausreichender Ernährung, zu engem Stand oder an der falschen Sorte. Dünge-Empfehlung: 200 g organisch-mineralischer Dünger oder 100 g Blau-Dünger pro m². 4 Wochen nach dem Auspflanzen 20 g/m² Volldünger zusätzlich verabreichen. Sorten: 'Azur Star' (blau), 'Blaro' (blau), 'Flott-F_1-Hyride' (weiß), 'weißer Teib' (weiß), 'Rowel' (weiß), 'Flott' (weiß), 'Trero' (weiß).

Aubergine

Nur in Jahren mit hoher Sonnenscheindauer und gleichzeitig reichen Niederschlägen gelingt in unseren Breitengraden der Anbau von Auberginen im Freiland. Eine Erfolgsgarantie kann allerdings auch dann nicht gegeben werden, so daß man mit einer sicheren Ernte eigentlich nur im Gewächshaus rechnen kann. Auch hier liegen die Ansprüche an Sonne und Wärme sehr hoch. Immerhin lassen sich Auberginen und Paprika zusammen anbauen, während Tomaten keine guten Partner darstellen. Auberginen und Paprika werden zu gleicher Zeit, Anfang Februar, ausgesät, nach dem Auflaufen pikiert oder gleich in nicht zu kleine Töpfe gesetzt, damit möglichst bald starke Pflanzen zur Verfügung stehen.
Zu empfehlen ist die Aussaat in einem geheizten Vermehrungsbeet, bei Bodentemperaturen um 20°C. Besonders geeignet sind die Sorten 'Sperlings Blacky' (lang oval), 'Lange Violette' (keulenförmig), 'Negro' (walzenförmig). Ausgepflanzt wird im temperierten (geheizten) Gewächshaus ab Mitte Mai. Eine

Kohlrabi in Mischkultur mit Tomaten.

Feldsalat in Spitzenqualität.

Auberginen im Gewächshaus

Kultur ist aber auch im Kalthaus oder im Frühbeetkasten möglich. Allerdings muß man den Frühbeetkasten etwa 30 cm hoch aufstocken, weil die Auberginen bis zu 1 m hoch werden und viel Schutz brauchen. Bei kühlem Wetter sollte man das Auspflanzen im Kalthaus und Kasten solange wie möglich hinauszögern. In den Kasten setzen wir 3 bis 4 Pflanzen pro Fenster.

Im Gewächshaus sollten die Auberginen in allseitiger Entfernung von 50 × 50 cm stehen und später an Pfähle oder Schnüre angebunden werden. Die Pflegemaßnahmen entsprechen denen der Tomaten. Nur das Entfernen der Geiztriebe entfällt. Im Gegenteil: Bei den Auberginen kommt es gerade auf die Seitentriebe an. Entspitzt wird der Haupttrieb, allerdings auch nur dann, wenn die Pflanze sich schlecht verzweigt, wobei 4 kräftige Triebe die Norm sind. Bei Fruchtansatz schneiden wir den Trieb 3 Blätter über der Frucht ab. Bei großfrüchtigen Sorten rechnet man mit 4 bis 5, bei kleinfrüchtigen mit 8 bis 9 Auberginen. Die Vollreife setzt meist im August ein. Geernet wird, wenn sich die Früchte fettig anfühlen, schön glänzen und dunkelviolett gefärbt sind.

Melonen

Sehr zu empfehlen ist der Anbau von Melonen, vor allem von Zuckermelonen. Ausgesät wird im Februar/März und, wie bei den Gurken, gleich in Töpfchen. Nach etwa 4 Wochen sind die jungen Melonen pflanzfertig und werden ab März/April ins warme oder temperierte Haus, ab Ende April/Anfang Mai ins ungeheizte Gewächshaus oder in bereits wieder leerstehende Frühbeete gesetzt. Gepflanzt werden Melonen im allseitigen Abstand von 80 cm in einen mit Kompost oder einen Torfmischdünger wie Humobil vorbereiteten Boden. Aufgepaßt, Melonen sind Flachwurzler, also hoch pflanzen, damit es keine Stammfäule gibt. Eine zusätzliche Volldüngergabe von 30 bis 40 g/m^2 hat sich bewährt.

Melonen sind empfindlich gegen Nässe und niedrige Temperaturen. An warmen, sonnigen Tagen brauchen sie aber, wie die verwandten Gurken, reichlich Feuchtigkeit. Das gilt auch für Melonen, die im Frühbeet stehen; hier wird anfangs recht sparsam gelüftet und nur wenig Schatten gegeben. Im Gegensatz zu vielen anderen Gemüsearten müssen aber die Fenster den ganzen Sommer über auf dem Kasten liegen bleiben.

Um zu wirklich guten Ernten zu kommen, werden bereits die Jungpflanzen über dem vierten bis sechsten Blatt entspitzt und die daraus entstandenen Seitentriebe nach dem sechsten Blatt abgeschnitten. Man beläßt jeder Pflanze etwa 4 Triebe, an jeder Pflanze sollen nur 4 bis 5 Früchte heranreifen. Unter diese Früchte werden kleine Brettchen oder Glasscheiben gelegt, um Fäulnis zu vermeiden. Ist der Fruchtansatz gering, sollte man die Pflanzen welken lassen. Durch die auf diese Weise erzielte Saftstockung bilden sich einige Tage nach dem Gießen weibliche Blüten. Zwischen Pflanzung und Erntebeginn liegen im geheizten Gewächshaus etwa 10 Wochen.

Bei günstigen Außentemperaturen kann man in dieser Zeit auch im Kalthaus und Frühbeet ernten. Es muß eben warm sein, denn von allen Gemüsearten verlangt die Melone am meisten Wärme. Bewährt haben sich die Zuckermelonen 'Galia', 'Goldstar', 'Sperling's Honigtopf' (F_1-Hybride), 'Maya' sowie die Wassermelonen 'Sugar Baby', 'Crimson Sweet' und 'Sweety'.

Noch ein Wort zur Befruchtung: Beim Fruchtanbau von Melonen im Gewächshaus ist eine Bestäubung durch Bienen nicht sicher genug. Deshalb muß man nachhelfen. Wir pflücken gut stäubende männliche Blüten (die danach weggeworfen werden können, da sie wertlos sind) und drücken sie leicht auf die weiblichen Blüten. Dabei muß man aufpassen, daß der Fruchtknoten der weiblichen Blüten nicht beschädigt wird.

Melonen brauchen viel Wärme.

Gemüseart	**Haustyp / Aussaatzeit** W = Warmhaus, T = Temperiertes Haus, K = Kalthaus, F = Frühbeet		**g/m² oder Portion**	**Pflanzzeit**	**Pflanzen je m²**	**Pflanz- abstand in cm**	**Ernte**
Auberginen	W	Februar	1 Portion	Mai	3–4	75 × 50	Juli bis Sept.
	T	Februar	1 Portion	Mai/Juni	3–4	75 × 50	August bis Sept.
	K	–	–	–	–	–	–
	F	–	–	–	–	–	–
Buschbohnen	W	–	–	–	–	–	–
	T	März bis April	6 Bohnen je Topf	April	6 Töpfe	40×40	Juni bis Juli
	K	Mitte Mai		Ende Mai	6 Töpfe	40×40	Juli bis August
	F	Mitte Mai		Ende Mai	6 Töpfe	40×40	Juli bis August
Feldsalat	W	–	–	–	–	–	–
	T	September bis Oktober	3	–	–	Reihenabstand 10 cm, oder breitwürfig	Dez. bis Febr.
	K	September bis Oktober	3	–	–		Dez. bis März
	F	September bis Oktober	3	–	–		Dez. bis März
Gurken	W	Januar bis März	1 Portion	März bis Mai	1–2	150 × 50	Juni bis Okt.
	T	März bis April	1 Portion	April/Mai	1–2	150 × 50	Juli bis Okt.
	K	April	1 Portion	Mai	1–2	150 × 50	Juli bis Okt.
	F	–	–	Mai	2 je Fenster	In der Reihe: 50 cm	Juli bis Okt.
Kohlrabi	W	Januar bis Februar	1 Portion	Februar bis März	20–25	25 × 25	April bis Mai
	T	Februar	1 Portion	März bis April	16	25 × 25	Mai
	K	Februar	1 Portion	April	16	25 × 25	Mai
	F	März	1 Portion	Ende März (F) bis April	16	25 × 25	Mai
Rettich	W	–		–	–	–	–
	T	Januar bis Februar	1 Portion	Februar bis März	20	25 × 20	Mai bis Juni
	K	Ende März bis April	1 Portion	April bis Mai	20	25 × 20	Juni bis Juli
	F	März (Wb) bis April	1 Portion	April bis Mai	20	25 × 20	Juni bis Juli
Schnittsalat (Zwischenkultur)	W	–	–	–	–	–	–
	T	Februar bis September	1 Portion	–	–	In Reihen Abstand: 15–20	März bis Okt.
	K	März bis Anfang September	1 Portion	–	–		Mai bis Okt.
	F		1 Portion	–	–		Mai bis Okt.
Spinat	W	–	–	–	–	–	–
	T	November bis Dezember	20–30	–	–	–	Ende März
	K	Oktober	20–30	–	–	–	März bis April
	F	September	15	–	–	Aussaat in Reihen: 15 cm	April bis Mai

Gemüseart	Haustyp / Aussaatzeit W = Warmhaus, T = Temperiertes Haus, K = Kalthaus, F = Frühbeet		g/m² oder Portion	Pflanzzeit	Pflanzen je m²	Pflanz-abstand in cm	Ernte
Stangenbohnen	T	Ende März	6 Bohnen je Topf	Anfang April		40 cm in der Reihe	Ende Juni
	K	Mitte Mai		Ende Mai			Juli bis August
	F	–	–	–	–	–	Juli bis August
Tomaten	W	Januar bis März	1 Portion	März bis April	2,5–3	75 × 34	Juni bis Anf. Okt.
	T	März	1 Portion	Mai	2,5–3	75 × 45	Juli bis Ende Okt.
	K	März	1 Portion	Mai	2,5–3	75 × 45	Juli bis Ende Okt.
	F	März	1 Portion	Mai	2,5–3	75 × 45	Juli bis Ende Okt.
Winterendivien	T	August	1 Portion	September	16	25 × 25	Dez. bis Januar
	K	August	1 Portion	Ende September	16	25 × 25	Jan. bis Ende Feb.
	F	August	1 Portion	Ende September	20–24 je Fenster je Reihe 4 Pflanzen		Jan. bis Ende Feb.
Kopfsalat	W	Januar bis Februar	1 Portion	Februar bis März	20	25 × 20	Ende April
	T	Februar bis März	1 Portion	März bis April	20	25 × 20	April bis März
	K	–	1 Portion	Ende März/April	20	25 × 20	Mai
	F	–	1 Portion	März (Wb) bis April	20 je Fenster	25 × 20	Mai
Melonen	W	Februar (+22° C)	1 Portion	April bis Mai	1–2	80 × 80	Juli bis August
	T	Februar (+22° C)	1 Portion	April bis Mai	1–2	80 × 80	Juli bis August
	K	–		Mai	1–2	80 × 80	August bis Sept.
	F	–		Mai	1–2	80 × 80	August bis Sept
Mohrrüben	T	Januar bis Februar	1	–	–	–	Mai bis Juni
	K	Oktober bis Dezember	1	–	–	–	April bis Juni
	F	Oktober bis Dezember	1	–	–	–	April bis Juni
Paprika	W	Januar bis Februar	1 Portion	März bis Mai	4	50 × 40	Juni bis Okt.
	T	Februar	1 Portion	April bis Mai	4	50 × 40	Juli bis Nov.
	K	März	1 Portion	April bis Mai	4	50 × 40	Juli bis Nov.
	F	März (Wb)	1 Portion	April/Mai	4 je Fenster	50 × 50	Juli bis Okt.
Petersilie (Schnitt)	T	August bis September	7	Okt. bis Nov.	33	25 × 12	Januar bis April
	K	August bis September	7	Okt. bis Nov.	33	25 × 12	Feb. bis April
	F	August bis September	7	Direktsaat	33	25 × 12	Feb. bis April
Radies	W	Januar bis Februar	4 (3)	–	150	12	März bis April
	T	Januar bis Februar	4 (3)	–	150	12	Ende März b. April
	K	März	4 (3)	–	150	12	April bis Mai
	F	Februar (Wb)	5 je Fenster	–	150	12	April.

Wb = Warmbeet

Gewürzkräuter

Da die meisten Gewürzkräuter einjährig sind, sollte ihr Platz im Garten sein, auch deshalb, weil sich das Aroma ihrer Blätter hier kräftiger entwickelt. Das gilt auch für mehrjährige Kräuter, die als fertige Pflanzen angeboten werden.

Petersilie

Sie wird im März/April in große Pflanzgefäße wie Blumentöpfe, nicht zu flache Pflanzschalen oder kleine (tiefe) Balkonkästen ausgesät, die im Spätherbst dann im Kalthaus oder temperierten Haus (ideale Temperatur +5 bis +8° C) aufgestellt werden. Es empfiehlt sich, den Samen nur wenig mit Erde zu bedecken, etwas anzufeuchten und mit Glas oder Folie bis zur Keimung, die nach etwa 3 Wochen erfolgt, abzudecken. Wer zusätzlich Petersilie für den Wintervorrat benötigt, kann eine weitere Aussaat im August vornehmen. Nach jedem Schnitt die Pflanzen unbedingt mit einem organisch-mineralischen Flüssigdünger versorgen. Die Ernte ist dann doppelt so groß. Neben den bekannten feingekrausten Sorten ('Mooskrause') lohnt sich ein Versuch mit einer glattblättrigen Sorte ('Hamburger Schnitt'), die unproblematischer heranwächst und würzigere Blätter besitzt.

Schnittlauch

Er wird im April ausgesät (Samen andrücken und feucht halten) und nach dem Auflaufen alle 14 Tage gedüngt. Das gilt für die gesamte Vegetationszeit, denn Schnittlauch braucht viel Nahrung und Wasser, andernfalls trocknen die Blattspitzen ein. Die jungen Schnittlauchpflanzen werden büschelweise (etwa 20 Einzelpflanzen pro Busch) in 25 × 25 cm Entfernung im Garten ausgepflanzt. Im darauffolgenden Jahr sind sie dann zur Treiberei, das heißt, zur Aufstellung im Gewächshaus geeignet. Man kann zur Winterversorgung mit Schnittlauch auch ältere, bereits vorhandene Stöcke verwenden.
Dazu gräbt man die Ballen Ende Oktober bis Mitte November aus und legt sie im Garten lose zu einem Haufen aufeinander. Es schadet nichts, wenn sie dabei austrocknen und gefrieren. Je nach Bedarf können während der Winterwochen die gefrorenen Klumpen ins Gewächshaus geholt werden. Ein anschließendes, 12 Stunden dauerndes Warmwasserbad von 40° C fördert den Austrieb. Anschließend wird der Ballen für den Topf zurechtgeschnitten und eingetopft. Es ist darauf zu achten, daß

Schnittlauch, der sich zum Treiben eignet.

Petersilie zwischen Salatpflanzen.

Kresse, neben Rettich ausgesät.

Rosmarin

Rosmarin ist nicht wie die meisten Kräuterstauden winterhart. Ihn muß man in ein Pflanzgefäß setzen, vor den ersten Frösten einräumen und nach den Eisheiligen wieder ins Freie bringen. Er wird so wie eine Kübelpflanze behandelt. (Siehe auch Seite 103).
Rosmarin steht uns im Gewächshaus also ganzjährig zur Verfügung wie auch die in der Küche am meisten verwendeten Petersilie und Schnittlauch.

Gemüse und Kräuter unter Gewächshaustischen

Der Platz unter den Gewächshaustischen kann im Herbst durch einige Gemüsearten recht gut genutzt werden und zwar im Warmhaus wie auch im temperierten Gewächshaus. So kann man zum Beispiel Petersilienwurzeln eingraben und Schnittlauchballen auspflanzen, die uns bis in das Frühjahr hinein vitaminreiche Kräuter für die Küche liefern. Die Petersilienwurzeln, vorausgesetzt man hat im Garten welche angebaut, werden so weit in die Erde gesteckt, daß nur noch die Köpfe herausschauen. 5 bis 6 Wurzeln, in 12 bis 14 cm große Töpfe gesteckt, liefern schon bei 10° C den ganzen Winter hindurch genügend Petersiliengrün für eine vierköpfige Familie.
Auch mit Lauchzwiebeln läßt sich der Haushalt den ganzen Winter über versorgen. Um 50 Zwiebeln zu stecken, werden etwa 0,5 kg Steckzwiebeln in der Größe von 2,5 bis 3,5 cm Durchmesser benötigt. Im Abstand 5 × 8 cm, in der Topf nicht austrocknet. Auf diese einfache Weise steht uns den ganzen Winter frischer Schnittlauch zur Verfügung.

Rosmarin kann auch schön blühen.

Kresse, Gelbsenf

Beide Kräuter können das ganze Jahr über – vor allem natürlich in den Wintermonaten – im Gewächshaus ausgesät werden. Die Aussaat von Kresse kann in kleine flache Schalen oder Blumentöpfe auf Erde, Sägespäne oder Fließpapier erfolgen, am besten in Abständen von 14 Tagen, damit das vitaminreiche Grün ständig zur Verfügung steht. Von Kresse, die recht dicht ausgesät werden sollte, gibt es großblättrige Sorten, die mehr Blattmasse bilden als die herkömmliche Gartenkresse. Ein Tip für alle, denen die braunen Samenschalen im Wege sind: Nach der Aussaat das Substrat mit einer 3–4 mm hohen Sandschicht bedecken, die die Samenschalen niederhält, oder, wenn der Samen schon gekeimt ist, die Schalen mit einem groben Kamm entfernen.

Wo Platz ist, kann auch Blumenkohl und Porree gepflanzt werden.

Rhabarber wächst unter dem Gewächshaustisch schnell heran.

Zeitabständen ausgepflanzt, liefern sie fortlaufend frischen Zwiebellauch.

Als Salat und Kochgemüse gleichermaßen begehrt ist der Chicorée. Je m² erntet man etwa 8 kg Sprosse, wenn etwa 150 Wurzeln je m² eingeschlagen werden. Die Treiberei beginnt Anfang bis Mitte Dezember und sollte satzweise erfolgen, damit die Ernte über einen längeren Zeitraum sichergestellt ist. Zunächst wird die Erde 20 cm tief ausgehoben. Die Wurzeln schlägt man dann im Abstand von 5 cm reihenweise ein. Nach dem Wässern bedeckt man den Einschlag 25 cm hoch mit lockerer Erde. Bei einer Bodentemperatur von 10 bis 15° C beginnt nach 3 bis 4 Wochen die Ernte. Eine Bodenheizung beschleunigt das Treiben. Die getriebenen und bis 25 cm langen, gebleichten Sprosse werden geernet, indem man die einzelnen Reihen vorsichtig freilegt. Die Chicoréewurzeln gewinnt man draußen im Garten durch Aussaat. Für 1 m² ist etwa 1 g Samen erforderlich. Im Reihenabstand von 25 bis 30 cm wird in der Reihe auf 10 bis 15 cm vereinzelt.

Die feuchte und warme Gewächshausluft ist gut geeignet, um in die Erde eingegrabene Rhabarberklumpen zum Treiben anzuregen. Verwendet werden starke, mindestens 3jährige Pflanzen, von denen im Freiland nicht über den Juni hinaus geerntet wurde. Für 1 m² Treibfläche brauchen wir 8 Rhabarberpflanzen. Zum Treiben genügen 15° C. Gleichmäßige Feuchtigkeit der Ballen ist besonders wichtig. Die Ernte beginnt 4 bis 6 Wochen nach dem Einräumen. Kräftige Wurzelklumpen ergeben bis 10 kg Rhabarberstiele je m². Abgetriebene Klumpen setzt man im Frühjahr in den Garten und kann sie nach 3 Jahren wieder zum Treiben benutzen. Reichliche Düngung fördert das Wachstum beträchtlich.

Heimische und exotische Früchte

Weinreben

Weinreben kann man nicht einfach dazupflanzen. Ihr starkes Wachstum bedingt allein schon die Anlage oder fast ausschließliche Nutzung eines Spezial-Weingewächshauses. Entsprechend der »Erziehung« der Reben sollte, wenn irgend möglich, die Pultdachform gewählt werden. In solchen bis zu 3 m breiten Häusern finden die Reben ideale Bedingungen vor. Andere Haustypen lassen sich aber genauso zur Weintrauben-Treiberei nutzen, Warmhaus, temperiertes oder Kalthaus sind geeignet. In Häusern mit niedrigen Temperaturen verzögert sich der Beginn der Treiberei (Mitte März) und folgerichtig auch der Erntezeitpunkt um etwa 2 Monate.

In unserem »Weinhaus« ist vor der Pflanzung der Boden zuerst etwa 80 bis 100 cm tief umzugraben und mit guter Pflanzerde anzureichern. Grobbrockiger Kompost oder, wenn erhältlich, Rasenerde, denen man Lehm, Kalk und organische Dünger zumischt, schaffen die besten Voraussetzungen für gutes Wachstum. Vorhanden sein müssen auch ausreichende Belüftungsmöglichkeiten und eine regulierbare Heizung.

Die Jungreben kommen im August oder im Frühjahr in die Erde, beim Wandspalier 20 cm von der Wand entfernt. Daneben steckt man einen 1,5 cm langen Pfahl. Vor der Pflanzung heben wir eine 40 cm tiefe Grube aus, füllen sie zu 1/3 mit Komposterde (nie mit Stallmist oder mit Zusätzen von Mineraldünger), bewässern reichlich und setzen die Reben ein. Dabei sind die Wurzeln gut in der Pflanzgrube zu verteilen. Anschließend wird das Pflanzloch mit Erde gefüllt, so daß der Wurzelballen etwa 15 cm unter der Erdoberfläche zu liegen kommt. Bei der Pflanzung wird die Rebe bis auf 2 Augen zurückgeschnitten. Im temperierten Haus oder im Warmhaus kann die Treiberei im November beginnen. Empfohlen wird jedoch, damit bis zum Januar zu warten. Das ergibt dann eine Ernte nach etwa einem halben Jahr. Die Temperatur soll zuerst 10° C betragen und kann nach und nach auf 22° C gesteigert werden. Bei starker Sonneneinstrahlung darf die Temperatur ohne weiteres auf 30° C ansteigen.

Entscheidend für den Erfolg sind frische und feuchte Luft, die durch regelmäßiges Sprühen (vor allem bei hohen Temperaturen) erzielt werden kann. Während der Blüte muß das Sprühen unterbleiben. Zu sorgen ist in der Trieb- und Wachstumszeit für ausreichende Feuchtigkeit, am besten mit hauswarmem Wasser.

Nach der Blüte beginnt man mit dem Erziehungsschnitt. Dabei wird im 1. Jahr nach dem Pflanzschnitt die Rebe so weit zurückgeschnitten, daß die untersten Seitentriebe, die sich aus der einjährigen Rute entwickeln sollen, etwa 30 bis 40 cm vom Boden entfernt sind. Diese im 2. Jahr sich bildenden Seitentriebe werden wiederum auf 2 Augen, der Mitteltrieb auf 6 bis 8 Augen zurückgeschnitten. Aus den 2 verbliebenen Augen der Seitentriebe entwickelt sich je ein Trieb, ebenso aus jedem der darüberstehenden Augen der Rute. Die oberen Einzeltriebe werden wie die unteren im Vorjahr behandelt.

Die Behandlung der aus dem zweijährigen Holz entstandenen Triebe, also der unteren, kann auf zweierlei Weise erfolgen. Entweder wenden wir den Zapfenschnitt oder den Bogrebenschnitt an. Beim Zapfenschnitt bleibt nur einer der beiden Triebe bis auf 2 Augen erhalten. Der andere wird ganz weggeschnitten. Es ist gleichgültig, ob man den unteren oder den oberen Trieb wegschneidet, man läßt den mit dem kräftigsten Auge oder den günstiger gestellten stehen. Beim Bogrebenschnitt dagegen wird einer der beiden Triebe auf 2 Augen, der andere auf 5 bis 6 Augen zurückgeschnitten.

Lohnend: Trauben-Anzucht unter dem Gewächshausdach.

Der längere soll eine möglichst waagerechte Stellung haben. Diese Art des Rückschnitts wird in den folgenden Jahren fortgesetzt und auch an den Trieben, die sich inzwischen weiter nach oben entwickelt haben, durchgeführt. So entsteht ein »Rebenkordon«.
Das Treiben im Kalthaus kann ab Mitte März erfolgen. Dafür gelten die gleichen Kulturmaßnahmen. Das gilt auch für die Reben-Treiberei in Pflanzgefäßen (Topfkultur), für die Behälter von mindestens 50 cm Durchmesser und Reben mit etwa 1,50 cm langem, ausgereiftem Holz vorhanden sein müssen.

Erdbeeren

Wenn in den Wintermonaten im Gewächshaus noch Platz vorhanden ist, kann dieser Freiraum mit Erdbeeren genutzt werden. Zur Verwendung kommen junge Pflanzen, die wir bereits im Juli in 8 cm große Töpfe setzen, damit sie bis zum Einräumen im Herbst zu starken Pflanzen herangewachsen sind. Dazu ein einfacher Trick: Wer im Garten Erdbeerbeete angelegt hat, stelle rund um die alten Erdbeerpflanzen 4 bis 5 mit Erde gefüllte, 8 cm große Töpfe und führe die jeweils ersten Pflanzen so in die Töpfchen hinein, daß sie hier Wurzeln bilden, ohne von ihnen getrennt zu sein. Nach ausreichender Bewurzelung erfolgt die Trennung von der Mutterpflanze und das Umtopfen in einen 13 cm-Topf. Bis zu den ersten Frösten verbleiben die Töpfe, dicht bei dicht gestellt und bis zur Hälfte in Erde eingesenkt, auf einem schattigen Beet im Garten oder im offenen Frühbeetkasten. In dieser Zeit werden sie feucht gehalten und 2- bis 3mal mit flüssigem Volldünger, am besten Spezial-Erdbeerdünger, versorgt. Es empfiehlt sich, die Töpfe in den ersten Tagen mit der Gießkanne zu überbrausen.
Ab Anfang Oktober wird das Gießen eingeschränkt und das Düngen eingestellt. Die ersten Nachtfröste richten keinen Schaden an, im Gegenteil, Temperaturen unter 0° C regen die Erdbeeren zur Blütenbildung an. Die Botaniker nennen das Thermoperiodismus, das heißt, die Steuerung des Blühreizes durch die Temperatur. Bei stärkeren Frösten allerdings ist es nötig, die Töpfe im Frühbeetkasten oder im Freien mit Laub abzudecken. Auf dem Gartenbeet werden die Töpfe in eine Miete (wie sie der Gartenfreund von der Überwinterung von Gemüse her kennt) gestellt oder gelegt. Wo auch immer, die Decke besteht aus Laub, das man vor dem Wind durch Auflegen von Reisig oder durch eine Maschendrahtauflage schützt. Ins Kalt- oder Warmhaus kommen die Pflanzen Mitte Dezember aus dem Einschlag. Im Haus sollte zu dieser Zeit eine Temperatur von +10° C herrschen, weil das der Wurzelbildung förderlich ist. Danach kann die Temperatur bis zur Blütenbildung nach und nach bis 20° C ansteigen. Die Blüten muß man mit einem Pinsel bestäuben, sonst gibt es keine Früchte.

Erdbeeren lassen sich im Gewächshaus und im Frühbeet »verfrühen«.

Je nach Platz können die Töpfe auf den Tischen oder auf den Hängebrettern stehen. Dieser Aufenthalt empfiehlt sich vor allem deshalb, weil die Erdbeeren hier dicht und gedrungen heranwachsen und so krankheitsfreie Früchte liefern. Nicht vergessen: Die Töpfe wegen der geregelten Wasserversorgung in Untersetzer stellen. Sie brauchen viel Flüssigkeit. Außerdem wird auf diese Weise einer Benetzung der Blätter und Früchte und damit Fäulniserscheinungen vorgebeugt. Auch Düngung ist nötig, am besten bis zum Fruchtansatz und stets in Verbindung mit hohen Wassergaben.
Im geheizten Frühbeet beginnt das Treiben ab Mitte Februar. Bei einer Bodentemperatur von 15° C (Bodenthermometer benutzen) fangen die Pflanzen

etwa Mitte März an zu blühen. Mit den ersten Früchten ist Ende Mai zu rechnen, vorausgesetzt, daß auch hier für die Bestäubung der Blüten durch Rütteln der Pflanzen oder Bestäuben mit einem Pinsel gesorgt und wöchentlich bis zum Reifebeginn gedüngt wird. Um die Temperatur zu halten, sollte man bei starker Sonneneinstrahlung entweder schattieren oder die Fenster herunternehmen. Eine Lufttemperatur von 10° C genügt. Stets müssen die Fenster aber bis 15 Uhr wieder aufgelegt werden, damit die Wärme im Kasten bleibt. Wasser erhalten die Pflanzen übrigens erst nach der Blüte. Sorten: Monatserdbeeren, werden aus Samen herangezogen; von den großfrüchtigen nur frühe Sorten wie 'Gorella', 'Regina', 'Marieva' oder die mittelfrühe 'Senga-Sengana' verwenden. Auch die vor allem von Versandfirmen angebotenen »Ampel-Erdbeeren« (in Sorten) eignen sich.

Exotische Früchte

Wer nicht gerade Ernten tropischen Ausmaßes erwartet, kann sein Gewächshaus durchaus mit dem Anbau subtropischer Fruchtarten nutzen. Allein schon heranwachsende Feigen, Granatäpfel, Mandarinen oder Apfelsinen zu beobachten, lohnt den Einsatz.
Die meisten hier genannten Arten brauchen Platz um sich herum, damit sie sich richtig entwickeln können. Viele Gewächshausgärtner pflanzen aus Platzmangel deshalb auch ihre Exoten in große Pflanzgefäße, die sie in den Sommermonaten dann ins Freie bringen, wo sie ihren »Dienst« als attraktive Kübelpflanzen ableisten.

Zwergorange mit reichem Fruchtgesatz: *Citrofortunella microcarpa* 'Calamondin'.

Apfelsinen-, Mandarinen-, Limonen-, Pampelmusen-, Orangen- und Zitronenbäumchen,

Citrus in Arten und Sorten

Der beliebte Spaß, diese und andere *Citrus*-Gewächse, die zu verschiedenen botanischen Arten gehören, aus Kernen heranzuziehen, hört spätestens dann auf, wenn die zu meterhohen Immergrünen herangewachsenen Pflanzen keine Früchte tragen. Bei kühler Überwinterung (+5 bis +8° C) blühen sie zwar bereits nach 2 Jahren, aber Früchte bilden sich erst, wenn man sie wie einen heimischen Obstbaum veredelt. Möglich ist auch eine Pfropfung auf die Wildzitrone (*Poncirus trifoliata*). Edelreiser und Wildzitronen gibt es bei Versandhäusern, die sich auf die Vermehrung von *Citrus*-Arten spezialisiert haben. Man kann sich aber auch fruchttragende Bäumchen in Gärtnereien oder beim Floristen zu besorgen. Da gibt es dann kein vergebliches Warten auf Blüten und Früchte. Sie bleiben auch im Wachstum erträglich, wie zum Beispiel die Zwergorangen *C. aurantium*, *C. myrtifolia* und x *Citrofortunella microcarpa* 'Calamondin'. Für sie gilt: Im Kalthaus oder im temperierten Haus bei möglichst niedrigen Temperaturen überwintern, im Sommer im Freien aufstellen, am besten auf der Terrasse an der Südseite des Hauses, von Ende Juli bis August reichlich wässern und düngen (wöchentlich 3 g/l), dann Düngen beenden und Wassergaben einschränken. Zurückgeschnitten werden die Zitrusfrüchte im zeitigen Frühjahr. Bitte vorsichtig zu Werke gehen, da zu starkem Schnitt möglicherweise Früchte zum Opfer fallen. Stecklinge wachsen übrigens besser an, wenn man Wurzelhormonpräparate verwendet.

Eßbare Feige, *Ficus carica*

Im Frühjahr, Herbst und Winter gehört der Feigenbaum in das Gewächshaus, während er im Sommer im Freien stehen kann. Allein aus diesem Grunde muß die Feige im Topf kultiviert werden. Ihr genügt ein temperiertes Haus oder ein Kalthaus. Der Erntezeitpunkt dieses durch seine Blätter außerordentlich attraktiven Fruchtstrauches liegt im Juni/Juli und zum zweiten Mal im September. Reichliche Düngegaben im Frühjahr und Sommer und seine nährstoffhaltige, leihmige Erde unterstützen die Fruchtbildung ganz wesentlich. Die Büsche kommen nach den Eisheiligen ins Freie, an eine sonnige und möglichst windgeschützte Stelle auf der Terrasse oder am Haus und sollten dann, je nach Witterung, Ende Oktober die Winterquartiere beziehen. Die Eßbare Feige, die bis zu 6 m groß werden kann, vermehrt man am einfachsten durch Stecklinge, Ableger oder Ausläufer. Besonders gut wachsen vorjährige Triebe in einer Länge von 15 bis 20 cm in einem warmen (geheizten) Vermehrungsbeet. Stecklinge lassen sich vom Spätwinter bis zum Frühjahr schneiden.

Feigenopuntie, *Opuntia*, in Arten

Die eigroßen Früchte sind im Süden Europas und in ihrem Heimatland Mexiko sehr beliebt. Sie besitzen saftiges, rotgelbes Fleisch von großem Wohlgeschmack. Es versteht sich, vor dem Genuß die Stacheln (Glochiden) zu entfernten. Für diese »Barbarenfeige« muß genügend Platz vorhanden sein, da sie 2 bis 4 m Höhe erreichen kann. Wie in südlichen Gefilden wünschen Opuntien auch bei uns hohe Sommertemperaturen, viel Sonne, aber auch Wasser und frische Luft. In dieser sogenannten Treibzeit sollte man die Fruchtbildung mit Kakteendünger unterstützen. Ein Platz im Freien an der Südseite des Wohnhauses, geschützt vor langanhaltenden Regenfällen, ist deshalb zu empfehlen, vorausgesetzt, die Opuntie steht in einem Pflanzgefäß. Wie viele andere Kakteen werden sie in den Herbst- und Wintermonaten bei niedrigen Temperaturen (7 bis 10° C) trockener gehalten. Den Opuntien genügt deshalb ein Aufenthalt im Kalthaus oder temperierten Haus.

Vermehrt wird durch Samen, der in sandige Erde ausgesät wird. Die beste Keimtemperatur liegt bei 20° C in feuchtem Vermehrungssubstrat. Bis zur Keimung kann 1 Jahr vergehen. Schneller geht es mit Stecklingen, die im Frühjahr in Gefäße mit scharfem Sand gesteckt und bis zur Wurzelbildung regelmäßig besprüht werden.

Eßbare Feige, *Ficus carica*.

Feigenkakteen sind mit ihren hübschen Blüten allein schon eine Augenweide.

Granatapfel, eine Blüten- und Schmuckpflanze.

Granatapfel, *Punica granatum*

In unseren Breiten ist der Granatapfelbaum als blühende Kübelpflanze schon seit dem Mittelalter bekannt. Die Pflanzen werden von Jahr zu Jahr schöner und größer, so daß sich eine Überwinterung im Gewächshaus schon aus diesen Gründen lohnt. Überwintert wird im Kalthaus oder temperierten Haus bei möglichst niedrigen Temperaturen. Fangen die Bäumchen im Winterquartier an zu treiben, ist es mit der Blüte aus und vorbei.
Ins Freie kommen sie nach den Eisheiligen und wie die anderen fruchttragenden Kübelpflanzen an eine sonnige und warme Hauswand. Von Mai bis Juli erhalten die »Granaten« regelmäßig Wasser und alle 2 Wochen einen tüchtigen Volldüngerguß. Es empfiehlt sich, ab August mit dem Düngen ganz aufzuhören und sparsamer zu gießen, um ein völliges Ausreifen des Holzes zu erzielen. Vor dem Einräumen schneide man schwaches Holz ganz weg und kürze die längsten Triebe etwas ein. Vermehrt wird durch Samen oder durch Stecklinge. Bei der vegetativen Vermehrungsart schneide man im Februar/März 20 cm lange, etwa 6 bis 24 Monate alte, blattlose Triebe und stecke sie in ein warmes Vermehrungsbeet. Im Laufe der Entwicklung wird zur Blütezeit gedüngt, die Seitentriebe werden entfernt. Mit den ersten Früchten ist nach etwa 7 Jahren zu rechnen.
Von der Blüte bis zur Frucht dauert es ungefähr 5 bis 7 Monate. Fruchttragende Granatapfelbäume sollten, wenn die Früchte gelb geworden sind, bei hohen Temperaturen weiterkultiviert werden.
Wer also regelmäßige Ernten erzielen will, sollte seine Granatäpfel im Warmhaus, in jedem Fall aber im temperierten Haus heranziehen. Im Freien fruchten Granatäpfel nicht.

Tomatenbaum,
Cyphomandra betacea

Mehr zum Spaß als für den Genuß der leuchtendroten, tomatenähnlichen länglichen Früchte (Form wie bei der Tomaten-Sorte 'Roma'), die auch so ähnlich schmecken, ist die Kultivierung dieser Pflanze zu sehen. Der sehr schnell wachsende und unproblematische Baum gehört wie die Tomate zu den Nachtschattengewächsen und setzt bereits im 2. Jahr nach der Aussaat Blüten und Früchte an. Das aus Peru stammende Gewächs mit seinen großen, dunkelgrünen, seidig glänzenden Blättern wird on Januar bis März im geheizten Vermehrungsbeet (Temperatur 20 bis 25° C) ausgesät. Die Keimung erfolgt bereits nach 2 bis 3 Wochen, anschließend wird pikiert und die herangewachsenen Pflanzen in nicht zu kleine Töpfe gesetzt. Wenn die Pflanzen 30 cm groß sind, empfiehlt sich ein Rückschnitt. Das gibt dann runde Büsche.
Der Tomatenbaum bleibt bis zu den Eisheiligen im Haus, um dann als Kübelpflanze in ausreichend großen Behältern einen sonnigen, windgeschützten Platz im Garten (Hausnähe erwünscht) oder auf der Terrasse einzunehmen. In dieser Zeit wird er regelmäßig mit Wasser und Dünger versorgt. Die Überwinterung kann im temperierten Haus aber auch bei Temperaturen um +8 bis +10° C erfolgen.

Der Tomatenbaum ist mehr zur Zierde da.

Eierbaum, *Solanum melongena*

Zu den tropischen und subtropischen Gewächsen mit ungewöhnlichen und eßbaren Früchten zählt der Eierbaum. Wie die Aubergine, die Kartoffel und die Petunie gehört er zur Familie der Nachtschattengewächse (Solanaceae). In der Küche haben seine Früchte eigentlich keine so rechte Bedeutung. Wir ziehen ihn wegen der weißen, später gelblichen, lange lagerfähigen Früchte heran, die wie Zierkürbisse als Trockenfrüchte verwendet werden können. Seine violettblauen Blüten sind hübsch anzusehen.

Eierbaum, *Solanum melongena.*

Der Eierbaum stellt im Gewächshaus ähnliche Ansprüche wie die Tomate und wird im beheizten Vermehrungsbeet bei 20 bis 25° C von Januar bis März ausgesät. Die Anzucht ist sowohl im temperierten Haus wie im Warmhaus möglich. Die Samen keimen nach 2 bis 3 Wochen; anschließend wird pikiert und in große Töpfe gepflanzt. Nach den Eisheiligen (besser später) kann man die in große Töpfe oder andere Pflanzgefäße eingesetzten, eiertragenden Bäumchen ins Freie, an einen sonnigen und windgeschützten Platz stellen. Hier, aber auch bei einem Dauerstandort im Gewächshaus, ist für reichlich Wasser und für eine wöchentliche Düngung von Juni bis Ende August zu sorgen. Stehen die Eierbäume im Gewächshaus, garantiert erst ein Rütteln der Pflanzen (siehe auch »Tomate«) für ausreichende Bestäubung und für den erhofften Fruchtansatz, der etwa nach 5 bis 6 Monaten einsetzt.

Passionsfrucht, *Passiflora edulis*

Die Passionsblume als Zimmer-, Gewächshaus- und Wintergartenpflanze wegen ihrer ungewöhnlichen Blüte und Schnellwüchsigkeit hoch geschätzt, »liefert« auch Wohlschmeckendes. Genießbar sind allerdings nur die Früchte der Art *Passiflora edulis,* den Obstfeinschmeckern und Fruchtjoghurt-Liebhabern als Maracuja wohl bekannt.

Den Samen dieser Passiflora gibt es im Fachgeschäft. Er wird leicht in die Aussaaterde gedrückt, die regelmäßig feucht zu halten ist. Die Pflanzen wachsen schnell heran, bilden 2–4 Meter lange Triebe, an denen sich schon zwei Jahre nach der Aussaat die ersten Früchte bilden. Maracujapflanzen brauchen Wärme (Temperaturen nicht unter +10° C) und einen kräftigen Rückschnitt im Frühjahr. Fallen die Blätter ab, so ist Unterkühlung schuld.

Eßbare Passionsfrucht

Zierpflanzen unter Glas und Folie

Einjährige Sommerblumen

Einjährige Sommerblumen werden in 2 Gruppen eingeteilt. Die einen nennen Gärtner und Gartenfreunde Einjahrsblumen mit Vorkultur; das sind alle jene Pflanzen, die man unter Glas und Folie heranziehen muß. Die Angehörigen der 2. Gruppe sät man einfach ins freie Land. Sie interessieren hier nicht.

Unter Glas entwickeln sich die Sämlinge besonders gut; sie bleiben gedrungen und kräftig. Die wichtigste Forderung bei der Anzucht heißt: Genügend Schalen oder Kistchen bereithalten, um die vielen, auflaufenden Pflanzen in gebührender Entfernung vereinzeln zu können. Nur dadurch bekommt man Setzlinge, die widerstandsfähig sind und früh und reichlich blühen.

Für die Aussaat in Pflanzgefäße, im Kleingewächshaus oder Frühbeet sind folgende Regeln zu beachten: Für das Saatbeet eher leichte als schwere Erde verwenden, am besten fertige in Gartenfachgeschäften erhältliche Aussaaterde, die unter dieser Bezeichnung angeboten wird.

Die Erde vor der Aussaat gut anfeuchten. Nach dem Säen den Samen mit gesiebter Erde oder Sand so abdecken, daß die Körner nicht mehr zu sehen sind. Niemals zu dicht säen! Saatbeet oder Saatgefäß nie trocken, aber auch nie zu feucht werden lassen. Die jungen Pflänzchen weit genug auseinanderversetzen, damit sie kräftig heranwachsen. In der Tabelle sind die bekanntesten, vielseitig zu verwendenden Arten und Sorten aufgeführt.

Oben: Portulakröschen, *Portulaca*-Hybride.

Links: Gauklerblume, *Mimulus*-Hybride

Mittagsgold, *Gazania*-Hybriden.

Einjährige Sommerblumen

Name	Haustyp	Aussaatzeit	Optimale Keimtemperatur in °C	Keimdauer Tage	Besonderheiten
Leberbalsam *Ageratum houstonianum*	Warmhaus	Januar bis März	18–21	6–10	selbstgeernteter Samen ist wertlos
Fuchsschwanz *Amaranthus caudatus*	temperiertes Haus	März bis April	15–18	6–14	einzeln in Töpfe pikieren
Löwenmaul *Antirrhinum majus*, in vielen Sorten	Warmhaus Kalthaus Kasten	Januar bis März	15–20	6–18	einzeln in Töpfe pikieren, Mitteltrieb um die Hälfte einkürzen, damit buschige Pflanzen entstehen
Immerblühende Begonie *Begonia-Semperflorens-* Hybriden	Warmhaus	Dezember bis Januar	20–22	10–14	zu mehreren in einen Topf setzen
Ringelblume *Calendula officinalis*	Kasten	März bis Mai	15	10–15	2 bis 3 Samen direkt in einen Topf
Sommeraster *Callistephus chinensis*, in vielen Sorten	temperiertes Haus Kalthaus Kasten	Februar bis Mai	15	7–14	einmal pikieren dann auf Beete pflanzen
Hahnenkamm *Celosia cristata*	temperiertes Haus	Januar bis April	18	7–14	bis zum Auspflanzen zweimal pikieren
Kornblume *Centaurea cyanus*, in Formen	temperiertes Haus	März bis April	18	14–20	Herbstaussaat September bis Oktober möglich
Edelkamille *Hymenostemma paludosum*	temperiertes Haus	Feburar bis April	18	20–30	nicht zu eng säen, dann kann pikieren entfallen
Gefüllte Edelkamille *Tanacetum parthenium*	temperiertes Haus	Februar bis April	18	20–30	gleich in große (8–9 cm Durchmesser) Töpfe pikieren
Spinnenpflanze *Cleome spinosa*, in Sorten	temperiertes Haus Kalthaus	März bis April	18	14–21	einzeln in Töpfe pikieren
Buntnessel *Coleus-Blumei-* Hybriden	Warmhaus	ab Januar	20	7–14	1 bis 3 Pflanzen je Topf pikieren, kunterbunte Blätter
Cosmee *Cosmos bipinnatus*, *C. sulphureus*	Kasten	April bis Mai	18	7–14	2 bis 3 Korn je Topf
Zigarettenblümchen *Cuphea ignea*	Kalthaus Kasten	März bis April	18	7–14	Mitteltrieb in 8 bis 9 cm Höhe abschneiden, damit Pflanzen buschig werden

Name	Haustyp	Aussaatzeit	Optimale Keim-temperatur in °C	Keimdauer Tage	Besonderheiten
Dahlien *Dahlia*-Hybriden	temperiertes Haus	Februar bis April	18	7–14	direkte Saat in Töpfe möglich
Landnelken *Dianthus caryophyllus*	Kasten	April bis Mai	15	7–14	2 bis 3 Korn je Topf
Chabaud-Nelken *Dianthus*-Chabaud-Hybriden	temperiertes Haus	Januar bis Februar	18	7–14	in Töpfe oder Kistchen pikieren, dann auspflanzen
Chineser-Nelken *Dianthus chinensis*	temperiertes Haus	Januar bis Februar	18	7–14	direkte Saat, 2 bis 3 Korn je Topf
Kapringelblume *Dimorphotheca sinuata*	Kasten	April bis Mai	15	7–14	direkte Saat, 4 bis 5 Korn je Topf
Mittagsblume *Dorotheanthus bellidiformis*	temperiertes Haus Kalthaus	März bis April	18	14–20	4 bis 5 Korn je Topf
Bunte Wolfsmilch *Euphorbia marginata*	temperiertes Haus Kalthaus	März bis Mai	18	7–15	weißgesprenkelte Blätter
Kokardenblume *Gaillardia aristata,* *G. pulchella* var. *picta*	Kasten	März bis April	15	14	2 bis 3 Korn je Topf
Mittagsgold *Gazania*-Hybriden	temperiertes Haus	Februar bis April	18	14–20	Pflänzchen bald nach Auflaufen pikieren
Kugelamarant *Gomphrena globosa*	temperiertes Haus, Kalthaus	März bis Mai	18	14	Trockenblume, Pflänzchen einmal pikieren
Strohblume *Helichrysum bracteatum*	Kalthaus Kasten	März bis Mai	18	10–20	2 bis 3 Korn je Topf, Trockenblume
Vanilleblume *Heliotropium arborescens*	temperiertes Haus	Januar bis März	18	14–25	hell und luftig halten
Fleißiges Lieschen *Impatiens-Walleriana-*Hybriden	Warmhaus	Januar bis April	18–21	12–18	Sämlinge anfangs vor Nässe schützen
Sommerzypresse *Kochia scoparia*	temperiertes Haus Kalthaus	März bis April	18	6–8	3 bis 5 Korn je Topf, nur die Blätter und Zwiebeln, Blüten unscheinbar
Männertreu *Lobelia erinus*	temperiertes Haus	Januar bis März	18	8–14	zu mehreren (10 bis 20) Pflanzen in einen Topf pikieren
Levkoje *Matthiola incana,* in vielen, wunderschönen duftenden Farbsorten	temperiertes Haus Kalthaus	November bis März	18	7–14	Saatgutheizung sehr zu empfehlen, dunkel grüne Sämlinge entfernen (sind ungefüllt)

Name	Haustyp	Aussaatzeit	Optimale Keim-temperatur in °C	Keimdauer Tage	Besonderheiten
Gauklerblume *Mimulus*-Hybriden	Kalthaus Kasten	März bis April	12	7–14	3 bis 5 Korn je Topf
Nemesia *Nemesia*-Hybriden	Kalthaus Kasten	März bis April	12	14–20	2 bis 3 Korn je Topf
Ziertabak *Nicotiana*, in Arten und Sorten	temperiertes Haus	März bis April	18	14–20	einzeln in Töpfe pikieren
Petunia *Petunia*-Hybriden	temperiertes Haus Warmhaus	Februar bis März	18–20	10–20	Sämlinge in Schalen oder Kistchen pikieren
Portualkröschen *Portulaca grandiflora*	temperiertes Haus Kalthaus	März bis Mai	18	7–14	3 bis 5 Korn je Topf
Palma Christi, Wunderbaum *Ricinus communis*	temperiertes Haus	März bis April	18	10–20	2 bis 3 Korn je Topf, Blüten unscheinbar, bis zu 200 cm hoch
Salbei *Salvia viridis*	temperiertes Haus	März bis April	18	10–20	einzeln in Töpfe pikieren
Feuersalbei *Salvia splendens*, in Sorten	Warmhaus	Januar bis März	22–25	7–14	Sämlinge bald pikieren, Torftöpfe sind besonders gut geeignet
Husarenknöpfchen *Sanvitalia procumbens*	temperiertes Haus, Kalthaus	März bis April	18	7–14	3 bis 4 Korn je Topf
Aschenpflanze *Senecio bicolor*	temperiertes Haus Kalthaus	Februar bis Mai	18	7–14	einzeln in Töpfe pikieren
Studentenblume *Tagetes*, in vielen Arten und Sorten (außer *T. tenuifolia*)	temperiertes Haus Kalthaus	Februar bis April	18	7–14	Sämlinge auf jeden Fall pikieren
Eisenkraut *Verbena*-Hybriden	temperiertes Haus	Februar bis April	18–20	10–20	Frostkeimer
Zinnia *Zinnia elegans*	temperiertes Haus, Kalthaus	April bis Mai	15	7–14	2 bis 3 Korn je Topf
Zierkohl	Kasten	Mai	15	6–8	Färbung erst ab September
Zierkürbis, Kalebassen u. a.	Kasten	April bis Mai	18	10–14	2 Korn je Topf; große und kleine verfärbte Früchte, verschieden geformt
Ziermais *Zea mays*	Kasten	April bis Mai	15	7–14	2 Korn je Topf, buntkörnige Kolben

Einjährige Kletter-, Rank- und Schlingpflanzen

Name	Haustyp	Aussaatzeit	Optimale Keim-temperatur in °C	Keimdauer Tage	Besonderheiten
Maurandie *Asarina barclaiana*	Warmhaus temperiertes Haus	März	18–20	10–14	Ranken schon bei 10 cm Länge, an Blumenstäben hochziehen
Glockenrebe *Cobaea scandens*	Warmhaus temperiertes Haus	März	18–20	14–20	ungewöhnliche Blüten
Zierkürbis *Cucurbita pepo* var. *ovifera*	temperiertes Haus Kasten	April bis Mai	10–15	10–12	lang haltbare, hübsche Früchte
Schönranke *Eccremocarpus scaber*	Warmhaus temperiertes Haus	März	15–18	12–14	2 bis 3 Sämlinge in kleine Töpfe pikieren, brauchen viel Wärme, für die Anzucht unbedingt lockere und sandige Erde verwenden
Japanischer Hopfen *Humulus scandens*	Warmhaus temperiertes Haus	März bis April	18–20	20–25	2 bis 3 Samenkörner in einen Topf legen
Prunkwinde *Ipomoea tricolor*	Warmhaus temperiertes Haus	März bis April	18–20	10–18	riesige Blüten, Ranken bis 300 cm
Wicke *Lathyrus odoratus,* in vielen Sorten und Rassen	Kalthaus Kasten	März bis April	10–15	14	duftende Blüten in vielen Farben, brauchen bereits in 15 cm Höhe Rankgerüst
Feuerbohne *Phaseolus coccineus*	temperiertes Haus	März bis April	10–15	8–10	in Töpfe säen, spätestens bei 20 cm Höhe auspflanzen, Bohnen sind eßbar
Sternwinde *Quamoclit lobata*	Warmhaus temperiertes Haus	März bis April	18–20	12–16	3 bis 4 Korn je Topf aussäen
Rosenkleid *Rhodochiton atrosanguineus*	temperiertes Haus	Februar bis Mai	12–18	20	Ranken schon bei 10 cm Länge an Blumenstäben hochziehen
Schwarzäugige Susanne *Thunbergia alata*	Warmhaus temperiertes Haus	März bis April	18–20	14–20	raschwachsend bis 100 cm hoch
Kapuzinerkresse *Tropaeolum,* rankende Sorten	Kalthaus oder Kasten	April bis Mai	15	14–20	rankende Sorte in leuchtend gelber Farbe

Rankende Einjahrsblumen

Unter den Einjahrsblumen befinden sich auch einige schnellwüchsige und blütenschöne Rank- und Kletterpflanzen, mit denen sich Zäune, Pergolen, Häuserwände und Lauben wirkungsvoll begrünen lassen. Bei den in der nebenstehenden Tabelle genannten empfiehlt sich eine Aussaat im Gewächshaus oder im warmen Frühbeetkasten, damit wir uns möglichst bald nach den Eisheiligen an ihren Blüten erfreuen können. An Ort und Stelle ausgesät, dauert es noch recht lange, bis sie blühen, was auch für die anderen Einjahrsblumen gilt.
Wer ganz auf die Schnelle eine dichte grüne Wand pflanzen möchte, der halte sich vor allem an die Glockenrebe *(Cobaea scandens)*, die Feuerbohne *(Phaseolus coccineus)* oder den Japanischen Hopfen *(Humulus scandens)*.

Schwarzäugige Susanne, *Thunbergia alata.*

Zweijahrsblumen

Lohnend ist die Anzucht der sogenannten Zweijahrsblumen, die von Anfang Juni bis Ende Juli ausgesät werden können. Sie sind deshalb zu empfehlen, weil sie fast alle viel länger blühen als die mehrjährigen Stauden. Im Gegensatz zu den einjährigen Sommerblumen brauchen die zweijährigen nicht etwa zur Entwicklung von Blättern und Blüten 2 ganze Jahre, sondern 2 Vegetationsperioden. Anders ausgedrückt: Sie werden im Sommer ausgesät und blühen dann schon im Frühjahr nächsten Jahres.
Eine Selbstanzucht der Zweijahrsblumen ist ohne große Probleme im Frühbeetkasten möglich, da im Sommer ausgesät wird. Es genügt für alle Arten zusammen ein Flecken von 1 m^2 Größe. Natürlich kann das auch im Gewächshaus geschehen. Hier hat man die Pflanzen besser im Griff und kann die Wasserzufuhr und die Abdeckung der Saatschalen regelmäßig kontrollieren. Bis zur Keimung hatten wir das Saatbeet feucht und dunkel, nach dem Aufgehen hell, aber nicht sonnig und nur mäßig feucht, allerdings auch nie völlig trocken. Kann man die jungen Pflanzen mit den Händen fassen, werden die zu dicht stehenden herausgenommen und auf ein anderes Beet in 15 bis 20 cm Entfernung ausgepflanzt. Zu dicht stehende Pflanzen bilden keine guten Büsche. Im Oktober zeigen sich bei den Stiefmütterchen und *Bellis* schon die ersten Knospen und Blüten: Die Pflanzen sind fertig für den vorgesehenen Platz. Erfahrungsgemäß blühen im Spätherbst gepflanzte Zweijahrsblumen länger und reichhaltiger als im Frühjahr gepflanzte. Übrigens, es empfiehlt sich, bei Stiefmütterchen, *Bellis* und Bartnelken Farbsorten auszusäen und keine Mischungen, die in der Blütenfarbenauswahl nur selten befriedigen.
Ein Tip: Damit die Samen von Stiefmütterchen richtig keimen, empfiehlt es sich, das Saatgut auf der Handfläche mit etwas angefeuchtetem, scharfkörnigem Sand zu reiben.

Fingerhut, *Digitalis purpurea.*

Stockrose, Malve, *Alcea rosea.*

Zweijahrsblumen

Name	Haustyp	Aussaatzeit	Optimale Keimtemperatur in °C	Keimdauer Tage	Besonderheiten
Malve, Stockrose *Alcea rosea*	Kalthaus Kasten	April bis Juli	18	12–20	Einzelsaat in Töpfe möglich, hochwüchsig, Höhe bis 200 cm
Tausendschön, Maßliebchen *Bellis perennis,* in vielen Sorten	Kalthaus Kasten	Juni bis Juli	18	7–14	Höhe 10 bis 15 cm
Marienglockenblume *Campanula medium*	Kasten	Mai bis Juli	15	14–20	Schnitthöhe, Höhe 10 bis 90 cm
Goldlack *Cheiranthus cheiri*	Kasten	Mai bis Juli	18	10–16	im Kalthaus überwintern, duftend, auch für Sträuße, Höhe: 30 bis 50 cm; niedrige Zwerg-Busch-Mischungen zu empfehlen
Bartnelke *Dianthus barbatus*	Kasten	Mai bis Juli	15	7–14	2 bis 3 Korn je Topf, haltbare Schnittblume, Höhe: 25 bis 60 cm; Prachtmischungen bevorzugen
Fingerhut *Digitalis purpurea*	Kasten	April bis Juli	18	14–20	auch für Schatten, Höhe bis 120 cm
Silberlinge *Lunaria annua*	Kasten	Mai bis Juli	15	14–20	die Samenstände als Trockenblumen zu verwenden, Höhe: 90 bis 120 cm
Vergißmeinnicht *Myosotis sylvatica,* in Sorten	Kalthaus Kasten	Juni bis Juli	18	14–20	frostfrei überwintern, für Balkons, andere Pflanzgefäße und Beete, Höhe 15 bis 30 cm
Islandmohn *Papaver nudicaule*	Kasten	Januar oder Juli	12	14–20	Schnittblume, Höhe 40 bis 60 cm
Kissenprimel *Primula vulgaris*	temperiertes Haus	März bis Juni	18	18–25	auch für Schatten, Höhe: 10 bis 15 cm
Königskerze *Verbascum olympicum*	Kasten	März bis Juni	15	14–20	Frostkeimer (!), für leichte, arme Böden und Heidegärten, Höhe bis 200 cm
Stiefmütterchen *Viola-Wittrockiana-*Hybriden	Kasten	Juli bis August	15	12–20	riesige Sorten-Vielfalt, Höhe 10 bis 15 cm; es lohnt sich, verschiedene Sorten auszuprobieren

Küchenschelle, *Pulsatilla vulgaris.*

Enzian, *Gentiana acaulis.*

Herzlilie, Funkie, *Hosta.*

Flammenblume, *Phlox-Paniculata*-Hybride.

Aussaat von Stauden

Passionierte Staudenfreunde vermehren selbst, um den schon vorhandenen Bestand, vor allem besonders schöner Arten und Sorten, zu vergrößern. Auch ohne diese Absicht kommt jeder, der Stauden im Garten hat, zwangsläufig zu neuen und jungen Pflanzen. Viele unserer Stauden nämlich brauchen von Zeit zu Zeit eine Verjüngungskur, die sich durch Teilung älterer Büsche einfach und problemlos durchführen läßt. Bei manchen Stauden ist dieses Verjüngen – die Teilung kann von Hand oder mit dem Spaten geschehen – sogar lebensnotwendig. Alle 2 Jahre verordnen wir einen solchen Jungborn zum Beispiel den Herbstastern *(Aster novi-belgii, A. novae-angliae, A. amellus, A. dumosus).* den Margeriten (*Leucanthemum vulgare, L.-Maximum*-Hybriden, *Dendranthema-Grandiflorum*-Hybriden und anderen Winterastern), der Feinstrahlaster *(Erigeron)*, den Schwertlilien *(Iris germanica)* und dem Rittersporn *(Delphinium)*, dem wir allerdings eine längere Frist von 3 bis 4 Jahren einräumen.

Ein Auspflanzen der geteilten Stauden in einem ungeheizten Gewächshaus, im Frühbeet oder unter Folie ist sehr zu empfehlen, da sie hier schneller Wurzeln machen und eventuelle »Wunden« hier schneller verheilen. Voraussetzung dafür ist allerdings ein Pflanzbeet aus Plantahum oder einer Mischung aus Torf, Sand und Komposterde, in der die jungen Stauden sich schnell und sicher bewurzeln. Geteilt wird wenige Wochen nach der Blüte.

Ungestört dagegen bleiben jahrzehntelang *Astilbe*, Silberkerze *(Cimicifuga)*,

Goldlauch, *Allium moly*.

Silberdistel, *Carlina acaulis*.

Tränendes Herz *(Dicentra)*, Elfenblume *(Epimedium)*, Christrose *(Helleborus)*, Taglilie *(Hemerocallis)*, Freiland-Gloxinie *(Incarvillea)*, Pfingstrose *(Paeonia)* und die Palmlilie *(Yucca)*. Die Finger und den Spaten ganz lassen wir von den empfindlichen Akeleien *(Aquilegia)* und dem Türkenmohn *(Papaver orientale)*.
Wer sich mit der Vermehrung von Stauden beschäftigt, dem sei gesagt, daß alle Staudenzüchtungen (Hybriden) nur durch Teilung, Stecklinge oder Rißlinge vermehrt werden können. Durch Aussaat lassen sich nur Stammarten und Wildformen vermehren, dafür aber leicht und sicher. Zum Beispiel Akelei *(Aquilegia)*, Mädchenauge *(Coreopsis)*, Rittersporn *(Delphinium)*, Kugeldistel *(Echinops)*, Kokardenblume *(Gaillardia)*, Nelkenwurz *(Geum)*, Lupine *(Lupinus)*, Fingerhut *(Digitalis)* und Bunte Margerite *(Tanacetum coccineum)*. Ausgesät wird von Juni bis August in flache Schalen oder Blumentöpfe, die mit im Handel erhältlicher Aussaaterde gefüllt werden. Der Samen wird schön gleichmäßig verteilt und mit einer dünnen Schicht Sand zugedeckt. Von jetzt an muß die Erde stets gleichmäßig feucht gehalten werden. Staudensamen keimen selten so rasch und gleichmäßig wie Sommerblumen. Bei einigen Arten kann es vorkommen, daß die ersten Keimlinge nach 8 Tagen erscheinen, während die letzten erst 4 Wochen später auftauchen. Manche Staudensamen liegen wochenlang unbeweglich oder keimen überhaupt erst im nächsten Frühjahr. Es heißt also, die Geduld nicht verlieren.

Balkonpflanzen

Alle Blütenpflanzen für Balkonkästen und andere Pflanzgefäße lassen sich problemlos im Gewächshaus aus Stecklingen oder Samen heranziehen. Eine Stecklingsvermehrung beispielsweise von Pelargonien ist daher der sonst üblichen Überwinterung vorzuziehen, zum einen wegen des frischen und attraktiveren Aussehens junger Pflanzen und zum anderen aus Platzgründen. Denn im Spätherbst und Winter ist das Haus voll mit Kübelpflanzen, mit Oleander, Opuntien, Agaven und anderen. Stecklingstöpfe (etwa 6 cm im Durchmesser groß) beanspruchen dagegen nur weniger Raum als altgediente Fuchsien und Pelargonien, auch Geranien genannt.
Allerdings sollte man besonders ausgewählt hübsche Pelargonien 2 Jahre alt werden lassen, weil sie oft dann erst ihre wahre Schönheit entfalten. Insbesondere gilt das für Hängepelargonien, die erst nach Jahren ungeschnittener Überwinterung zum Format jener Pflanzen heranwachsen, die wir an bayerischen Blütenbalkonen so bewundern.
Überwintert werden sollten auch, solange bis sie unansehnlich geworden sind, die langsam wachsenden Lantanen und Verbenen. Die Überwinterung erfolgt bei möglichst niederen Temperaturen, ideal wären +8° C und geringe Wassergaben, was vor allem für die »weichen« Pelargonien gilt, die bei regelmäßigem Gießen nicht selten zu faulen beginnen. Von den eher holzigen Fuchsien, Lantanen und Verbenen können wie von Geranien zusätzlich zu den überwinternden Exemplaren Stecklinge gemacht werden. Über die Anzucht der auch als Gartenpflanzen zu verwendenden Einjährigen sagt auch das Kapitel über die Einjahresblumen (Seite 93) viel aus.

Fleißiges Lieschen, *Impatiens-Neuguinea-Hybride*.

Balkonpflanzen aus Samen und Stecklingen

Name	Blütenfarbe	Wuchsform	Vermehrungs-art	Vermehrungs-zeit	Optimale Temperatur in °C	Keimdauer Tage
Leberbalsam *Ageratum houstonianum*	hellblau, blaurot, dunkelviolett	10 bis 15 cm hohe, runde Büsche	Samen	Januar bis März	18–20	6–10
Immerblühende Begonie *Begonia-Semper-florens*-Hybriden	rosa, rot, weiß, auch mit farbigen Blättern	10 bis 15 cm hoch und breit	Samen	Dezember bis Januar	20–22	10–14
Pantoffelblume *Calceolaria integrifolia*	leuchtendes Gelb	strauchartig, je nach Sorte 20 bis 40 cm hoch	Samen und Stecklinge	Dezember bis Februar Februar bis April	15 (Samen)	15–20 (Samen)
Zwergmargeriten *Hymenostemma paludosum, Coleo-stephus multicaulis*	weiß mit gelber Mitte, goldgelb	runde, dichte Büsche, 25 cm hoch	Samen	Februar bis März	16	14–18
Edelkamille *Tanacetum parthenium*	weiß, gelb, kleine gefüllte Blüten	10 bis 20 cm hohe, runde Büsche	Samen	Februar bis April	18	20–30
Fuchsie *Fuchsia*-Hybriden	weiß, rosa, rot, blauviolett, fast alle mehrfarbig	aufrecht und hängend	Stecklinge	Januar	20–22	10
Vanilleblume *Heliotropium arborescens*	dunkelblau, stark duftend	40 cm hohe Büsche	Samen	Januar bis März	18	14–25
Fleißiges Lieschen *Impatiens-Walleriana*-Hybriden	weiß, rosa, orange, rot, auch zwei-farbig, weiß-rot	niedrige (15 bis 20 cm) und höhere (20 bis 30 cm) Sorten	Samen und Stecklinge	Januar bis April (Samen)	18–21	12–18
Knollenbegonien Knollenbegonien-Hybriden	weiß, rosa, orange, rot, einfach und gefüllt	aufrecht (15 bis 30 cm) oder hängend	Knollen	Januar bis Februar	18–21	18–24
Wandelröschen *Lantana-Camara*-Hybriden	weiß, gelb, rosa, rot, blau, lila	bis 50 cm hoch, strauchartig	Stecklinge	Oktober bis November	8–10 später wärmer	–
Männertreu *Lobelia erinus*	hellblau bis dunkel-blau, auch weiß	aufrecht (8 bis 25 cm), auch hängend (bis 30 cm)	Samen	Januar bis März	18	8–14

Name	**Blütenfarbe**	**Wuchsform**	**Vermehrungs-art**	**Vermehrungs-zeit**	**Optimale Temperatur in °C**	**Keimdauer Tage**
Aufrechtwachsende Pelargonien *Pelargonium-Zonale*-Hybriden	weiß bis orange, alle Rottöne, einfach und gefüllt	20 bis 30 cm hoch, aufrecht	Stecklinge, auch Samen	Juli bis August, Dezember bis Januar	21 (Samen) –	6–10 (Samen) –
Efeupelargonien *Pelargonium-Peltatum*-Hybriden	weiß, rosa, rot, violett, einfach und gefüllt	hängend (bis 100 cm lange Triebe)	Stecklinge, auch Samen	Juli bis August	–	–
Petunien *Petunia*-Hybriden	weiß, gelb, rosa, versch. Rottöne, blau, einfach und gefüllt	aufrecht (je nach Sorte 20 bis 30 cm), auch hängend	Samen	Februar bis März	18–20	10–20
Studentenblume *Tagetes*	alle denkbaren Gelbtöne, auch rotbraun und zweifarbig	je nach Sorte 20 bis 35 cm hoch	Samen	Februar bis April	18	7–14
Eisenkraut *Verbena*-Hybriden	weiß, rosa, rot, blau, violett	je nach Sorte 20 bis 45 cm	Samen und Stecklinge	Februar bis April August bis September	18–20 10–12	10–20 (Stecklinge)

Gartenverbene, *Verbena*-Hybride.

Wandelröschen, *Lantana-Camara*-Hybride.

Kübelpflanzen

Kübelpflanzen heißen die Oleander, Agaven, Dattelpalmen, Drazänen und Granatäpfel, um nur einige aus der Vielzahl dieser blütenschönen und ungewöhnlichen Gewächse zu nennen. Sie bringen den Zauber mediterraner Flora in unsere Gärten, auf Terrassen und Balkone. Zu den klassischen Kübelpflanzen gesellen sich noch mehrjährige, meist hochstämmige Fuchsien, Hibiskus, Lantanen, Verbenen und sogar Geranien, die für monatelanges Blühen sorgen.

Bei der Haltung von Kübelpflanzen sind Gewächshausgärtner im Vorteil, denn fast alle vertragen, da subtropischer Herkunft, keinen Frost und brauchen einen Überwinterungsraum, der gleichzeitig hell und kühl sein soll. Mit größter Sorgfalt ist das Gießen vorzunehmen. Die Pflanzen sollen zwar nicht vertrocknen, zuviel Nässe jedoch, die sie in ihrem Ruhezustand nicht verarbeiten können, wird ihnen recht gefährlich. So gilt es, je nach Licht- und Temperaturverhältnissen, stets das rechte Maß zu finden.

Manche dieser Exoten können auch das ganze Jahr über im Gewächshaus bleiben in Gesellschaft anderer Blatt- und Blütenschönheiten, mit denen sie die Vorliebe für niedrige Überwinterungstemperaturen und mäßige Wassergaben teilen. Für alle ist also das Kalthaus und für einige auch noch das temperierte Haus der ideale Aufenthaltsort. Erst nach den Eisheiligen – sicher ist sicher – dürfen sie an die frische Frühlingsluft. Wir suchen für sie einen möglichst warmen, windgeschützten Platz an einer Hauswand oder Mauer.

Die Tabelle vermittelt einen Einblick in die Vielzahl dieser interessanten Pflanzengruppe.

Oben: Gewürzrinde, *Cassia didymobotrya* (rechts).

Bleiwurz, *Plumbago auriculata* (links).

Unten: Orangebäumchen, gelbe Zwergmargeriten und Hängefuchsien.

Kübelpflanzen

Name	Wuchs und Blatt	Blüte	Vermehrung	Ansprüche	Überwinterung
Schönmalve *Abutilon pictum* und Hybriden	strauchig, schnellwachsend, Blätter goldgelb, gefleckt	glockig, gelbrot von Sommer bis Herbst, auch ständig	Stecklinge, Aussaat	sonnig, reichlich wässern und düngen, alte Pflanzen zurückschneiden oder ersetzen	TH hell
Schmucklilie *Agapanthus praecox* und Arten	Blätter immergrün, lang, riemenförmig	blau oder weiß vom Frühjahr bis Herbst	Aussaat oder Teilung beim Umtopfen	nicht zu oft umtopfen, 14tägig düngen von April bis August	hell, KH, bei geringen Wassergaben
Agave *Agave*, in Arten und Sorten	Blätter verschieden gefärbt, stets stachelig	nur ältere Pflanzen blühen, bilden 2 bis 3 m hohen Blütenstand	Aussaat oder Teilung	stets hell stellen, vor allem im Winter	hell, TH, auch KH bei fast völliger Trockenheit
Strauchmargerite, *Argyranthemum frutescens*	als Busch wie als Hochstamm erhältlich	je nach Sorte mit weißen oder gelben Blüten	Stecklinge	sonnig, stets alles Abgeblühte entfernen, reichlich gießen und düngen von März bis August	hell, kühl, KH, vor dem Einräumen kräftig zurückschneiden
Goldorange *Aucuba japonica*	strauchig, Blätter ledrig, gelb punktiert	klein, unscheinbar im Frühjahr	Stecklinge, (Stammart: Aussaat)	schattig, halbschattig, bedingt winterhart	Freilandschutz, sonst KH
Zylinderputzer *Callistemon citrinus* und Arten	strauchig, Blätter klein, lanzettlich, hart, dunkelgrün	Ähren leuchtendrot von April bis Juni	Stecklinge	sonnig, luftig, gut feucht halten, kalkfreies Wasser geben	KH
Gewürzrinde *Cassia didymobotrya*	strauchig, buschig, Blätter paarig gefiedert	Doldentraube gelb von Sommer bis Herbst	Aussaat, Stecklinge	sonnig. reichlich wässern	KH, wenig gießen
Apfelsinen-, Zitronenbäumchen, Zwergorange, *Citrus*-Arten und Sorten	strauchig oder kleiner Baum, immergrün	weiß, duftend, Fruchtschmuck	Aussaat, bei Edelsorten Veredelung	sonniger Standort, nur im Abstand von 5 bis 10 Jahren verpflanzen, reichlich gießen	hell, KH bei 3 bis 5° C wenig gießen Schnitt bei Bedarf wird gut vertragen
Hakenlilie *Crinum × powellii*	Zwiebelgewächs, Blätter schwertförmig, etwa 100 cm lang	je Schaft 6 bis 8 Blüten, weiß-rosa	Nebenzwiebeln, Aussaat	sonnig, sehr feucht	KH

Name	Wuchs und Blatt	Blüte	Vermehrung	Ansprüche	Überwinterung
Kleestrauch *Cytisus* × *racemosus*	strauchig, Blätter klein, 3zählig	gelb, duftend	Stecklinge	sonnig bis halbschattig, eventuell Rückschnitt	KH, hell, luftig
Stechapfel *Datura,* in Arten und Sorten	aufrecht, ein- oder mehrtriebig, im Überwinterungsraum fast blattlos	bis zu 30 cm lange, röhrenförmige Blüten in weiß, gelb, rosa gefüllt, ungefüllt	Aussaat oder Stecklinge im Frühjahr	im Sommer auch halbschattig, aber nie unter Bäumen (Tropfenfall!)	TH
Drachenbaum *Dracaena draco*	stammbildend, meterhoch, Blätter schwertförmig, steif	blühen erst im Alter mit großen weißen Rispen	Aussaat	sonnig, anspruchsloseste *Dracaena*	KH, auch TH
Zierbanane *Ensete ventricosum*	scheinstammbildend	traubenförmig	Aussaat	sonnig, geschützt	TH, KH
Korallenstrauch *Erythrina crista-galli*	buschig, verholzter Stamm, längliche, bedornte Zweige	dunkelrote Blüten in Trauben im Spätsommer bis Herbst	Stecklinge mit Rindenstück	volle Sonne, geschützt, bis Ende Juli, feucht	KH
Eßbare Feige, *Ficus carica*	aufrecht, strauchartig	nicht sichtbar	Stecklinge, (15–20 cm lang), auch Ableger	sonnig, reichlich gießen und düngen (14tägig) von April bis August	KH, hell, kühl, Rückschnitt auch älterer Pflanzen möglich
Roseneibisch *Hibiscus rosa-sinensis*	strauchig, Blätter eirund, glänzend, grün	einfach und gefüllt, verschiedene Farben	Stecklinge	Kübel im September einräumen, sonnig, geschützt	TH, möglichst nicht unter 12 °C
Lagerströmie *Lagerstroemia indica*	strauchig, Blätter klein, elliptisch	dunkelrosa Rispen im Sommer	Stecklinge (Aussaat)	sonnig, geschützt, große Gefäße	KH, wenig gießen
Wandelröschen, *Lantana-Camara-*Hybriden	aufrecht, auch hängende Sorten, Hochstämmchen	Blüten in vielen leuchtenden Pastelltönen	Stecklinge ab August/September, während des Wachstums mehrmals entspitzen	sonnig, regelmäßig gießen und wöchentlich düngen von April bis Juli	KH, hell, vor dem Einräumen kräftig zurückschneiden (auf zwei Drittel der Trieblänge)
Lorbeer *Laurus nobilis*	gibt es als Hochstamm, Säule, Kugel oder Pyramide	gelblich, unscheinbar	Stecklinge von September bis März, Bewurzelung bei 16–20 °C in 4 Wochen	Ballen nicht trocken werden lassen! Rück- oder Formschnitt im März/April	KH, hell und möglichst kühl

Name	Wuchs und Blatt	Blüte	Vermehrung	Ansprüche	Überwinterung
Oleander *Nerium oleander*	aufrecht, Blätter ledrig, immergrün	weiß, rosa, gelb, rot, einfach oder gefüllt von Juni bis September	Stecklinge im Mai oder Juni, dabei Triebspitzen in eine Flasche mit Wasser stecken	ungeöffnete Knospen im Herbst nicht abschneiden, da diese im Frühjahr blühen; junge Triebe nicht zu lang werden lassen	TH, wenig gießen
Ölbaum *Olea europaea*	baumartig, strauchartig, Blätter länglich, blaugrün	kleine Trauben	Stecklinge (Aussaat)	sonnig, verträgt schwache Fröste	KH
Dattelpalme *Phoenix canariensis*	stammbildend, lange Wedel	Blütenstände nur an älteren Pflanzen	Aussaat im KH	volle Sonne, selten verpflanzen	KH
Bleiwurz *Plumbago auriculata*	sparrig, auch Halb- oder Hochstamm, nur sommergrün, Blätter dunkelgrün	himmelblau auch weiß von Mai bis Herbst	Aussaat oder Stecklinge im beheizten Vermehrungshaus (bei 22 bis 25° C)	beim Umtopfen stark zurückschneiden, Rückschnitt ohne Umsetzen jährlich	TH, auch KH, wirft Blätter ab, deshalb ganz wenig Wasser
Granatbaum *Punica granatum*	strauchartig, sommergrün, auch als Zwergform	meist rot, auch orange, gelb, weiß und gefüllte Sorten	Stecklinge	sonnig, nicht zuviel Wasser, düngen von April bis Juli	KH, hell möglichst nicht warm ab +5° C, vorher Triebe um ein Drittel kürzen
Rosmarin *Rosmarinus officinalis*	langsamwachsend, strauchartig, Blätter grau-grün aromatisch	blaßlila	Stecklinge von nicht zu weichen Trieben	volle Sonne im Sommer, von April bis Juni alle 14 Tage düngen	KH, bei geringen Wassergaben
Kirschmyrte *Syzygium paniculatum* (früher *Eugenia*)	strauchig, Blätter klein länglich, glänzend, grün	myrtenähnlich, weiß	Stecklinge	sonnig bis halbschattig	KH
Hanfpalme *Trachycarpus fortunei*	schlanke Stämme bildend, Blätter fächerförmig	Rispen nur an älteren Pflanzen	Aussaat WH	volle Sonne, leichten Frost vertragend	KH
Immergrüner Schneeball *Viburnum tinus*	strauchig, verzweigt, Blätter länglich, hart, dunkelgrün	Trugdolden weiß im Winter	Stecklinge, Aussaat	anspruchslos wie Lorbeer, Formung durch Schnitt möglich	KH, bedingt winterhart

WH = Warmhaus, TH = Temperiertes Haus, KH = Kalthaus

Überwinterung von Balkon- und Kübelpflanzen

Im Spätherbst ist Zeit für das Einräumen von frostempfindlichen Blatt- und Blütenpflanzen, von Knollen und Zwiebeln. Die Überwinterung der herkömmlichen Balkonpflanzen, wie Pelargonien, Fuchsien, Pantoffelblumen, Lantanen und Rosmarin und der Kübelpflanzen wie Oleander, Lorbeer, Agaven und Dattelpalmen stellen für viele Blumenfreunde ein großes Problem dar – nicht aber, wenn man ein Gewächshaus besitzt.

In die Winterquartiere (Kalthaus oder temperiertes Gewächshaus) bringen wir unsere Schützlinge gleich Anfang Oktober. Bei ganz schlechtem Wetter empfiehlt sich das Einräumen schon Ende September. Das muß man selbst von Fall zu Fall entscheiden. Vorher sind von den Balkonpflanzen alle Blüten und Knospen zu entfernen und auch die Triebe um etwa die Hälfte einzukürzen. Die Pflanzen verbleiben entweder im Balkonkasten, oder aber man setzt sie in nicht zu große Blumentöpfe. Der kühle Standort bedingt, wenig zu gießen. Die Pelargonien sollen jetzt ihre Ruhezeit durchmachen und Kräfte sammeln. Sie sollen nie »im Trieb« bleiben, sondern die Blätter können, ja müssen sogar, abwelken. Fäulniserscheinungen jedoch weisen auf zu hohe Wassergaben hin.

Etwa Ende Februar bis Anfang März werden die Balkonpflanzen, ohne Beschädigung des Wurzelballens, herausgenommen und in den frisch gewaschenen, mit neuer Erde versehenen Balkonkasten wieder eingesetzt. Wir stellen die Kästen dann bei Temperaturen von 12 bis 15° C, die zu dieser Zeit bei Sonneneinstrahlung sich auch im Kalthaus entwickeln, auf und steigern die Wassergaben je nach der nun stetig zunehmenden Entwicklung von Trieben, Blättern und Knospen und nach der im Gewächshaus herrschenden Temperatur. Die gleichen Temperaturbedingungen gelten auch für die Kübelpflanzen. Mit dem Wasser haben unsere ruhebedürftigen Gewächse im Winter nicht viel im Sinn. Vor allem Agaven, Feigenkakteen und andere stachlige Gesellen sollen den Winter über völlig trocken stehen. Ihre strauchartig wachsenden Vettern erhalten nur so viel Wasser, daß der Wurzelballen nicht völlig austrocknet.

Pflanzen, die mit vielen Blättern überwintern, wie Oleander, Zylinderputzer und Palmlilien, Drazänen, Dattelpalmen und andere Immergrüne, wünschen mehr gegossen zu werden als die blattabwerfenden Kübelpflanzen und die trockenheitsliebenden Agaven und anderen Sukkulenten. Die Höhe der Gießgaben richtet sich, wie auch in der Zimmerpflanzenpflege, in erster Linie nach der Temperatur. Bei durchschnittlich 8 bis 10° C erhalten die Gewächse etwa alle 14 Tage etwas Wasser, bei niedrigeren Wärmegraden nur jeden Monat einmal. Die Wassermenge wird natürlich auch von der Größe des Gefäßes mitbestimmt: In kleine Kübel kommt weniger Wasser als in größere. Kübelpflanzenkenner empfehlen außerdem, nur lauwarmes Wasser zu verwenden.

Stechapfel, *Datura sanguinea.*

Gewächshaus als Winterquartier.

Blütenpflanzen aus Knollen, Zwiebeln und Rhizomen

Schiefteller, *Achimenes*

Viel Spaß macht die Anzucht der wie Gloxinien zur gleichen Pflanzenfamilie gehörenden Schiefteller *(Achimenes)*, deren, Rhizome genannten, Knöllchen wie kleine Tannenzapfen aussehen. Eine Laune der Natur stattete sie mit »schief« stehenden Blüten aus, deren Neigungswinkel ihnen den lustig-wunderlichen Namen einbrachte. Wie die Gloxinien soll man sie nach der Blüte verwelken und im Frühjahr erst wieder zu neuem Leben erwachsen lassen. Die Farbskala dieser kleinen, charmanten Blütenschönheit mit den röhrenförmigen, hübsch gesäumten Blüten ist reichhaltig: Sie reicht von Weiß über Rosa und Rot bis zum tiefen Violett. Von Juni bis September dauert der überreiche Blumenflor des Schieftellers, der dann nicht mehr gegossen und völlig trocken im Topf überwintert werden soll. Im Februar schüttet man die Erde aus und legt die zum Vorschein kommenden, kleinen Wurzelrhizome waagerecht in einen möglichst flachen Topf. Jedes Blumengefäß kann etwa 3 bis 5 Rhizome beherbergen, die ungefähr 2 cm hoch mit Erde zuzudecken sind. Bald zeigen sich dann an einem hellen, vor Sonne geschützten Platz erste Triebe, die nur vorsichtig mit abgestandenem Wasser besprüht werden dürfen. Mit zunehmendem Wachstum steigern wir die Wassergaben, behalten aber den warmen und absonnigen Standort bei.

Amaryllis, *Hippeastrum*

Die wohl mit Abstand schönste und doch leicht heranzuziehende, als Topfpflanze wie als Schnittblume zu verwendende Blumenzwiebel-Pflanze ist die Amaryllis, die botanisch *Hippeastrum* heißt.

Amarylliszwiebeln setzt man bei Temperaturen von 20 bis 23° C (in kühlen Gewächshäusern in Heizungsnähe), einzeln in saubere Töpfe, die ungefähr doppelt so groß sind wie der Durchmesser der Zwiebeln, sowie in eine gut wasserdurchlässige Erde. Beutelerde genügt.

Amaryllis, *Hippeastrum*-Hybriden und Hyazinthen.

Schiefteller, *Achimenes*-Hybride.

Um den Wasserabzug zu sichern (was wichtig ist), legt man 2 Finger hoch Tonscherben unten in den Blumentopf. Formen Sie ein paar Handvoll Erde zu einem Kegel und setzen die Zwiebel auf dessen Spitze, verteilen Sie die Wurzeln sorgsam nach allen Seiten, ohne sie zu verletzen, und füllen Sie dann die restliche Erde bis zum Gießrand ein. Die Erde wird gut angedrückt, so daß schließlich ein Drittel der Zwiebel aus dem Boden herausschaut. Nie tiefer pflanzen, sonst gibt es nur Blätter und keine Blüten.

Gleich nach dem Einpflanzen Wasser geben. Um das Wachstum zu fördern, kann der Topf auf einen Untersetzer gestellt werden, der zur Hälfte mit lauwarmem Wasser gefüllt ist. Das Wasser wird immer so nachgefüllt, daß der Topfballen gerade eben feucht bleibt. Bald erscheinen die Blütenknospen aus der Mitte der Zwiebel, aus der später auch die Blätter herauskommen. Manchmal erscheinen die Blätter gleichzeitig mit der Blüte.

Ein heller, sonniger Platz im Gewächshaus oder auch auf Balkon und Terrasse sind für das Wachstum nach der Blüte wichtig. Die Blätter müssen kräftig wachsen. Vom Blühen bis Anfang August ist eine regelmäßige Düngung erforderlich. Ab August/September bleiben sie ohne Gießen und Düngen an einem warmen Ort, und, nach dieser Ruhezeit bei 15 bis 18° C – auch darüber schadet nicht – bis zum Erscheinen der neuen Knospen, sich selbst überlassen. Wenn der Platz sehr warm ist, sollte man gerade so viel gießen, daß die fleischigen Wurzeln nicht absterben. Es ist sicher der Mühe wert, die Zwiebeln durch eine solche Behandlung zu erhalten, und bei richtigem Vorgehen besteht sogar die Chance, die Zahl der Blütenstengel zu vergrößern. Ganz so leicht ist es jedoch nicht, die Pflanze über Jahre immer wieder zur Blüte zu bringen; deshalb ist es oft einfacher, jedes Jahr ein paar neue Zwiebeln zu kaufen, auch um neue Farben auszuprobieren.

Neben der Amaryllis lassen sich mit gutem Erfolg im temperierten Gewächshaus auch andere, nicht weniger attraktive Zimmerpflanzen aus Knollen oder Rhizomen aufziehen und bis zum Blühen bringen. Das gelingt um so besser, wenn diese Knollen eine Bodenwärme von 20 bis 25° C bekommen. Aber es geht auch ohne diese »warmen Füße«, die ganz leicht mit einem heizbaren Vermehrungsbeet erzielt werden können. Manchmal genügt es, die Schalen und Töpfe in unmittelbarer Nähe des Heizkörpers aufzustellen.

Gloxinien, *Sinningia* Hybriden in ungewöhnlichen Farben.

Ismene, *Hymenocallis*

Wer außergewöhnliche Blüten liebt, sollte unbedingt Ismenen pflanzen. Sie sind auch wirklich einmalig und schön anzuschauen mit ihren großen, weißen, gefransten Amaryllis-ähnlichen Blüten, die zudem noch einen zarten Duft ausströmen. Die faustgroßen Zwiebeln setzt man etwa 10 cm tief in Töpfe. Die Anzucht im Gewächshaus wird wie bei Amaryllis vorgenommen.

Gloxinie, *Sinningia*

Die wunderhübschen Gloxinien, botanisch *Sinningia* geheißen, lassen sich ebenfalls durch Knollen heranziehen; wenn bereits vorhanden, kann man sie immer wieder zu neuem Leben erwecken. Alte Knollen von Pflanzen, die man nach der Blüte ebenso eintrocknen läßt wie die der Knollen-Kalla, nehmen wir aus den Topf, schütteln die alte und verbrauchte Erde aus, schneiden die Wurzeln ab und legen die solcherart gesäuberten Wurzeln in die neuen, mit einem nahrhaften Erdgemisch gefüllten Töpfe. Auch hier wird dann, entsprechend der Entwicklung von Blüten und Blättern, erst wenig, später mehr gegossen. Auf die gleiche Weise werden natürlich auch die Gloxinien behandelt, die in Gartenfachgeschäften in mehreren prächtigen Farbsorten erhältlich sind.

Eine Rarität, die gelbblühende Calla, *Zantedeschia ellottiana.*

Jakobslilie, *Sprekelia*

Von wirklich exotischer Schönheit ist die auch draußen auf Gartenbeeten blühende Jakobslilie *(Sprekelia formosissima).* Wir setzen die Knolle in kleine, flache Gefäße und gießen anfangs nur mäßig. Jakobslilien sind nicht sehr wärmebedürftig; ihnen genügen Temperaturen um 15° C (bei gleicher Bodenwärme). Man kann die solcherart herangezogenen Pflanzen draußen auf Beete setzen oder blühend ins Zimmer bringen.

Viel zu wenig bekannt ist die Jakobslilie, *Sprekelia formosissima.*

Zimmerkalla, *Zantedeschia*

Die leider immer noch hier und dort als »Totenblume« bezeichnete Kalla *((Zantedeschia)* gibt es mit weißen Blüten, aber auch mit viel schöneren gelben Blüten und silbriggefleckten Blättern und sogar mit rosa und roten Blüten. Die Arten mit bunten Blüten führen das Dasein von ausgesprochenen Blumenzwiebel-Pflanzen, denen man nach der Blüte radikal das Wasser entzieht, die Blätter eintrocknen läßt, die Knolle aus dem Topf herausnimmt, um sie dann wieder neu einzutopfen. Alle knollenartigen Kalla haben ihre Ruhezeit von Oktober bis Februar, dann kommen sie in einen neuen Topf und dürfen wieder wachsen.

Knollen-Gewächse für Pflanzgefäße und Gartenbeete

Alles ist bei *Knollenbegonien* außergewöhnlich: das üppig grüne Blätterkleid und natürlich die Farbenpracht der zahlreichen großen, entweder einfachen, gefüllten, gekrausten oder gestreiften Blüten. Groß wie ihre Blütenköpfe ist die Zahl der Arten und Sorten. Da gibt es die großblumigen, die mit einer Farbskala vom reinsten Weiß über Gelb, Orange, Kupfer, Rosa, Scharlach bis zum tiefsten Dunkelrot aufwarten. Immer mehr Freunde gewinnen die kleinblumigeren Knollenbegonien, die sich durch einen besonders großen Blütenreichtum auszeichnen und zu denen auch für Ampeln geeignete Sorten (»Girlandenbegonien«) gehören.
Knollenbegonien sind ideale Pflanzen für Balkon- und Fensterkästen. Sie entfalten aber ihre Blütenpracht genauso auf Blumenbeeten, in Vorgärten, als Kübelpflanzen, auf Terrassen oder an Haustüreingängen. Auch überall dort, wo nur wenig Sonne scheint, fühlen sie sich wohl. Die Knollen legt man im Februar in Töpfe und Schalen, und zwar in ein Gemisch aus Blumenerde und Sand. Wichtig ist, die Knollen nur fingerdick mit Erde zuzudecken. Für alle, die zum erstenmal Knollenbegonien vortreiben: Die runde Seite der Knolle kommt nach oben. Die gefäße werden dann bei etwa 18 bis 20° C aufgestellt – wenn die Temperatur niedriger ist, in der Nähe der Heizung aufstellen – und anfangs nur wenig gegossen. Nach etwa 3 Wochen zeigen sich schon die ersten Triebspitzen; dann wird nicht mehr gegossen. Die herangewachsenen Begonien kommen ab Mitte Mai ins Freie. Mit Knollenbegonien gibt es keine Überwinterungsprobleme mehr, weil man sie nach der Blüte einfach aus der Erde nimmt und die Knollen blattlos und trocken in Torf oder Sägespäne legt und im Keller oder im Kalthaus aufbewahrt. Im Jahr darauf beginnt ihr Lebensrhythmus wieder von vorne.

Vorgetrieben werden im Februar auch die Knollen der *Canna,* Indisches Blumenrohr genannt. Das sind ungewöhnliche Mittelpunktspflanzen für Blumenbeete und Rabatten, sie sind aber genauso gut in großen Pflanzgefäßen zu verwenden. Hier kommt das Exotische ihrer Blätter und Blüten so richtig zur Geltung. *Canna* eignen sich deshalb auch als blühende Partner zu nur grünen Kübelpflanzen. Auf Gartenbeeten brauchen sie Platz um sich herum, weil sie je nach Art und Sorte 50 bis 150 cm hoch werden und sich mit ihren grünen und roten Blättern ein bißchen breit machen. Man bleibt stehen, wenn sie ihre großen rosa, roten, gelben oder orangefarbenen Blüten entfalten. *Canna* kann man einzeln oder in Gruppen zu dreien zusammenpflanzen, am besten in Beete mit Frühlingsblühern.

Canna, blütenschön und exotisch.

Blumenzwiebeltreiberei

Blumenzwiebeln für die Blüte in den Wintermonaten lassen sich besonders einfach in Gewächshäusern antreiben. Diese Anzucht ist allein schon deshalb unkompliziert, weil im Herbst und Winter oft genug Platz in den Gewächshäusern ist und das Problem der Bewurzelung hier sicherer und einfacher gelöst werden kann als im Keller.

In einem Gewächshaus gelingt – als wesentliche Voraussetzung für die erwartete Blüte – neben Hyazinthen auch das Vortreiben von Tulpen, Narzissen (duftenden Wassernarzissen vor allem), Krokussen, Blausternchen und Holländischen Iris (*Iris-Hollandica*-Hybriden). Wer damit einmal angefangen hat, wird jedes Jahr von neuem damit beginnen.

Schauplatz der Handlung: ein Gewächshaus oder ein Hausteil mit Temperaturen von 5 bis 8° C Wärme. Wenn es einmal wärmer wird, ist das auch nicht so schlimm, weil im Herbst und Winter die Temperaturen nachts ohnehin etwas absinken. Wir nehmen mindestens 12 bis 15 cm tiefe Ton- oder Plastiktöpfe bzw. Blumenschalen mit Abzugslöchern, legen ein paar zerkleinerte Tontopfscherben (wegen des notwendigen Wasserabflusses) in diese Gefäße und füllen sie mit fertiger Blumenerde, die gut angefeuchtet wird. Dann setzen wir die Zwiebeln mit einem leichten Druck in die Erde, zwar dicht, aber doch so weit auseinander, daß sie sich weder gegenseitig noch das Pflanzgefäß berühren. Die Spitzen der Zwiebeln sollen mit dem Rand des Behälters abschließen. Dann wird das Gefäß mit Erde weiter aufgefüllt und diese mit den Fingerspitzen angedrückt, damit die Zwiebeln fest stehen. Anschließend gießen – und zwar nicht zu wenig. Dann müssen die Blumenzwiebeln Wurzeln treiben, was 2 bis 3 Monate dauert. Diese Wurzelbildung findet stets im Dunkeln statt. Wir stellen die Töpfe oder Schalen unter die Gewächshaustische und decken sie mit einer etwa 10 bis 15 cm hohen Erd- oder Torfschicht ab. Torf sollte den Vorzug bekommen, weil er besser feucht

gehalten werden kann. Trocknen die Gefäße mit den Zwiebeln einmal aus, wird man vergeblich auf Blüten und Blätter warten.
Also ständig die Feuchtigkeit kontrollieren! Diese hohe Feuchtigkeit setzt auch einen guten Wasserabzug voraus; ohne Topfscherben oder eine andere Dränage kann die Blumenzwiebeltreiberei ganz einfach nicht gelingen.
Wenn die ersten Triebe zu sehen und etwa 5 cm lang geworden sind, kommen die Gefäße in die Wärme und ans Licht; die Temperaturen können 15 bis 20° C betragen. Etwa nach 2 bis 3 Wochen kann mit der Blüte gerechnet werden. Nicht vergessen: Bei höheren Temperaturen mehr gießen!

Selbst »getrieben«: Krokus, Hyazinthen, niedrige blatt- und blütenschöne Tulpen.

Blumenzwiebeln für die Treiberei

Arten und Sorten von kleineren Blumenzwiebeln: Großblütige Krokusse in verschiedenen Farben; Zwiebel-Iris *(Iris danfordiae)*, gelb; Zwiebel-Iris *(Iris histrioides* 'Major'), enzianblau; Zwiebel-Iris *(Iris reticulata)*, violett; Trauben-Hyazinthen *(Muscari armeniacum)*, himmelblau; Trauben-Hyazinthen *(Muscari botryoides* 'Album'), weiß; Puschkinie *(Puschkinia scilloides* var. *libanotica)*, hellblau; Blausternchen *(Scilla bifolia)*, hellblau; Blausternchen *(Scilla siberica)*, blau; Blausternchen *(Scilla mischtschenkoana)*, hellblau.
Von den Tulpen, Hyazinthen und Narzissen haben sich viele Sorten bewährt, von denen die meisten in Gartenfachgeschäften erhältlich sind.

Hyazinthen auf Gläsern

Bei Hyazinthen auf Gläsern ist zu beachten: Der Wasserstand in den Gläsern soll etwa 2 cm vom Zwiebelboden entfernt sein; bei niederem Wasserstand nachfüllen! Die Gläser mit den Zwiebeln zu Anfang kühl und dunkel, bei etwa +5 bis +10° C, am besten zugedeckt im unge-

heizten Keller oder in der Garage aufstellen (Hyazinthenhütchen). Erst nach ungefähr 8 Wochen, wenn der Trieb etwa 8 cm lang ist, kommen die Gläser ins Gewächshaus bei Temperaturen zwischen 15 und 20° C. Hütchen erst abnehmen, wenn der Trieb sie anhebt.

Wassernarzissen

Schnell und einfach geht das Treiben der sogenannten Wassernarzissen vor sich. Eine Ton- oder Kunststoffschale wird mit einigen Steinen ausgefüllt, deren Aufgabe darin besteht, den dazwischengelegten Narzissenzwiebeln Halt zu geben. Die Schale wird dann so weit mit Wasser gefüllt, bis der Zwiebelboden etwa 1 cm vom »Wasserspiegel« entfernt ist. Wassernarzissen wachsen und blühen aber auch in reinem Sand oder feuchtem Moos. Es ist die am wenigsten problematische, leider etwas in Vergessenheit geratene Art, Blumenzwiebeln im Winter heranzuziehen. Die im Gewächshaus herrschenden Temperaturen spielen dabei keine große Rolle.

Maiglöckchen

Viel Spaß macht die Treiberei von Maiglöckchen. Keime werden in Gartenfachgeschäften angeboten. Dicke Keime sind Blütenkeime, und spitze Keime sind Blattkeime. Wir brauchen nur die Wurzeln einzukürzen, in 15 cm tiefe Töpfe oder andere Gefäße zu pflanzen, und diese, mit Moos abgedeckt, bei 20° C zu halten und täglich mit Wasser zu übersprühen. Nach der Blattentwicklung, oder wenn sich die Knospenstände aus den Hüllblättern schieben, wird das Moos entfernt und die Temperatur bei beginnender Blüte auf 12 bis 15° C abgesenkt. Bei diesen Werten ist die Blütenhaltbarkeit besonders gut. Die ganze Angelegenheit dauert etwa 4 Wochen. Bei den im Fachgeschäft erhältlichen sogenannten Eiskeimen geht das sogar noch etwas schneller, auch deshalb, weil sie ohne die geschilderte

Narzissen, im Winter im Gewächshaus zum Blühen gebracht.

Vorbehandlung angetrieben werden können.

Lilien

Sie gehören zum Hochadel der Gartenblumen. Man möchte sie alle einmal ausprobieren: die Sorten mit den trichter-, schalen- oder türkenhutartigen Blüten, die es in herrlichen Farben vom reinen Weiß über Rosa und Rot bis hin zu lavendelfarbigen, grünlichen, blaß- bis dottergelben, orangefarbenen und braunen Farbtönen gibt. Riesen und Zwerge, Stolze und Verspielte, Kunterbunte und Einfarbige sind darunter.
Lilien müssen nicht nur aufs Gartenbeet, sondern können auch in Kübeln, Trögen und anderen Gefäßen gepflanzt werden. Für diese Gärten zum Hin- und Herschieben, die auf dem Balkon, der Terrasse oder vor dem Hauseingang Aufstellung finden können, eignen sich einige Arten und Sorten besonders. Berühmte Sorten sind darunter, wie die orangerote 'Enchantment', die zitronengelbe 'Destiny', die *Auratum-*, *Aurelian-*, *Midcentury-* oder *Rainbow*-Hybriden, um nur einige zu nennen. Und die Osterlilie (*Lilium longiflorum*) eignet sich sogar für den Aufenthalt auf der Fensterbank.
Die Lilien in den Pflanzgefäßen blühen etwa 14 Tage lang und nicht weniger schön als die gleichen Sorten auf den Gartenbeeten. Man sollte mehrere Sorten, die zu verschiedenen Zeiten blühen, in die Kübel pflanzen. Dadurch kann sich das Lilienblühen bis zu 6 Wochen hinziehen. Dabei sind für größere Gefäße die herrlichen Trichter-Lilien oder auch die Hybriden zu empfehlen, zu deren Füßen rotblühende Pelargonien zusammen mit dunkelblauen Lobelien und andern Beet- und Balkonpflanzen einen prächtigen Farbkontrast erzielen können. Diese Begleitpflanzen werden aber erst nach den Eisheiligen den Lilien zugestellt. Gepflanzt wird im Herbst. In die Töpfe kommen Topfscherben oder Kieselsteine, die für den notwendigen Wasserabzug zu sorgen haben. Als Erde ist ein nährstoffreiches Kultursubstrat wie Plantahum zu empfehlen. Abgepackte Blumenerde, ebenfalls mit einer Handvoll Horn- oder

Lilium-Speciosum-Hybride.

Knochenmehl (pro Liter Erde) angereichert, leistet die gleichen Dienste.
Die Gefäße werden nun im ungeheizten oder nur schwach (bis maximal +5° C) temperierten Gewächshaus überwintert. Wo das nicht möglich ist, kommen sie, dicht bei dicht gestellt, in einen kalten Frühbeetkasten und werden mit Laub, grobbrockigem Kompost (10 cm hoch) und anschließend mit Fenstern zugedeckt. Hier bleiben sie den ganzen Winter über. Ab Februar/März beginnt die Treiberei. Dazu die Töpfe aus dem Frühbeet herausnehmen und im temperierten Gewächshaus bei 10 bis 15° C möglichst hell aufstellen. Das gilt auch für die im Kalthaus überwinterten Lilien. Wenn die Triebe erscheinen, wird regelmäßig, das heißt, je nach Wachstumszustand und Wärme gegossen und alle 14 Tage mit flüssigem organischem Dünger gedüngt.

Lilien in Pflanzgefäßen.

Ende April/Anfang Mai öffnen sich die ersten Blüten der *Rainbow*- und *Midcentury*-Hybriden, die der Osterlilien brauchen etwas länger. Nach der Blüte versorgt man die Lilien nur noch mit geringen Wasserportionen, um die für eine Weiterverwendung der Zwiebeln notwendige Ruhezeit zu erzielen. Die abgeblühten Lilien können auch aus dem Gefäß herausgenommen und in den Garten gepflanzt werden. Nach einem Jahr Pause kommen sie, durch neue Reservestoffe gestärkt, wieder in die Töpfe. Die anderen bleiben im Topf. Nur die Erde, die sich über den Zwiebeln befindet, wird ausgewechselt.
Man kann sich diese etwas umständliche Form der Treiberei erleichtern, indem die Lilien nicht in das endgültige Pflanzgefäß, sondern, wie Balkon- und Beetpflanzen, in kleineren Topfen vorgezogen werden. Erst wenn die ersten Triebe etwa 10 bis 15 cm hoch geworden sind, erhalten die Pflanzen ihren endgültigen Platz. Wer es noch einfacher haben will und nur an Lilien als Schnittblumen interessiert ist, kann die Zwiebeln in ein speziell dafür vorgesehenes Beet oder in Töpfe pflanzen. Lilien für diese direkte Treiberei müssen »präpariert« werden, das heißt, einer Kältebehandlung von +0,5 bis +2° C unterworfen gewesen sein. Bei den meisten aus Holland und den USA importierten, in Gartenfachgeschäften erhältlichen Zwiebeln ist das bereits der Fall.
Ansonsten läuft die Treiberei bei der Beachtung einiger Regeln reibungslos ab:

1. Die Zwiebeln müssen etwa 10 cm tief in der Erde stecken.
2. Die Temperatur sollte zu Beginn bei +10° C, nach wenigen Wochen bei 15 bis 18° C liegen.
3. Bei starker Sonneneinstrahlung lüften.
4. Lilien brauchen bei Austrieb Helligkeit.

Übrigens können auch die präparierten Lilien nach dem Abblühen als Gartenpflanzen weitere Verwendung finden.

Treiberei von Blütenzweigen im Winter

Im Dezember kann man mit dem »Treiben« von Blütenzweigen beginnen. Aufenthaltsort dafür ist das warme Gewächshaus, Idealtemperatur 20° C, obwohl das Vortreiben auch im temperierten Gewächshaus möglich ist. Nur dauert es hier ein bißchen länger. Die Zweige werden in Eimer gestellt, am besten in der Nähe der Heizkörper, aber nie unter die Stellagen, denn die Zweige brauchen viel Licht. Entscheidend für das Treibergebnis ist eine möglichst täglich zugeführte Nährlösung, denn auch abgeschnittene Blütenzweige wachsen weiter! Am besten bewährt hat sich das Mittel Mimosa-Chrysal oder eine Mischung aus einfachem Chrysal plus 12 bis 15 g Zucker je l Wasser. Aufgepaßt, der Wasserbedarf steigt mit dem Anschwellen der Knospen. Nach der Treiberei darf die Hygiene nicht vergessen werden. Deshalb alle gebrauchten Gefäße sorgfältig mit einem Scheuermittel und heißem Wasser reinigen.
Die mit Blütenknospen besetzten Zweige frühjahrsblühender Gehölze tragen den Namen Barbarazweige, weil der 4. Dezember (Namenstag der Hl. Barbara) als frühester Termin gilt, an dem sie geschnitten werden können. Nimmt man sie früher ab, dann gelingt es meist nur mühsam oder überhaupt nicht, sie aus der eben begonnenen Winterruhe zu wecken. Sie müssen erst einmal die Kraft des Winters verspürt haben, ehe sie zu neuem Blühen bereit sind. Barbarazweige heißen sie also nicht, weil sie an diesem Tage oder bis zu diesem Tage, sondern weil sie von diesem Tage an bis in das Frühjahr hinein geschnit-

Forsythien- und Kirschblütenzweige im Gewächshaus zum Blühen gebracht.

ten werden können. Es ist um so einfacher, sie erblühen zu lassen, je näher sie ihrem natürlichen Blühbeginn gekommen sind.

Zum Treiben geeignet sind deshalb auch nur solche Gehölze, die im Frühjahr blühen, also bis zum Triebabschluß im Herbst alle Blütenknospen voll entwickelt haben. Es ist allerdings nicht immer ganz einfach, den Knospen anzusehen, ob sie nun Blüten oder Blätter hervorbringen werden. Als Faustregel kann man sich merken, daß Blütenknospen meistens etwas dicker und weniger spitz sind als Blattknospen. Die Zweige werden selbstverständlich nicht wahllos abgeschnitten, sonst läßt es sich nicht vermeiden, daß man im Winter hübsche Vasen, im Frühjahr aber häßliche Gehölze stehen hat. Von den Obstbäumen nimmt man Blütenzweige besonders vorsichtig ab: Jede Blüte könnte zu einem Apfel, einer Birne, einem Pfirsich, einer Aprikose oder einer Kirsche werden. Bei Kirschen, den klassischen Barbarazweigen, ist es ein bißchen schwierig, zu erkennen, ob die Zweige wirklich blühen werden. Hat aber ein Baum, von dem geschnitten wird, im Vorjahr reich geblüht, ist meistens mit Erfolg zu rechnen. Das gilt ebenso für die Japanischen Zierkirschen, -äpfel und -quitten.

Gern werden auch die Zweige von Mandelbaum, Schlehe und Magnolie genommen. Zaubernuß und Seidelbast eignen sich ebenfalls. Forsythien blühen willig, ebenso Weidenkätzchen und Haselnußzweige. Ihre Haltbarkeit wird verlängert, wenn man die Zweige häufig mit Wasser besprüht, damit ihre Rinde nicht austrocknet. Damit die Zweige viel Wasser aufnehmen können, empfiehlt es sich, alle in das Wasser ragenden Blätter zu entfernen. Die Haltbarkeit wird auch wesentlich erhöht durch möglichst schräges Anschneiden oder Spalten der Zweige.

Christrosen vortreiben

Christ- oder Schneerosen *(Helleborus)* kann man im temperierten Haus für den weihnachtlichen Blütenschmuck zum Blühen bringen. Voraussetzung dafür ist eine mehrjährige Anzucht auf einem halbschattigen Gartenbeet in stets leicht feuchtem Boden. Mit etwas Geduld kann man Samen von *Helleborus niger* und insbesondere von der Sorte 'Praecox' nach Frosteinwirkung in Saatschalen zum Keimen bringen und erhält so nach 3 bis 4 Jahren blühfähige Christrosen, die aber für die Weihnachtstreiberei noch einen erheblichen Zuwachs benötigen. Dazu müssen wir den Sommer über die Pflanzen gut ernähren. Ab Dezember entfalten sie ihre hübschen weißen Blüten. Es gibt auch großblumige Typen, die bereits im November zu blühen beginnen.

Verfügt man nun im Garten über starke Pflanzen, so gräbt man etwa um den 10. November die kräftigsten Wurzelballen aus und entfernt die meisten Blätter. Nun setzt man die Ballen mit etwas Torf in passende Gefäße oder legt sie dicht aneinander auf den Gewächshausboden, wo etwa 6 bis 8° C herrschen. Treiben wir die Christrosen bei höhren Temperaturen um 15° C, so sollten sie unbedingt Licht erhalten, selbst wenn dies zu einem leichten Erröten der Blüten führt.

Sehr unangenehm können sich Schwarzfleckenkrankheit und Falscher Mehltau wie auch bakterieller Befall auswirken, wodurch Wurzel- und Herzfäule hervorgerufen werden und ganze Bestände verlorengehen. Kranke Teile sind deshalb fortlaufend zu entfernen. Vor einer Neupflanzung empfiehlt es sich, vorbeugend den Boden zwei Spatenstiche tief zu lockern und pro Quadratmeter 100 g kohlensauren Kalk auszutreuen.

Natürlich ist eine Blütenverfrühung auch im Freiland denkbar, wenn auch sehr vom Witterungsverlauf (Sonnenwärme nach Schneefall und Frost) abhängig. Deshalb hilft ein Überbauen mit Folie und Glas.

Früher mußte man einen Holzrahmen zimmern und dann ein Frühbeetfenster überlegen. Oder Sie beschaffen sich dazu fertige Folientunnel im Gartenfachgeschäft.

Exotische Pflanzen unter Glas

Kakteen und andere Sukkulenten

Ein temperiertes Gewächshaus oder ein Kalthaus ist der ideale Aufenthaltsort für Kakteen und andere Sukkulenten. Hier können die Überwinterungstemperaturen (durchschnittlich +10° C) eingehalten und auch den unterschiedlichen Ansprüchen an Licht und Sonne entsprochen werden.

Wer Kakteen und Sukkulenten heranziehen und pflegen will, sollte daran denken, daß das Gewächshaus ausreichend mit Dach- und Seitenlüftungen ausgerüstet ist. Denn frische Luft gehört zu den Lebenselexieren dieser Pflanzen. Passionierte Kakteenfreunde setzen zur besseren Luftumwälzung und gleichmäßigeren Wärmeverteilung sogar Ventilatoren ein.

Die größte Bedeutung hat das Licht, wobei die verschiedenen Gattungen und Arten unterschiedliche Ansprüche stellen. Grundsätzlich gilt: Die Pflanzen dürfen sich nicht beschatten. Besonders lichtbedürftige Arten setzt man direkt ans Glas, also auf die Hänger. Nichts zu suchen haben hier wenig bestachelte oder grüne Pflanzen. Sie würden »verbrennen«. Geradezu ideal ist dieser Platz für solche Gattungen und Arten, die sich durch Wachsüberzug vor sengenden Sonnenstrahlen schützen können. Dazu gehören Mexikaner wie *Astrophytum, Coryphantha, Ferocactus* und *Thelocactus* und die aus Südamerika kommenden Vertreter von *Oreocereus* und *Tephrocactus*. Dicht unter dem Glas ist auch Platz für die dichtbestachelten, sommerblühenden Mammillarien, während darunter die meisten Glashauskakteen und andere Sukkulenten stehen können. Dazu zählen vor allem Pflanzen mit empfindlichem Wurzelwerk, die im Sommer höhere Temperaturen und sorgfältig abgestimmte Wassergaben benötigen. Viele Arten der Gattungen *Echinocactus, Frailea, Glandulicactus, Gymnocalycium, Notocactus, Oroya, Parodia* und *Weingartia* entfalten sich hier prächtig und blühen gut wie auch andere Sukkulenten und Pflanzen der Gattungen *Jatropha, Pachyphytum, Tacitus, Senecio, Crassula, Kalanchoe* und *Euphorbia* mit einigen Arten und viele Mittagsblumengewächse, wie *Gibbaeum, Faucaria, Glottiphyllum, Pleiospilos, Carruanthus* und *Trichodiadema*.

Während diese Kakteen und andere Sukkulenten in Töpfe und Schalen stehen können, lohnt das Auspflanzen von wärmebedürftigen, empfindlicheren und dabei großwüchsigen Pflanzen in sogenannte Bankbeete. Sehr dekorativ wachsen darin verschiedenste Säulen- und Feigenkakteen. Wie Zwerge nehmen sich da die »Lebenden Steine«, *Lithops* und *Conophytum*, aus, Die Beete sollten etwas erhöht (etwa 20 cm) als Bankbeete angelegt werden. Liegen die Pflanzflächen bodengleich tief, können die in Bodenhöhe niedrigeren Temperaturen bei empfindlichen Pflanzen Schädigungen durch Unterkühlung hervorrufen.

Frei zu bepflanzende Beetflächen erhalten eine Dränage aus einer 5 bis 10 cm dicken Schicht groben Kies. Das Kultursubstrat selbst sollte ebenfalls durchlässig sein, um Durchlüftung und Wasserabzug dauerhaft zu gewährleisten. Während Topfpflanzen regelmäßig in mehrjährigen Abständen umgetopft werden, verbleiben die einmal frei ausgepflanzten Gewächse für viele Jahre am gleichen Standort. Aus diesem Grunde, und weil es sich in erster Linie um starkzehrende Pflanzen handelt, sollte die Pflanzerde etwa 40 cm hoch aufgetragen werden. Einige besonders robuste Arten dringen dann später noch tiefer in den Untergrund ein. Die Pflanzflächen bleiben nach unten hin offen, sie werden keinesfalls durch Beton oder ein ähnlich undurchdringliches Material abgedichtet. Die seitlichen Beetbegrenzungen können aus Beton oder Mauerwerk bestehen.

Möglichst nicht in Bankbeete, sondern an einen besonderen, stets einzusehenden Platz kommen wertvolle Raritäten, nässeempfindliche Arten und frühjahrsblühende Kakteen, die anschließend nahezu trocken stehen müssen.

Epiphytisch lebende Kakteen und Sukkulenten, dazu hängende und kletternde Formen werden an der sonnenabgewandten Seite des Hauses an der Wand,

Wer Kakteen sammelt, vor allem Säulenkakteen, braucht unbedingt ein Gewächshaus.

Unter Glas blühen fast alle Kakteen.

an Drähten, einem Spalier oder am Epiphytenstamm gezogen. Hängepflanzen befinden sich in frei aufgehängten Ampeln (Orchideenkörbchen) oder sie finden ihren Platz (schwachwüchsige Arten) auf der Hängestellage oder einem Epiphytenstamm.

Das Gewächshaus ist natürlich auch der beste Ort für die Vermehrung, schon deshalb, weil zur zügigen Entwicklung anfangs gespannte Luft und später unterschiedliche Temperaturen zwischen Tag und Nacht benötigt werden. Ideal ist, wenn zur Abend- und Nachtzeit nochmals gründlich gelüftet werden kann. Abendliches Nebeln sorgt für eine hohe Luftfeuchtigkeit und ersetzt den Tauniederschlag, den Kakteen und andere Sukkulenten von ihrer Heimat her gewohnt sind. Das Überbrausen mit der Gießkann darf nur dann erfolgen, wenn die Pflanzen keinen Wachsüberzug tragen und nur mit kalkfreiem Wasser, das nicht kälter als die augenblickliche Gewächshaustemperatur sein darf. Gedüngt wird in den Sommermonaten bei allen Arten möglichst wöchentlich nach gründlichem Durchgießen und selbstverständlich mit speziellen Kakteendüngern aus dem Fachhandel.

Im Kleingewächshaus gut abgehärtete Pflanzen werden selten von Schädlingen und Krankheiten befallen. Vorsicht ist jedoch dann geboten, wenn neuerworbene Exemplare in die Sammlung aufgenommen werden. Eine vorbeugende Behandlung, beispielsweise mit dem nützlingsschonenden Spritzmittel Neudosan AF, das gegen Blattläuse, Weiße Fliegen und Spinnmilben gleichermaßen eingesetzt werden kann, ist zu empfehlen. Überhaupt sollten Neuzugänge immer getrennt von der eigenen Sammlung stehen, bis sie dann zu den anderen Pflanzen hinzugestellt werden.

Kakteensammlung mit Warzenkakteen, Melolkakteen und einer Bischofsmütze, *Astrophytum.*

Orchideen

Wenn die Pflege und Kultur einiger Orchideengattungen auch am Zimmerfenster möglich ist, so befriedigt die Haltung dieser herrlichen Blütenpflanzen eigentlich erst richtig in beheizten Gewächshäusern. Hier liegen viele nützliche Erfahrungen vor, die den künftigen Orchideenliebhabern von den Orchideengesellschaften gern vermittelt werden.

Zahlreiche Blumenfreunde scheuen sich vor der Beschäftigung mit Orchideen, einmal der hohen Preise wegen und andererseits wegen der angeblich hohen Wärmeansprüche dieser herrlichen Pflanzen, die die Haltung kostspielig werden läßt. Beides stimmt nicht, und es ist eigentlich schade, daß sich so manche Gewächshausbesitzer selbst um Orchideenfreuden bringen. Tatsächlich sind hier und dort Orchideenpflanzen durch zu große Wärme totgepflegt worden, was beweist, daß einige Arten geringe Wärmegrade geradezu verlangen. Neben der Temperatur sind Licht, Wasser und Luft (Belüftung) in ein ihren Wünschen entsprechendes Verhältnis zu bringen.

Das klingt komplizierter als es ist. Wir müssen nur die (recht unterschiedlichen) Lebensbedingungen der Orchideen an die genannten Wachstumsfaktoren kennen; dabei werden die heimatlichen Umweltbedingungen dieser exotischen Pflanzen im Gewächshaus nachgeahmt. Genauer: Wer Orchideen halten will, sollte sich zuerst überlegen, ob er Pflanzen der kalten, gemäßigten oder warmen (tropischen) Zone pflegen möchte. Es empfiehlt sich also, zumindest fürs erste, Orchideen mit ähnlichen, wenn nicht gar gleichen Ansprüchen an Wärme, Licht, Wasser, Ruhe- und Wachstumszeiten anzuschaffen. Es gibt von anspruchsgleichen Gattungen genug Arten, um ein Gewächshaus zu füllen, und mit wachsendem Erfolg kommt der Wunsch, es mit neuen Gattungen und Arten zu versuchen.

Orchideen stellen sehr unterschiedliche Ansprüche an die Temperaturen. So schwanken die Werte innerhalb der einzelnen Gattungen, aber auch innerhalb der Jahreszeiten und zwischen Tag und Nacht. Wir unterscheiden 3 große Gruppen: kalt, temperiert und warm; wobei hier nur Durchschnittswerte gegeben werden, an die man sich nicht peinlich genau halten muß und kann. Denn es ist trotz Ventilatoren kaum möglich, in heißen Sommermonaten die Temperaturen so niedrig zu halten, wie es die aus kalten und gemäßigten Zonen stammenden Orchideen gerne hätten. Das ist Theorie, wenn auch immer wieder darauf hingewiesen werden muß, daß die Orchideen auf keinen Fall zu warm gehalten werden dürfen und daß die Temperaturen nachts absinken müssen! Doch nun zu den 3 Gruppen:

1. Kalthaus-Orchideen brauchen im Sommer am Tage etwa 16 bis 18° C, nachts um 13° C, im Winter tags 13 bis 16° C, nachts bis 10° C absinkend. Zu diesen Orchideen aus kühlen Gebieten gehören zahlreiche *Cymbidium*- und *Paphiopedilum*-Arten, *Odontoglossum*, einige *Oncidium*-Arten und *Zygopetalum*.
2. Für das temperierte Gewächshaus, also für Orchideen aus gemäßigten Gebieten, liegen die Tagestemperaturen im Sommer bei 18 bis 24° C und bei 16 bis 18° C nachts; im Winter soll das Thermometer am Tage 16 bis 21° C und nachts 13 bis 16° C zeigen. Diese Bedingungen schätzen *Cattleya, Laelia, Oncidium, Stanhopea, Vanda* und viele *Dendrobium*-Arten.
3. Im Warmhaus, dem Aufenthaltsort tropischer Orchideen, sollten gleichbleibende Temperaturen im Sommer wie im Winter herrschen: tags 20 bis 30° C und nachts 18 bis 21° C. Das wünschen *Phalaenopsis* und einige *Paphiopedilum*- und *Dendrobium*-Arten. Überschritten werden sollten die Temperaturen nur bei Jungpflanzen, nach dem Verpflanzen und während der Blüte.

»Urwald« aus Orchideen und Bromelien.

Cymbidium, eine Kalthausorchidee.

Viel Luft fördert das Wohlbefinden der Orchideen ungemein, so daß die Anschaffung entsprechender Geräte und gut funktionierender Luftklappen nur empfohlen werden kann. Das gilt auch für Luftfeuchtigkeitsmesser, da dafür zu sorgen ist, daß im Orchideen-Gewächs-

haus die Luftfeuchtigkeit nicht unter 60 % fallen darf.
Die Luftfeuchte wird auch von den draußen herrschenden Witterungsbedingungen beeinflußt. Bei warmem, sonnigem Wetter erhöht sich die Luftfeuchtigkeit im Gewächshaus genauso wie bei trübem, kühlem Wetter, besonders wenn die Temperaturen niedrig sind. Hier muß also nachgeholfen werden durch Versprühen oder Vernebeln von Wasser, bis der gewünschte Luftfeuchtigkeitsgrad wieder erreicht ist. Nicht selten ist unzureichendes Wachstum auf mangelhafte Lichtverhältnisse zurückzuführen. Deshalb sorge man für möglichst viel Sonnenlicht, achte aber an sonnenreichen Tagen gleichzeitig darauf, daß die Blätter nicht verbrennen (Schatten geben) und die Wurzelballen nicht austrocknen.
Eine alte Gärtnerregel sagt: Die Blätter der Orchideen sollen sich kühl anfühlen, tun sie das nicht, muß sofort schattiert werden. Gefahr besteht nämlich, wenn sich das Blattgewebe auf mehr als 40° C erwärmt. Deshalb müssen Orchideen vom zeitigen Frühjahr – wegen des winterlichen Lichtmangels sind sie dann besonders empfindlich – bis zum Ende des Hochsommers vor zu starker Sonneneinstrahlung durch Schattieren geschützt werden. Vom Spätsommer an vertragen Orchideen mehr Sonnenschein.
Orchideen werden nicht in Erde kultiviert, sondern in anderen »Pflanzstoffen«, die von Orchideengärtnereien geliefert werden, aber auch in gut sortierten Garten-Centern und anderen Fachgeschäften erhältlich sind.
Es ist stets zu prüfen, ob das Wachstum in dem Substrat gut war, in dem die Pflanze geliefert wurde. Wenn ja, dann sollte man von seinem Orchideenlieferanten das gleiche Material nachbestellen und wieder verwenden. Fast alle Orchideengärtnereien liefern ihre Pflanzstoffe auch in kleinen Abpackungen. Inzwischen gibt es Orchideenerde von mehreren Herstellern. Sie enthält die notwendigen Nährstoffe, Torf und

Orchideen der Spitzenklasse: *Cattleya*-Hybriden.

Für Liebhaber: *Laeliocattleya*.

Styromull, der das Sphagnum erstetzt, das unter Artenschutz steht (Euflor-Orchideenerde, Compo-Sana Orchideenerde).
Da über das Substrat keine Nährstoffe zugeleitet werden, ist Düngen unbedingt erforderlich. Zu empfehlen sind Flüssigdünger auf mineralischer Basis, weils sie den Orchideen sofort zur Verfügung stehen. Sie sind in Orchideengärtnereien und auch in Garten-Centern erhältlich z. B. Compo-Sana Blumendünger mit Guano.
Die Häufigkeit der Düngegaben hängt von der Größe, dem Wachstum und dem Alter der Pflanzen ab. Folgende Faustregeln sind aber, von Spezialwünschen abgesehen, zu beachten! Nur gut bewurzelte Pflanzen düngen und nur

dann, wenn sich die Orchideen im vollen Wachstum befinden; von November bis Januar wird überhaupt nicht gedüngt, weil sich die Pflanzen dann in der Ruhezeit befinden.
Beachten Sie aufmerksam, ob sich Ihre Orchideen in dem gewählten Substrat wohlfühlen und gesund weiterentwickeln. Die Gießwasserqualität und Ihre beim Gießen aufgewandte Sorgfalt mögen die eine oder andere Pflanzstoffmischung geeigneter erscheinen lassen. Auf keinen Fall nichtwurzelnde Orchideen stark gießen oder düngen, sondern erst bei hoher Luftfeuchte und geringer Ballenfeuchtigkeit zur Neubewurzelung anregen.
Das Gießwasser für Orchideen soll leicht sauer oder neutral, niemals alkalisch sein; es soll weich sein (möglichst nicht mehr als 10° dH) und Zimmertemperatur haben. Experten und solche, die es werden wollen, erfahren mehr über Orchideen in der Spezialliteratur.

Bromelien

Die meisten Bromelien, wie man die Ananasgewächse nennt, sitzen in den Wäldern Süd- und auch Mittelamerikas hoch oben in den Wipfeln der Bäume und krallen sich mit ihren harten, drahtigen Wurzeln an den Rinden der Stämme, Äste und Zweige fest. Sogar die dornigen Säulenkakteen und die glatten Stämme der Palmen werden von Bromelien bewohnt. Die Wurzeln dienen längst nicht mehr der Nahrungsaufnahme, sondern sind im Laufe einer langen Entwicklung zu reinen Haftorganen geworden. Und so leben diese Epiphyten (zu deutsch: Aufsitzer, Luftpflanzen, Überpflanzen), ohne ihren Wirtspflanzen Nahrung zu entziehen, von Regen, Nebel oder Tau. Ihre Ernährung wird gesichert durch die rosettenförmige Anordnung der Blätter, die einen Trichter bilden, der die Fähigkeit besitzt, Wasser zu speichern. Für die auf der Erde wachsenden Bromelien, die in der unbarmherzigen Sonne der Catinga, einem schattenlosen Dornbuschwald, leben müssen, ist die Möglichkeit der Wasserspeicherung die einzige Chance, die alles Leben vernichtende Hitze und Trockenheit zu überstehen. Dicht mit Schuppen besetzt, um jedes Tautröpfchen aufzufangen und in den zisternengleichen Blätterschopf zu leiten, sind die Blätter dieser Erdbewohner. Starke, spitze Stacheln an langen derben Blättern sorgen dafür, ungebetene Gäste aus dem Tierreich abzuhalten. Im Inneren des Trichters befinden sich Zellen, die Flüssigkeit und gelöste Nährstoffe den Pflanzen zuleiten. Die auf Bäumen wachsenden Bromelien ernähren sich außer vom Wasser noch von im Staub der Luft enthaltenen Mineralien, von den Ausscheidungen der Vögel und anderer Tiere und von verendeten kleinen Insekten.
Eine Erdbewohnerin ist die *Ananas*, die der ganzen Familie den deutschen Namen gab. Auffallend sind ihre stark bewehrten Blätter, die bei einigen Formen gelbe und weiße Streifen oder eine rötliche Tönung besitzen. Wunderschön ist der sich aus der Mitte des rötlich-grünen Blätterschopfes erhebende feuerrote, zapfenähnliche Blütenstand, aus dem nach und nach violett gefärbte Blütchen erscheinen. Dem Sammler sei gesagt, daß es neben der grünblättrigen Stammform noch Sorten gibt, deren Blätter einen gelben Mittelstreifen (*Ananas comosus* 'Porteanus') oder rahmweise Längsstreifen (*Ananas comosus* 'Variegatus') aufweisen. Obwohl die *Ananas* zu den erdbewohnenden Bromelien gehört, kommt sie besonders wirkungsvoll an einem Epiphytenstamm oder in Verbindung mit einer Wurzel-Knorre zur Geltung. Beim Anbringen an den Astgabeln muß aber auf ihre besonderen Lebens- und Wasserwünsche Rücksicht genommen werden. Wir gießen die *Ananas*, wie die meisten anderen Angehörigen ihrer Sippe auch mitten in den Blatttrichter, weil sich gerade hier spezielle Feuchtigkeitsaufnahme-Organe befinden. Natürlich wird nicht vergessen, auch die Topferde regelmäßig (2 bis 3mal in der Woche) anzufeuchten. Er-

Zimmerhafer, *Billbergia nutans*.

Frauenschuh, *Paphiopedilum*-Hybride.

folgreiche *Ananas*-Spezialisten empfehlen einen hellen Platz, oftmaliges Abspritzen der Blätter, im Winter das Einschränken der Wassergaben um die Hälfte und jährliches Verpflanzen in eine Spezial-Bromelien-Erde. Der Ananas genügt ein Aufenthalt im temperierten Haus. Kultur ist aber auch im Warmhaus möglich.

Die Liebe zu Bromelien begründet die blütenschönen Arten der Gattung *Aechmea,* die alle derbe, bedornte wunderhübsch gezeichnete oder getönte Blätter tragen. Vor allem *Aechmea fasciata* macht uns mit großen, mehrfarbigen Blütenständen, die sich einige Monate halten, viel Freude und ist für das temperierte Gewächshaus geeignet.

Zu den licht- und sonnenliebenden, sonst aber recht genügsamen Ananasgewächsen zählen auch die Billbergien, deren farbenprächtige, wenn auch nur kurzlebige Blüten einen beachtlichen Schmuckwert besitzen. Wer mit Bromelien noch keine nähere Bekanntschaft schloß, kennt bestimmt die unverwüstliche *Billbergia nutans,* die aus unaufhörlich sich bildenden Kindeln ständig Knospen und recht ansehnliche Blüten hervorbringt und für temperierte Häuser geeignet ist.

Die Neoregelien dagegen werden wegen ihrer wunderhübsch gefärbten Blätter, die sich zu einer meist flachen Blattrosette vereinigen, hochgeschätzt. Diese Bromelien mit ihren silbergrau gebänderten oder mit gelblich-weißen Längsstreifen geschmückten, schmalen Blättern brauchen einen nicht unbeträchtlichen Platz um sich herum und wachsen gut im Warmhaus.

Nicht weniger umfangreich und ebenfalls flachwachsend sind die Vertreter der Gattung *Nidularium.* Wir schätzen diese Blattschönheiten wegen des prächtigen Farbenspiels ihrer nestartig angeordneten Blätter. Am auffallendsten ist *Nidularium fulgens,* deren glänzend grüne Blätter einem Kranz feuerroter Herzblätter entspringen, die sorgsam kleine blau-weiße Blütchen umhüllen. Sie brauchen Warmhaus-Temperaturen.

Für das Ansehen der Bromelienfamilie sorgt auch die blatt- und blütenschöne *Vriesea splendens,* auch »Flammendes Schwert« genannt. Aus dunkelbraunroten, fast schwarz gebänderten, prächtigen Blättern erhebt sich ein schwertförmiger, scharlachroter Blütenstand, aus dem nach und nach kleine gelbe Blütchen erscheinen. Daneben gehört die zierliche Papageien-Vriesie, *Vriesea psittacina,* mit hellgrünen Blättern und purpurroten Ährenblüten mit zu den reizvollsten, haltbarsten Bromelienarten. Sie wollen einen Aufenthalt im Warmhaus.

Auch die Gattung *Guzmania* verdient Beachtung. Vor allem die Arten mit den leuchtend rot gefärbten, sternförmigen Blütenständen, die von vielen schmalen, zarten und fast weichen, grünen Blättern umgeben werden, sind der Bewunderung wert. Andere wieder gefallen durch farbige, gebänderte, gestreifte Blätter und eine unterschiedliche Blütenbildung. Sie benötigen ein Warmhaus.

Die artenreichste Gattung mit merkwürdigen und sonderbaren Pflanzengestalten ist die der Tillandsien.

Als typische Aufsitzer sind sie unentbehrlich bei der Bepflanzung von Epi-

Links: Bromelien wie im Urwald an einem Baumstamm befestigt.

Rechts oben: *Tillandsia aeranthos,* auch eine Bromelie.

phytenstämmen. Sie gehören in temperierte Häuser.

Zu den Bromelienzwergen gehören auch die Cryptanthen, die flache Rosetten mit hübsch gezeichneten und gefärbten, an den Rändern manchmal leicht gewellten Blättern bilden. Auch sie wirken besonders gut am Epiphytenstamm oder an einem Stück Korkrinde, wachsen aber auch willig in gewöhnlichen Blumentöpfen. In dieser Pflanzengattung gibt es Anspruchslose und Empfindsame, die hohe Temperaturen und Luftfeuchtigkeitsgrade wünschen. Deshalb führen die Blumengeschäfte meist nur die schönsten abgehärtesten Arten wie *Cryptanthus acaulis* (kleine grüne, unterseits graue Blätter), *C. bivittatus* (grünrote Blätter mit silbergrauen Streifen), *C. bromelioides* 'Tricolor' (rahmweiße gestreifte, rot gefärbte Blätter), *C. fosteranus* (braunrote Blätter mit silbriger Querzeichnung), *C. zonatus* (je nach Varietät mit grünen Blättern und goldgelben oder silbergrauen Querbändern). Je nach Art für temperiertes Haus oder Warmhaus geeignet.

Als Zisternenpflanzen wünschen die Bromelien mitten »ins Herz« gegossen zu werden. Dabei ist sorgfältig darauf zu achten, daß von diesem stets kalkfreien Gießwasser im Trichter etwas stehenbleibt. Ananasgewächse ohne wasserspeichernde Zisternen, wie Cryptanthen, einige Tillandsien und Guzmanien, erhalten ihre Wasserration durch oftmaliges Sprühen und Nebeln wie auch ihre Vettern, die für Duschen aus feindüsigen Zerstäuberdosen sehr dankbar sind.

Der Topf soll klein sein und eine recht durchlässige Erde, eine Mischung aus grober Heideerde, verrottetem Laub, Torf, Moos und Sand enthalten. Wer diese Idealmischung in Gärtnereien

Blatt- und blütenschön: *Neoregelia carolinae* 'Tricolor'.

oder Blumengeschäften nicht bekommt, kann Spezial-Bromelienerde in Orchideengärtnereien und Garten-Center erhalten. Sebstverständlich wird die Erde in den Töpfen ständig, immer aber nur mäßig angefeuchtet. Alle Ananasgewächse, mit Ausnahme der schattenliebenden Nidularien, lieben helle Plätze.

Das Flammende Schwert, *Vriesea splendens*, eine der schönsten Bromelien.

Ihre Sonnenverträglichkeit dagegen ist recht unterschiedlich.

Unsere prächtigen *Aechmea fasciata, Vriesea splendens,* einige Neoregelien und die meisten Cryptanthen vertragen volle Sonne, obwohl sie auch an sonnenabgewandten Plätzen zufriedenstellend wachsen und blühen. Sonst sind sie samt und sonders recht genügsam, vor allem, was ihre Ernährung anbetrifft. Wer ständig Regenwasser verwendet, braucht sich über die Düngung nicht den Kopf zu zerbrechen. Die im Regenwasser gelösten mineralischen Stoffe genügen diesen bescheidenen Pflanzen völlig. Vorsicht heißt es beim Gebrauch von Volldüngern, die regelmäßig angewendet, manchmal ein Verblassen der Blattzeichnung hervorrufen. Nur Nährsalze, die bei der Hydrokultur und bei Orchideen Verwendung finden, wie zum Beispiel Compo-Sana Blumendünger mit Guano, kommen in Frage.

Ungewöhnlich wie ihr Äußeres ist auch die Vermehrung der Ananasgewächse. Sie alle bilden vor, während oder nach der Blüte sogenannte Kindel, die entweder dicht an den Mutterpflanzen *(Vriesea),* in einem bestimmten Abstand von ihr oder sogar in den Blattachseln *(Cryptanthus)* sitzen. Diese Nebensprosse sollen das Leben der Mutterpflanze fortsetzen, das nach unabänderlichem Naturgesetz mit der Reife der Frucht erlischt. Wir machen uns diese Form der Fortpflanzung zunutze und kommen auf diese Weise in den Besitz vieler neuer Bromelien. Die Kindel dürfen aber nie zu früh von den Mutterpflanzen entfernt werden, weil ihre Weiterentwicklung überaus langsam vor sich geht, wenn nicht gar völlig in Frage gestellt sein würde. Beim Abtrennen verwende man ein möglichst scharfes Messer, das in den etwas verholzten, harten Teil des Kindel geführt wird. Wer in den weichen Teil der jungen Pflanze schneidet, hofft vergeblich auf das Anwachsen des »Sprößlings«: Gelbe, sich bräunende Blätter zeigen an, daß der chirurgische Eingriff unrichtig erfolgt und dadurch mit dem Verlust des Kindels gerechnet werden muß. Kindel ohne eigene Wurzeln sollte man zum Abtrocknen einige Tage liegen lassen, um Fäulnis vorzubeugen. Bewurzelte Kindel dagegen pflanzen oder besser stecken wir sofort in kleine Töpfe mit Bromelien-Erdmischung. In einem geheizten und wegen der Luftfeuchtigkeit geschlossenen Vermehrungsbeet ist mit einem besonders hohen Anwachserfolg zu rechnen.

Interessant und lohnend ist die Vermehrung besonders bei den Arten und Gattungen, die uns durch die schöne Färbung und Zeichnung ihrer Blätter erfreuen, bei den Neoregelien, den Nidularien, den Cryptanthen und einigen Vrieseen.

Fleischfressende Pflanzen

Hin und wieder hört und liest man von »lebenden Fliegenfängern«. Auch wird gelegentlich die Horror-Vorstellung von grünen Fallenstellern, von Pflanzen mit Leimruten oder Tellereisen beschworen. Sonnentau und Venusfliegenfallen fangen im Gewächshaus oder im Zimmer keine Fliegen. Dieser sogar als biologische Maßnahme hochgelobte Einsatz der sogenannten Fleischfresser erweist sich als nutzlos. Auf der Strecke bleiben in kurzer Zeit die Pflanzen, Sieger bleiben die Fliegen.

Im Gewächshaus und auch im Frühbeetkasten besteht die Möglichkeit, diese biologisch hochinteressanten Gewächse zu halten und zu beobachten, bei denen zu Wachstum und Blüte auch noch Bewegungsvorgänge hinzukommen, die in der freien Natur nur selten und mit großem Zeitaufwand in Augenschein genommen werden können. Wir sollten diese einmalige Chance nutzen und möglichst viel pflanzliche Tierfänger sammeln.

Um zu Erfolgen zu kommen, ist es lediglich nötig, die Insektivoren nach ihren Temperaturansprüchen zusammenzustellen und in jedem Falle für eine sehr hohe Luftfeuchtigkeit zu sorgen. So wünschen Kannenpflanzen *(Nepenthes)* Temperaturen von 20 bis 25° C und gehören deshalb ins Warmhaus, während das Fettkraut *(Pinguicula caudata)* und das Taublatt *(Drosophyllum lusitanicum)* Temperaturen von 10 bis 15° C benötigen; ihr Platz ist im temperierten Haus.

Alle anderen, die Venusfliegenfalle *(Dionaea muscipula)*, verschiedene Sonnentau-Arten *(Drosera)*, Fettkräuter *(Pinguicula,* ausgenommen *P. caudata)*, Kobralilien *(Darlingtonia californica)* und Schlauchpflanzen *(Sarracenia)* genügen Temperaturen bis und unter +10° C, so daß eine Kultur im Kalthaus und im ungeheizten Frühbeetkasten möglich ist.

Wer »Tierfänger« im Frühbeetkasten heranziehen und sein Kalthaus anderen Zwecken zuführen will, sollte einen Spezialkasten bauen, der etwa 80 cm tief ist und aus Ziegelsteinen oder Betonteilen besteht. An diesen Steinwänden wird in 10 cm Entfernung ein Drahtgeflecht angebracht und die Zwischenräume mit grobbrockigem Torf, frischem *Sphagnum* oder Waldmoos ausgefüllt. Auf den Boden kommt eine 20 bis 25 cm hohe Torfschicht, die man mit frischem *Sphagnum* bedeckt, das bei der hohen Luftfeuchtigkeit im Kasten weiterwächst. Sie sorgt für das Wohlbefinden der fleischfressenden Gewächse. Die in Töpfen oder Schalen wachsenden Insektivoren werden dann in die Bodendecke eingesetzt und anschließend die Fenster aufgelegt.

Um die Luftfeuchtigkeit im Kasten zu erhalten, werden die Fenster nur bei Regen frühmorgens oder nachts abgenommen oder zum Lüften geöffnet. Bei Hitze und Trockenheit bleiben die Fenster liegen und die Pflanzen wenn nötig 1 bis 2mal am Tag mit kalkfreiem Wasser (Regenwasser) abgespritzt. Das gilt auch für das Gießen. Die Verwendung von Leitungswasser, das meist kalkhaltig ist, wirkt tödlich.

Im Winter bleiben die Insektivoren draußen. Einige Grade über Null genügen, um die in der Ruhezeit befindlichen Pflanzen schadlos zu überwintern. Bei starkem Frost bedeckt man besser den ganzen Kasten mit einer dicken Laubschicht.

Bequemer und frostsicherer geht das alles im Kalthaus vor sich, vorausgesetzt, man macht sich die Mühe, für eine hohe Luftfeuchtigkeit zu sorgen. Hier empfiehlt es sich, einen besonders abgeteilten Gewächshaustisch mit Folie auszulegen und mit einer Kante aus Eternit zu umrahmen, so daß Platz genug für einen ständigen Wasserstand von 1 bis 2 cm Höhe bleibt. Hier können sich die Insektivoren-Töpfe selbst mit Wasser versorgen, was wichtig ist, weil sie nie von oben gegossen werden dürfen.

Oben: *Sarracenia purpurea.*

Unten: *Sarracenia purpurea* var. *venosa.*

Kobralilie, *Darlingtonia californica*.

Nepenthes × *mixta*.

Die vornehmlich aus Samen gezogenen Arten werden auf Torfmull bzw. ein Sand-Torf-Gemisch gesät und vereinzelt. Sonnentau *(Drosera)* und Fettkräuter *(Pinguicula)* bleiben in Gemeinschaftstöpfen, auch Venusfliegenfallen *(Dionaea)*, während jedoch Taublätter *(Drosophyllum)* einzeln in kleine Töpfe kommen, die dann wiederum in sandgefüllte größere Töpfe eingefüttert werden.

Schlauchpflanzen *(Sarracenia)*, Kobralilien *(Darlingtonia)* werden einzeln in eine Mischung aus Torf, getrocknetem Rinderdung, Rindenmulch, grober Lauberde und Holzkohle in Tontöpfe eingepflanzt und in Torfmull oder Torf-Sand-Gemische eingesenkt beziehungsweise auf nassen Torf gestellt.

Es empfiehlt sich, wie im Frühbeetkasten rund um die Pflanzen organische Stoffe zu verteilen, um eine hohe Luftfeuchtigkeit zu gewährleisten. Auf jeden Fall muß in jedem Frühjahr in neuen Torf umgepflanzt werden.

Klarsichtige Folie ist übrigens ein recht nützliches Hilfsmittel, um die gewünschten kleinklimatischen Verhältnisse zu schaffen. Fest in Folie eingeschlossene Pflanzen brauchen monatelang nicht mehr gegossen zu werden und entwickeln sich bestens, solange es unter der Folie nicht zu warm werden kann. Viel Licht ist natürlich Voraussetzung.

Ganz andere Lebensbedingungen wünschen die Kannenpflanzen *(Nepenthes)*, die gut zu tropischen Orchideen passen. Sie brauchen feuchtwarme, helle, bei Sonne regelmäßig schattierte Gewächshäuser. *Nepenthes* entwickeln sich besonders schön in Orchideenkörbchen, die mit einer Mischung aus Moos, grober Lauberde, getrocknetem Rinderdung, Styromull und Holzkohlestückchen gefüllt sind. Torf hat bei *Nepenthes* nichts zu suchen, sie reagieren sehr empfindlich auf Huminsäuren! Es empfiehlt sich, vom Frühjahr bis zum Sommer mit organischen Nährlösungen zu düngen, viel zu spritzen und die Pflanzen vor jedem Sonnenstrahl zu bewahren.

Diese Fallensteller besitzen die am besten ausgebildeten und größten Fanggruben. Der Tourist findet sie auf Ceylon und Madagaskar genauso wie auf den Seychellen oder in den feuchten Urwäldern der indisch-malaiischen Monsungebiete. Die Lebensweise der Kannenpflanze kommt der eines Tieres sehr nahe. So klettern sie mit Hilfe ihrer Blattranken an Stämmen empor, sogar bis zu 20 Meter hoch, oder kriechen auf dem Erdboden entlang, um dort ihre Fallen aufzustellen.

Der obere Rand dieser Kannen-Fallen ist wulstförmig verdickt und glänzt bei manchen Arten in lebhafter, meist roter Farbe. Der Glanz entsteht durch die Ausscheidung eines honigähnlichen Saftes, der von den Insekten gierig aufgesogen wird. Dabei geraten sie an den Rand der Kanne und rutschen ab. Sie fallen dann in eine Flüssigkeit, die aus einem, dem tierischen Magensaft ähnlichen, eiweißverdauenden Enzym besteht, das die verendeten Tiere zersetzt. Ein Naturwunder, das wir im Warmhaus miterleben können.

Vermehrung der Insektivoren

Nepenthes lassen sich durch Stecklinge vermehren, die im Januar oder Februar in kleine, mit Orchideensubstrat gefüllte Töpfe gesteckt werden. Zur Bewurzelung sind Temperaturen von 30 bis 35°C und eine Luftfeuchtigkeit von 90 % nötig. Nach 4 bis 8 Wochen wurzeln die Jungpflanzen und werden dann in Orchideenkörbe gepflanzt. *Darlingtonia* werden wie Vertreter der größeren Gattung *Sarracenia* vermehrt. Und das ist eine langwierige Angelegenheit. Die Samen beider Gattungen, die als Licht-

keimer nur leicht in das Substrat hineingedrückt werden müssen, liegen lange herum, und es dauert oft Jahre, bis sie zu sehenswerten Pflanzen herangewachsen sind. Die Pflanzen zu teilen ist möglich, aber schade, weil zum Beispiel die Sarracenien erst im Alter ihre ganze Schönheit entfalten.
Dionaeaen kann man aussäen, teilen oder durch Blattstecklinge vermehren. Das geht ganz einfach. Blätter mit Stielen von älteren Pflanzen abtrennen und in Orchideensubstrat stecken. Die Vermehrung der Drosera-Arten erfolgt durch Aussaat oder Wurzelschnittlinge, die in einer Länge von 3 bis 4 cm zu mehreren in Schalen mit Torf gelegt werden. – Die Taublätter *(Drosophyllum)* wachsen am besten in kleinen Töpfen, in die man 1 bis 3 Samenkörner legt. Taublätter können nur durch Samen vermehrt werden. Fettkräuter *(Pinguicula)* kann man genauso wie Venusfliegenfallen vermehren.

Rechts: Sonnentau, *Drosera capensis.*

Venusfliegenfalle, *Dionaea muscipula,* in einem Blumentopf.

Pflanzen für Kalthäuser

(Temperaturen von +6 bis +10°C)

Das Kalthaus oder besser das nur schwach geheizte Haus dient in erster Linie der Überwinterung von Balkonpflanzen wie Fuchsien, Pelargonien, Lantanen, Verbenen, den prächtigen Strauchmargeriten, die in einigen Jahren groß, breit und wunderschön werden und dann schon zu den Kübelpflanzen gezählt werden können. Sie alle kann man im Laufe der Jahre vom Steckling zum Hochstämmchen erziehen. Bei Hängepelargonien ist das etwas problematischer. Hier empfiehlt es sich, die Triebe nicht einzukürzen, sondern lang werden zu lassen; sie erreichen dann oft Meterlänge.

Durch die problemlose Überwinterung im Kalthaus erreichen auch die Kübelpflanzen den Blüheifer und das Wachstum südländischen Zuschnitts. Dadurch gibts mehr Platz für viele ungewöhnliche Gewächse, auf die der Blumenfreund ohne Gewächshaus meist aus Platzmangel verzichten muß. Das sind zum Beispiel:

Hammerstrauch *(Cestrum)*, Mimose *(Acacia)*, Schmucklilien *(Agapanthus)*, Schirmakazie *(Albizia)*, Lampenputzer *(Callistemon)*, Gewürzrinde *(Cassia)*, Kirschmyrte *(Syzgium)*, Lorbeer *(Laurus nobilis)*, Zierbanane *(Ensete ventricosum)*, Neuseeländischer Hanf *(Phormium)*, Granatapfel *(Punica granatum)* und alle jene Gewächse, die ebenfalls in großen Gefäßen wachsen wie Drazänen *(Dracaena draco)*, die Phoenixpalme *(Phoenix canariensis)* und die Eßbare Feige *(Ficus carica)*.

Übrigens können die genannten Pflanzen ganzjährig im Kalthaus verbleiben und sich mit den in der Tabelle genannten Gattungen und Arten zu einer interessanten Pflanzengesellschaft zusammenschließen. Da treffen sich wahrlich keine Mauerblümchen, sondern Blütenschönheiten, wie die *Bougainvillea*, die im Gewächshaus zu imposanter Größe heranwächst, die winterblühenden herrlichen Kamelien, das hübsche Zwiebelgewächs *Lachenalia*, die Passionsblumen mit ihren ungewöhnlichen Blüten, und als Höhepunkt die exotische Paradiesvogelblume, *Strelitzia reginae*.

Die Paradiesvogelblume, *Strelitzia reginae*, ist trotz ihres exotischen Aussehens sehr genügsam. Ihr genügen Wintertemperaturen von 8–14° C, ein heller Platz, nährstoffreiche Erde, regelmäßige Düngegaben und Platz um sich herum.

Pflanzen für Kalthäuser

Name	Wachstumsart und Blüte	Vermehrung
Zimmertanne, *Araucaria heterophylla*	aufrecht, mit etagenförmig angeordneten, seitlich abstehenden Ästen	Kopfstecklinge unter einem Astkranz schneiden
Zierspargel *Asparagus densiflorus* 'Sprengeri' *A. falcatus*	hängend oder kletternd, Blüte weiß	Samen, ältere Pflanzen teilen
Schusterpalme (weißbunt) *Aspidistra elatior* 'Variegata'	aufrecht mit weißen Streifen und Bändern an den Blättern, Blüten bräunlich-violett, direkt aus der Erde	Teilen beim Umtopfen
Rippenfarn *Blechnum gibbum*	Blätter einfach gefiedert, Planze kann später Stämmchen bilden (Baumfarn)	Sporen auf feuchtem Torf säen
Bougainvillie *Bougainvillea glabra*	Kletterstrauch mit verholzenden Trieben, Blüten haben blauviolette, rote, orangefarbene Hochblätter (= Blüten)	Stecklinge bei hohen Temperaturen im Mai
Bouvardie *Bouvardia*-Hybriden und Arten	Wuchs aufrecht, strauchartig, Blüte einfach und gefüllt, in Weiß, Rosa, Rot, herrliche Schnittblume, lange haltbar	Stecklinge
Kamelie *Camellia japonica*	Wuchs aufrecht, langsamwachsend mit ledrigen Blättern, viele Sorten mit großen, gefüllten oder einfachen Blüten in herrlichen Farben	Stecklinge
Leuchterblume *Ceropegia woodii*	Wuchs hängend mit dünnen Trieben und rundlichen, dicken, silbern marmorierten Blättchen, Blüte dunkelbraun, leuchterförmig	Triebstecklinge
Zwergpalme *Chamaerops humilis*	niedrigbleibend, nur bis 100 cm hoch	Samen
Grünlilie *Chlorophytum comosum*	hängend, Blüte weiß, sternenförmig	Abtrennen der jungen Pflanzen
Känguruhwein *Cissus antarctica*	hängend, kletternd, hellgrüne gezackte Blätter	Stecklinge (April bis Juni)
Zistrose *Cistus*, verschiedene Arten	Wuchs niedrig, reich verzweigt, strauchartig immergrün, Blüte rot oder weiß	Samen, Stecklinge
Zwergapfelsine *Citrus* in verschiedenen Arten und Sorten	Wuchs aufrecht, veredelt und deshalb regelmäßig, kleine Früchte tragende Arten, Blüte weiß, duftend	Samen und anschließende Veredlung
Clerodendrum thomsoniae (besser 10 bis 16° C)	aufrecht bis kletternd, Blüte rot und weiß	Stecklinge im Frühjahr
Cyanotis *Cyanotis kewensis*	kriechend bis hängend, die dicht übereinander sitzenden Blätter sind unterseits rot	Stecklinge, auch Teilung
Australischer Baumfarn *Cyathea australis* (jetzt *Alsophila*)	doppelt bis dreifach gefiederte Blätter, stammbildend	Sporen auf nassem Torf säen
Blaugummibaum *Eucalyptus globulus*	Wuchs aufrecht, mit rundlichen, blau bereiften, aromatisch duftenden Blättern	Aussaat oder Stecklinge im März/April
Schopflilie *Eucomis bicolor*	Wuchs aufrecht, mit länglich-grünen Blättern, Zwiebelpflanze, Blüte grünlich	Ablösen der Nebenzwiebeln
Efeuralie × *Fatshedera lizei*	Wuchs schmal aufrecht, schnellwachsend mit aralienähnlichen Blättern. Die Form 'Variegata' mit weißbunten Blättern	Stecklinge im Frühjahr und Sommer, zu dreien in einem Topf

Name	Wachstumsart und Blüte	Vermehrung
Aralie *Fatsia japonica*	Wuchs aufrecht, mehr breit als hoch. Form 'Variegata' mit gelben Blattspitzen und Flecken	Samen, *Fatsia* 'Variegata' durch Stecklinge
Kriech- und Kletterfeige *Ficus pumila, F. rubiginosa, F. sagittata*	Wuchs hängend, kletternd, je nach Art und Sorte verschieden geformte Blätter	Stecklinge, am besten in Wasser stecken
Australische Silbereiche *Grevillea robusta* (besser 10 bis 16° C)	aufrechter Zimmerbaum mit schönen doppelt gefiederten Blättern	Aussaat
Elefantenohr *Haemanthus albiflos*	Wuchs aufrecht, mit breiten behaarten Blättern, Blüte weiß mit gelben Staubbeuteln	Aussaat oder Abtrennen der Seitentriebe
Efeu-Arten *Hedera helix* in Arten und Sorten	kletternd, herabhängend, viele Sorten mit glatten, gekrausten, pfeilförmigen, grünen, gelbgeaderten, weiß- oder grüngefleckten Blättern	Stecklinge (Triebspitzen)
Hortensien, *Hydrangea macrophylla*	viele Sorten mit weißen, rosa, und roten, auch blaugefärbten Blütendolden	Kopfstecklinge im Frühjahr
Jacobinie *Jacobinia carnea J. pauciflora*	Wuchs aufrecht, strauchartig, sich verzweigend, Blüte rosenrot, länglich	Stecklinge im Januar bis März
Lachenalie *Lachenalia-Aloides*-Hybriden	Zwiebelgewächs mit hübsch gefleckten Blättern, nach der Blüte einziehend, Blüte glockig, vierfarbig oder gelb	Seitenzwiebeln
Mühlenbeckie *Muehlenbeckia adpressa, M. complexa*	hochwachsend, kriechend oder hängend mit kleinen immergrünen Blättchen	Stecklinge zu mehreren in einen Topf
Myrte *Myrtus communis*	Wuchs aufrecht, kleine Blättchen, Blüte weiß	Stecklinge im Frühjahr

Name	Wachstumsart und Blüte	Vermehrung
Ölbaum *Olea europaea*	Wuchs aufrecht, reich verzweigter, strauchartig wachsender Baum, Blüte weiß, duftend	Stecklinge, Samen
Schlangenbart *Ophiopogon jaburan*	schmale, grasartige, grüne, bei der Form 'Variegatus' gelbgestreifte Blätter, Blüten weiß bis blau	Teilung
Passionsblume *Passiflora caerulea* und andere Sorten	Kletterpflanze, stark wachsend, originelle Blütenform, je nach Art und Sorte hellblau, violett oder rot	Samen, Stecklinge
Pellefarn *Pellaea rotundifolia*	Wuchs aufrecht, besonders wirksam in Ampeln, kleiner Farn mit ein- oder mehrfachgefiederten Blättchen	Sporen auf feuchten Torf säen
Hirschzunge *Phyllitis scolopendrium*	Wuchs aufrecht, Farn mit grünen, bei der Form 'Undulatum' gewellten Blättern	Sporen auf feuchten Torf säen
Kanonierblume *Pilea cadierei, P. microphylla, P. spruceana*	Wuchs krautartig, schnellwachsend, auch für Ampeln; Blüte nur bei *P. spruceana* bemerkenswert	Stecklinge
Mottenkönig *Plectranthus fructicosus*	Wuchs aufrecht, Blätterduft soll Motten vertreiben, Blüte kerzenartig, unscheinbar	Stecklinge, Frühjahr bis Sommer
Saumfarn *Pteris,* in mehreren Arten und Sorten	aufrechtwachsende, niedrigbleibende Farne mit zum Teil feingekrausten Wedelspitzen, auch weißbunte Sorten	Sporen auf feuchten Torf säen
Kap-Wein *Rhoicissus capensis*	starkwachsend, hochrankend, rundliche behaarte Blätter	Stecklinge, Frühjahr bis Sommer
Judenbart *Saxifraga stolonifera* 'Tricolor'	Wuchs hängend, schöne Ampelpflanzen, Blätter bei der Sorte 'Tricolor' weiß und rosa gefleckt, weiße, aufrechte Blütentrauben	durch kleine mit Wurzeln versehene Pflänzchen

Schopflilie, *Eucomis punctata.*

Veltheimia capensis.

Name	**Wachstumsart und Blüte**	**Vermehrung**
Moosfarn *Selaginalla kraussiana*	Wuchs kriechend, Sorte 'Aurea' mit gelben, bei 'Variegata' mit weißbunten Blättchen	Teilung und Abtrennen bewurzelter Teile
Aschenblume *Senecio-Cruentus-*Hybriden	Wuchs aufrecht, prächtige Blütenpflanze, Blüten bei vielen Sorten mit Farben von großer Leuchtkraft	Samen
Bubiköpfchen *Soleirolia soleirolii*	klein, kriechend, auch als Ampelpflanze, mit hell-, dunkelgrünen oder gelben Blättchen	Teilung, Einpflanzen von Teilstückchen
Zimmerlinde *Sparmannia africana*	Wuchs aufrecht, mit behaarten Blättern, Zimmerbaum, Blüte weiß, innen gelb	Samen, Triebstecklinge im Frühjahr und Sommer
Paradiesvogelblume *Strelitzia reginae*	Wuchs aufrecht, mit sehr großen harten Blättern. Braucht viel Platz um sich herum. Blüten orange und himmelblau, Blattscheide grün-rot, sehr auffallend	Teilung

Name	**Wachstumsart und Blüte**	**Vermehrung**
Küken auf der Henne *Tolmiea menziesii*	breitwachsend, mit langgestielten Blättern, in deren Mitte sich kleine Pflänzchen bilden	Teilung
Hanfpalme *Trachycarpus fortunei*	Wuchs aufrecht, hoch- und dichtwachsend; Blüte gelb, klein, in vielen, bis 50 cm langen Rispen	Samen
Veltheimie *Veltheimia capensis*	Wuchs aufrecht, Zwiebelgewächs mit grünen, gewellten Blättern, Blüte hellrot, hellgrün	Seitenzwiebeln, blühen nach 2 bis 3 Jahren
Zimmerkalla *Zantedeschia,* in Arten und Sorten	Knollengewächs, Blüte bei *Zantedeschia aethiopica* weiß, *Z. elliottiana* gelb, auch rosafarbene Sorte siehe Kapitel »Blumenzwiebeln und Knollen«	Teilung oder Seitenknollen
Yucca, *Yucca elephantipes*	stammbildende Art mit vielen Seitentrieben und locker aufgebautem Blattwerk	Kopfstecklinge, Seitensprosse, Stammstücke/10 cm Mindestlänge

Pflanzen für temperierte Häuser

(Temperaturen von 14 bis 16°C)

Einige der auf den nächsten Seiten genannten Pflanzen wachsen und blühen auch bei höheren Temperaturen. Die Angabe 14 bis 16°C stellt nur eine Richtzahl für optimale Lebensbedingungen dar, was auch bedeutet, daß man unter Warmhausbedingungen auf einige Gewächse, wie zum Beispiel Haarfarn *(Adiantum)*, Grünlilie *(Chlorophytum)* oder Zierpfeffer *(Piper)* nicht zu verzichten braucht.

Die Pflanzenauswahl für das temperierte Gewächshaus ist groß, so daß sich hier viele Pflanzenwünsche erfüllen lassen. Außerdem liegt es in einem Temperaturbereich, der die Kosten für die Heizung in Maßen hält. In diesem Haustyp herrscht in den kühlen Jahreszeiten kein Wachstumsstillstand. Diese Temperaturen lassen auch im Winter einen Aufenthalt für Pflegearbeiten zu.

Oben rechts: *Cycas revoluta.*
Mitte: *Nephrolepis exaltata.*
Unten rechts: *Philodendron melanochrysum.*
Unten links: *Scadoxus multiflorus* ssp. *katharinae.*

Pflanzen für temperierte Häuser

Name	Wachstum und Blüte	Vermehrung
Haarfarn *Adiantum*, in Arten und Sorten	lockere, zarte Wedel	Sporen auf feuchten Torf säen
Zierspargel *Asparagus setaceus, A. densiflorus* 'Sprengeri' (besser bei 8 bis 16° C)	hängend oder kletternd, Blüte weiß	Samen, ältere Pflanzen teilen
Schusterpalme, weißbunte *Aspidistra elatior* 'Variegata'	aufrecht mit weißen Streifen und Bändern, Blüten bräunlich-violett direkt aus der Erde	Teilen beim umtopfen
Nestfarn *Asplenium nidus*	Wuchs aufrecht, große ungeteilte Wedel	Sporen auf feuchten Torf säen
Strauch- und Blattbegonien wie *Begonia-Rex*-Hybriden, *B.* × *credneri*	meist aufrecht wachsend, viele Arten mit schönen Blättern und Blüten	Blattstecklinge, Kopfstecklinge
Zimmerhopfen *Beloperone guttata*	Wuchs aufrecht, Blüte bräunlichrot, hopfenähnlich	Stecklinge: je 2 in einen Topf
Rippenfarn *Blechnum gibbum*	Wuchs aufrecht, einfach gefiedert, später Stämmchen bildend (Baumfarn)	Sporen auf feuchten Torf säen
Bromelien viele Arten und Sorten der Gattungen *Aechmaea, Billbergia, Nidularium, Tillandsia*	meist mit ungewöhnlich schönen, lange haltbaren Blüten und interessant gefärbten Blättern	Kindel
Grünlilie *Chlorophytum comosum*	hängend, Blüte weiß, sternenförmig	Abtrennen der jungen Pflanzen
Rautenblättrige Klimme *Cissus rhombifolia*	hängend, schnellwachsend	Stecklinge
Losblume *Clerodendrum thomsoniae*	Wuchs aufrecht bis kletternd, Blüte rot mit weiß	Stecklinge (müssen etwas holzig sein)

Name	Wachstum und Blüte	Vermehrung
Clivie *Clivia miniata* (auch bei 10 bis 16° C)	Wuchs aufrecht, Blüte leuchtendorange-rot	Abrennen der Seitensprosse
Buntnessel *Coleus-Blumei*-Hybriden in vielen Sorten	Wuchs aufrecht, kunterbunte Blätter	Stecklinge, Samen
Kolumnee *Columnea* in Arten und Sorten	Wuchs hängend bis halb aufrecht, Ampelpflanze, Blüte rot, orange, gelb	kurze Triebstücke
Cycas-Palme *Cycas revoluta*	steife, gefiederte, lange Wedel	Seitentriebe
Zypergras *Cyperus alternifolius* (auch bei 10 bis 20° C)	Wuchs aufrecht, palmenähnlich, Sumpfpflanze, Gräserblüten an Quirlen	Stecklinge aus Blattquirlen
Dipteracanthus devosianus D. portellae (früher *Ruellia*)	Wuchs breit, mit grünlichen oder bräunlichen, weißgeaderten, kleinen Blättern; Blüte weiß oder rosa	Triebstecklinge im Frühjahr
Fingeraralie *Schefflera elegantissima* (auch bei 14 bis 18° C)	Wuchs aufrecht, buschig, Blüte klein, blau, auch weiß, unermüdlich blühend	Veredlung (schwierig)
Blaues Lieschen *Exacum affine*	Wuchs aufrecht, buschig, Blüte klein, blau, unermüdlich blühend	Samen, Stecklinge
Gummibaum *Ficus*, alle Arten außer *F. deltoidea*	Wuchs je nach Art aufrecht, hängend oder kletternd, mit kleinen bis großen Blättern	Stecklinge, am besten in Wasser stecken
Baumwolle *Gossypium herbaceum*	Wuchs aufrecht, strauchartig, bis 150 cm hoch, Blüte hibiscusähnlich, weiß mit gelbem Schlund	Samen
Australische Silbereiche *Grevillea robusta* (auch 10 bis 16° C)	Zimmerbaum mit schönen, doppelt gefiederten Blättern	Samen
Gynure *Gynura aurantiaca*	Schlingpflanzen mit reizvollen, behaarten, violett schimmernden Blättern, Blüte gelb, unscheinbar	Stecklinge

Name	Wachstum und Blüte	Vermehrung
Elefantenohr *Haemanthus albiflos*, Blutblume *Scadoxus multiflorus* ssp. *katharina*	Wuchs aufrecht, *H. albiflos* mit breiten, behaarten, *H. katharinae* mit hellgrünen, gewellten Blättern, Blüte von *H. albiflos* mit weißen und gelben Staubbeuteln, *Scadoxus multiflorus* blüht leuchtendrot mit ebenfalls roten Griffeln und Staubfäden	Abtrennen der Seitentriebe
Roseneibisch *Hibiscus rosa-sinensis* in Sorten (auch 14 bis 20°C)	Wuchs strauchartig, aufrecht, Blüte groß, trichterförmig, einfach, gefüllt, gelb, rosa bis leichtendrot	Stecklinge
Amaryllis, Ritterstern *Hippeastrum*-Hybriden	Wuchs aufrecht, Knollenpflanze, riesige Blüten in Weiß, Rosa, Rot, gestreift, gesternt	Abtrennen der Seitenzwiebeln
Kentiapalme *Howeia belmorena*, *H. forsteriana*	Wuchs aufrecht, weiche, elegante Fiederblätter	Samen
Wachsblume *Hoya carnosa*	hängend (Ampelpflanze), Blüte weißlich, duftend	Stecklinge (Triebspitzen)
Schönhäutchen *Hymenocallis narcissiflora*	Wuchs aufrecht, Zwiebelpflanze, schneeweiße, ungewöhnlich elegante Blüten	Abtrennen der Brutzwiebeln
Kußmäulchen *Hypocyrta glabra*	Wuchs halbaufrecht bis hängend, Blüte orangerot	Stecklinge von Triebspitzen 3 bis 5 je Topf, im Sommer
Jacobinie *Jacobinia carnea*, *J. pauciflora* (auch bei 12 bis 15° C)	Wuchs aufrecht, Blüte rosa, lachsrosa, gelbrot	Stecklinge
Fensterblatt *Monstera deliciosa* (auch bei 10 bis 20° C)	Zimmerbaum, aufrecht, große geschlitzte oder gelöcherte Blätter, bei alten Pflanzen weiße Blüten mit gelblichen Kolben	Triebenden am besten mit Luftwurzeln
Schwertfarn *Nephrolepis*, in Arten und Sorten	Wuchs aufrecht, mehr in die Breite als in die Höhe wachsend, je nach Art und Sorte verschieden gefiederte Wedel	Sporen auf feuchtem Torf säen, Teilung
Orchideen in den schönsten Arten und Sorten	siehe Kapitel »Orchideen« Seite 118.	

Name	Wachstum und Blüte	Vermehrung
Baumfreund *Philodendron*, alle grünblättrigen Arten	zahlreiche kletternde Arten mit unterschiedlichen Blattformen, Blüte grünlich, weiß, rötlich bis dunkelbraunrot	Kopfstecklinge, Teilstücke
Schefflera *Schefflera actinophylla*	Wuchs aufrecht, handförmig geteilte Blätter, Blüte nur bei alten Pflanzen	Samen, auch Abmoosen möglich
Frauenhaargras *Scirpus cernuus*	runde Büsche mit elegant überhängenden Halmen, kleine, erst braune dann weiße Blütenährchen	Aussaat, Teilung
Friedenslilie, Einblatt *Spatiphyllum*-Hybriden	aufrecht wachsend mit weißen, fahnengleichen, ganzjährig erscheinenden Hochblättern	Wurzelballen teilen
Jakobslilie *Sprekelia formosissima*	Wuchs aufrecht, Zwiebelgewächs, Kultur wie Amaryllis, Blüte wunderschön geformt, rot	Seitenzwiebeln
Kranzschlinge *Stephanotis floribunda*	Schlingpflanze mit langen Trieben, ähnlich *Hoya*, nur größer, Blüte weiß, wohlriechend	Stecklinge (Triebe nicht zu weich)
Drehfrucht *Streptocarpus*-Hybriden	Wuchs aufrecht, Blütenpflanze, wunderschöne, große Trichterblüten in vielen Farben, lange Blütezeit	Aussaat oder Blattstecklinge im Sommer
Tonkingwein *Tetrastigma voinierianum*	stark wachsende Kletterpflanze mit großen, kastanienähnlichen Blättern	Stecklinge (kurze Triebe), auch Blattstecklinge
Tradeskantie *Tradescantia*, in Arten und Sorten	Wuchs hängend, kriechend mit je nach Art und Sorte unterschiedlich gefärbten und gestreiften Blättern, gut für Ampeln, Blüte weiß	Stecklinge zu mehreren in einem Topf
Zebrakraut *Tradecantia pendula*, in Arten und Sorten	Wuchs hängend, kriechend, mit unterseits roten, oben dunkelgrünen nach Art und Sorte weiß oder rosa Streifen, auch rötlich-violetten Blättern	Teilung, Ausläufer

Name	Wachstum und Blüte	Vermehrung
Moosfarn *Selaginalla kraussiana*	Wuchs kriechend, Sorte 'Aurea' mit gelben, bei 'Variegata' mit weißbunten Blättchen	Teilung und Abtrennen bewurzelter Teile
Aschenblume *Senecio-Cruentus*-Hybriden	Wuchs aufrecht, prächtige Blütenpflanze, Blüten bei vielen Sorten mit Farben von großer Leuchtkraft	Samen
Bubiköpfchen *Soleirolia soleirolii*	klein, kriechend, auch als Ampelpflanze, mit hell-, dunkelgrünen oder gelben Blättchen	Teilung, Einpflanzen von Teilstückchen
Zimmerlinde *Sparmannia africana*	Wuchs aufrecht, mit behaarten Blättern, Zimmerbaum, Blüte weiß, innen gelb	Samen, Triebstecklinge im Frühjahr u. Sommer
Paradiesvogelblume *Strelitzia reginae*	Wuchs aufrecht, mit sehr großen harten Blättern. Braucht viel Platz um sich herum. Blüten orange und himmelblau, Blattscheide	grün-rot, sehr auffallend

Name	Wachstum und Blüte	Vermehrung
Küken auf der Henne *Tolmiea menziesii*	breitwachsend, mit langgestielten Blättern, in deren Mitte sich kleine Pflänzchen bilden	Teilung
Hanfpalme *Trachycarpus fortunei*	Wuchs aufrecht, hoch- und dichtwachsend; Blüte gelb, klein, in vielen, bis 50 cm langen Rispen	Samen
Veltheimie *Veltheimia capensis*	Wuchs aufrecht, Zwiebelgewächs mit grünen, gewellten Blättern, Blüte hellrot, hellgrün	Seitenzwiebeln, blühen nach 2 bis 3 Jahren
Zimmerkalla *Zantedeschia*, in Arten und Sorten	Knollengewächs, Blüte bei *Zantedeschia aethiopica* weiß, *Z. elliottiana gelb*, auch rosafarbene Sorte siehe Kapitel »Blumenzwiebeln und Knollen«	Teilung oder Seitenknollen
Yucca *Yucca elephantipes*	Stammbildende Art mit vielen Seitentrieben und locker aufgebautem Blattwerk	Kopfstecklinge, Seitensprosse, Stammstücke/10 cm Mindestlänge

Aschenblumen (Cinerarien)

Pflanzen für Warmhäuser

(Temperaturen von 18 bis 20°C)

In diesen Gewächshäusern kann so etwas wie die »Elite« interessanter und blütenschöner Pflanzen heranwachsen, die nicht immer nur zur Familie der Orchideen gehören müssen. Außerdem fühlen sich ohnehin viele prächtige Orchideen in temperierten oder kalten Häusern noch wohler. Die folgende Zusammenstellung kann beliebig erweitert werden.

So kann man im Warmhaus das Wachstum auch solcher Gewächse erleben, die sonst nur in Botanischen Gärten oder in subtropischen und tropischen Regionen gedeihen.

Für die Vermehrung empfiehlt sich auf jeden Fall ein heizbares Vermehrungsbeet, um die gewünschte, meist recht hoch liegende Bodenwärme zu erzielen. Bei einigen Pflanzen ist sonst der Vermehrungserfolg in Frage gestellt.

Oben rechts: *Aeschynanthus radicans.*
Mitte: *Platycerium bifurcatum* var. *bifurcatum.*
Unten rechts: *Acalypha hispida.*
Unten links: *Episcia reptans.*

Pflanzen für Warmhäuser

Name	Wachstum und Blüte	Vermehrung
Fuchsschwanz *Acalypha*, in Arten und Sorten	Wuchs aufrecht mit grünen oder braun bis schwarzrot gefleckten Blättern, leuchtendrote, herabhängende »Fuchsschwanz«-Blüten	Samen, Stecklinge im Frühjahr im geheizten Vermehrungsbeet
Schiefteller *Achimenes*-Hybriden	Wuchs aufrecht, bis 30 cm hoch, schiefstehende, hübsche Blüten in weißen, blauen, rosa und roten Farben	Durch Abtrennen und Teiler der Schuppenknöllchen
Haarfarn *Adiantum*, in Arten und Sorten	Wuchs aufrecht, locker, Farn mit zarten, im Austrieb rötlichen Blättern	Sporen auf feuchten Torf säen
Aeschynanthe *Aechynanthus*, in Arten und Sorten	herabhängend, schöne Ampelpflanzen mit kleinen, dicklichen Blättern, herrliche Blüten in verschiedenen Rottönen und andersfarbigem Kelch	Triebspitzen von Mai bis Juni
Kolbenfaden *Aglaonema*, in Arten und Sorten	Wuchs aufrecht, mit hübschen, silbergrauen, weiß- oder gelblich-weiß gefleckten Blättern	Stecklinge oder Teilung
Allamanda *Allamanda*, in Arten, Varietäten und Sorten	Wuchs steif aufrecht, Klettersträucher, je nach Art schwach oder stark wachsend, große hell- bis goldgelbe Blüten	Stecklinge im Frühjahr (Bodentemperatur 24 bis 27° C)
Alocasie *Alocasia*, in Arten	Wuchs aufrecht, mit meterhohem Stamm und gleichlangen Blattstielen. Blätter in verschiedenen interessanten Farben, zum Teil auch weißen Bändern um die Hauptader, gehören zu den schönsten und größten Blattpflanzen	durch Ausläufer (Bodentemperatur 24 bis 27° C)
Kleine Flamingoblume *Anthurium-Scherzerianum*-Hybriden	aufrechtwachsende Blütenpflanze, Blüte rot, rosa, weiß oder rot-weiß gesprengelt	Samen, Teilung älterer Pflanzen
Glanzkölbchen *Aphelandra*, in Arten und Sorten	Wuchs aufrecht, manche mit buntgeaderten Blättern und schöner Blattzeichnung, Blüte gelb, leuchtendrot	Stecklinge (Bodentemperatur 25 bis 30° C)

Name	Wachstum und Blüte	Vermehrung
Spitzblume *Ardisia crenata*	Wuchs aufrecht, niedrige, strauchartige, korallenrote Beeren in großer Zahl, Blüte rosa, weiß	Stecklinge im Frühjahr (Bodenwärme 20 bis 25° C)
Zierspargel *Asparagus setaceus*	Wuchs aufrecht, klettert als ältere Pflanze, Blüte weiß mit orangen Staubbeuteln	Samen, ältere Pflanzen durch Teilung
Bromelien wie *Cryptanthus*, *Guzmania*, *Neoregelia*, *Nidularium*, *Vriesea*, in Arten und Sorten	Wuchs aufrecht, terrestrisch, aber auch epiphytisch wachsend mit starren oder weichen, rosettenartig angeordneten Blättern, herrlich gefärbte Hochblätter und interessante Blüten	Kindel (= Seitensprosse)
Brunfelsie *Brunfelsia pauciflora* var. *calycina*	Wuchs aufrecht, mit dunkelgrünen, ledrigen Blättern, Blüte leuchtendblau, am Ende der Triebe sitzend	Stecklinge im Frühjahr (Bodentemperatur 25° C)
Buntwurz *Caladium*-Hybriden	Wuchs aufrecht, mit großen oder kleinen, pfeilförmigen, herrlich gefärbten, feinen, fast durchsichtigen Blättern. Schönste Blattpflanzen mit vielen Sorten, weiße bis rötliche Aaronstabblüten	Seitenknöllchen beim Umpflanzen abnehmen
Korbmarante *Calathea makoyana*, *C. zebrina*	aufrechtwachsend, mit wunderschön gefärbten und gezeichneten Blättern	durch Teilen und Ableger
Grünlilie *Chlorophytum comosum* (auch bei 10 bis 20° C)	herabhängend, auch Ampelpflanze mit weißgerandeten, grasartigen Blättern, Blüte weiß	Abtrennen der jungen Pflänzchen
Buntblättrige Klimme *Cissus discolor*	kletternd, hängend, mit exotischen, wunderschönen, bunten Blättern	Stecklinge von April bis Juni (Bodenwärme 25° C)
Wunderstrauch *Codiaeum*, in vielen Sorten	Wuchs aufrecht, mit verschieden geformten, farbenprächtigen Blättern in vielen Farbnuancen und unterschiedlich gefärbten Blattadern	Stecklinge im Frühjahr (Bodenwärme 25 bis 30 ° C)

Name	Wachstum und Blüte	Vermehrung
Kolumnea *Columnea,* in mehreren Arten und Sorten	Wuchs hängend, schöne Ampelpflanze, Blüte rot, orange, gelb	Kurze Triebstecklinge
Keulenlilie *Cordyline fruticosa*	kleine Bäumchen mit langen und breiten, rotgerandeten, je nach Sorte unterschiedlich gefärbten Blättern	Stecklinge oder Stamm (Bodenwärme 22 bis 27° C)
Papyrusstaude *Cyperus haspan, C. papyrus*	Wuchs aufrecht, *C. haspan* wird nur 30 bis 50 cm hoch mit steifen Stielen und einen Schopf fadenförmiger Blätter, *C. papyrus* mit langen Stengeln, herabhängenden Blättern und großen Blütendolden	*C. haspan* durch Schopfstecklinge, *C. papyrus* durch Samen oder Teilung
Davallie, *Davallia mariesii*	tropische Farnart, wachsen wie Platycerium an Ästen oder Rinden (nicht im Topf!)	durch Teilung
Dichorisandra *Dichorisandra reginae*	Wuchs niedrig, kriechend oder hängend (ähnlich *Zebrina*) mit metallisch glänzenden Blättern und silbergrau gestreiften Rändern, Blüte blauviolett	Stecklinge im Frühjahr und Sommer
Dieffenbachie *Dieffenbachia,* in mehreren Arten und Sorten mit verschieden gefärbten Blättern	Wuchs aufrecht, stammbildend, je nach Art und Sorte grüne Blätter mit weißgrauen, weißgelben Flecken oder Sprenkeln, Aaronstab-Blüten an älteren Pflanzen	Kopf- und Stammstecklingen (Bodentemperatur 25° C)
Dipladenie *Dipladenia,* in mehreren Arten und Sorten	Schlingstrauch, bis 200 cm hoch, weiße, wohlriechende, rosa oder purpurrote Blüten	Stecklinge im Frühjahr (Bodentemperatur 25° C)
Fingeraralie *Schefflera elegantissima, Schefflera veitchii* (früher *Dizygotheca*) 'Gracillima'	Wuchs aufrecht, rötlichbraune, fein zerteilte, gezackte Blätter, die bei *Sch. v.* 'Gracillima' besonders fein geschlitzt sind, beide wachsen langsam	Veredlung (schwierig), auch Aussaat

Name	Wachstum und Blüte	Vermehrung
Drazänen, buntblättrige *Dracaena deremensis,* in Sorten *D. fragrans, D. sanderiana, D. surculosa*	Wuchs aufrecht, je nach Art und Sorte mit breiten, weißen Mittelstreifen (*D. deremensis* 'Bausei'), mit mehreren weißen Streifen (*D. deremensis* 'Warneckii') auf einem Blatt. Die Sorten von *D. fragrans* haben gelbliche Mittel- oder Randstreifen, *D. surculosa* ziert mit kleinen gelbpunktierten Blättern, die kleinste, *D. sanderiana,* mit gelben Bändern an den Blatträndern	Stecklinge
Efeutute *Epipremnum aureum* (früher *Scindapsus aureus*)	kletternd, hängend (Ampelpflanze), mit je nach Sorte gelb oder weißgestreiften Blättern. Die Sorte 'Marble Queen' hat fast weiße Blätter	Triebstücke mit Luftwurzeln
Episcie *Episcia,* in Arten und Sorten	kriechend, ausläuferbildend, je nach Art und Sorte mit silbrig geaderten oder getuschten, samtweichen Blättern, bei *E. cupreata* mit rötlichen Blattunterseiten, Blüte rot	an Ausläufern bilden sich fertige Pflanzen
Mistel-Feige *Ficus deltoidea*	Wuchs aufrecht (bis 80 cm hoch), stark verzweigt, mit lederartigen, kleinen Blättern, langsamwachsend, sehr zierend die erbsengroßen, gelblichen Feigen, die den ganzen Strauch bedecken	Stecklinge (Bodenwärme 25° C)
Fittonie *Fittonia,* in Arten und Sorten	Wuchs niedrig, schöne Blattpflanzen mit weiß- oder rotgerandeten Blättern	Stecklinge im Frühjahr und Sommer (schattig halten)
Gardenie *Gardenia jasminoides,* in Sorten	Wuchs aufrecht, mit glänzend grünen Blättern, Blüte stark duftend, weiß, einfach oder gefüllt	Stecklinge im Frühjahr (Bodentemperatur 25° C)
Prachtlilie *Gloriosa superba*	kletternd, Knollenpflanze, an Spalier binden, Blüte gelb mit rot, am Rande nur leicht gewellt, wird oft als »Orchidee« angesehen	Knollenteilung oder neue Knollen, die sich an den alten bilden

Name	Wachstum und Blüte	Vermehrung
Hemigraphis *Hemigraphis alternata, H. repanda*	Wuchs kriechend, auch hängend, schöne Ampelpflanze mit oberseits glänzenden, silbrig-grau-grünen, violett schimmernden Blättern, Blüte weiß	Stecklinge (Bodentemperatur 25° C)
Laternen-Eibisch *Hibiscus schizopetalus*	Wuchs aufrecht, strauchartig, Blüte lachsrot mit geschlitzten Blütenblättern, an langen Stielen wie Laternen hängend	Stecklinge im Frühjahr
Schönhäutchen *Hymenocallis narcissiflora*	Wuchs aufrecht, Zwiebelpflanzen, Blüte weiß, ungewöhnlich schön, elegant	Abtrennen der Brutzwiebeln
Hypoestes *Hypoestes*	Wuchs strauchartig (bis 50 cm), reich verzweigt, dunkelgrüne Blätter mit roten Adern und Punkten	Stecklinge oder Aussaat
Ixore *Ixora coccinea,* in Sorten	Wuchs strauchartig, aufrecht (bis 75 cm hoch), Blüte je nach Sorte mit lachsrosa bis orangeroten Blüten	Triebstecklinge im Frühjahr (Bodentemperatur 25 bis 30° C)
Jacaranda *Jacaranda mimosifolia*	aufrechtwachsend, baumartig wie *Grevillea,* die feingeschlitzten Blätter erinnern an Mimosen (bis 200 cm hoch)	Aussaat im Frühjahr (Bodentemperatur 25° C)
Kohleria *Kohleria*-Hybriden	Wuchs aufrecht, (25 bis 40 cm), weichbehaarte Blätter, Blüte glockenartig, lebhaft punktiert, außen und innen verschiedenfarbig	Teilung der schuppenartigen Wurzeln
Maranta *Maranta leuconeura,* in Sorten	niederliegend (20 cm), mit grünen, dunkelbraunen und tiefgrünen Flecken ('Kerchoveana'). Bei der Sorte 'Massangeana' sind die Blätter olivgrün und silbergrauen Blattnerven, Blüte weiß	Teilung, am besten beim Umtopfen
Medinilla *Medinilla magnifica*	Wuchs aufrecht, bis 200 cm hoch, große grüne Blätter 50 cm lange, hängende, lachsrosa Blütenstände	Samen Stecklinge (Bodentemperatur 25° C)

Name	Wachstum und Blüte	Vermehrung
Sinnpflanze *Mimosa pudica*	Wuchs aufrecht, mit feingefiederten Blättern, Spitze nicht abschneiden (Pflanze verzweigt sich sonst nicht) Blüte lilarosa	Samen (Aussaat im Februar/März, Bodenwärme 20° C)
Kannenpflanze *Nepenthes,* in Arten	kletternd, hängend, »Fleischfressende« Pflanze mit je nach Art verschieden große Kannen, die an langen Blattranken sitzen, wachsen nur bei hoher Temperatur und Luftfeuchtigkeit zufriedenstellend	Vermehrung siehe Kapitel »Fleischfressende Pflanzen« Seite 125
Nicodemie *Buddleja indica,* früher *Nicodemia*	Wuchs aufrecht, breit, eichenlaubähnliche Blätter	weiche Triebstecklinge
Passionsblume *Passiflora racemosa*	Wuchs kletternd, siehe auch *P. caerulea,* Triebe bis zu 100 cm im Jahr; Blüte leuchtendrot, in lockeren Trauben	Stecklinge (brauchen 3 bis 4 Wochen zum Bewurzeln)
Pfeffergesicht *Peperomia,* in Arten und Sorten	Wuchs je nach Art und Sorte aufrecht, kriechend oder hängend (Ampelpflanze) meist dickfleischige Blätter, grün, weißbunt, braunrot, auch silbriggrau gestreift	bunte Arten durch Triebstecklinge, grüne auch durch Blattstecklinge
Baumfreund *Philodendron,* in zahlreichen Arten	Wuchs aufrecht, klettern, hängend (Ampelpflanze) mit den verschiedensten, auch bunten Blattformen, einige Arten blühen schon nach 3 Jahren, andere brauchen länger, je nach Art weiß, grünlich, rötlich, dunkelbraunrot	Kopfstecklinge, auch Teilstücke mit Luftwurzeln (Bodentemperatur 20 bis 25° C). Auch Samen
Zierpfeffer *Piper crocatum, P. ornatum*	kriechend oder kletternd, mit herzförmigen, unten rot-oben grüngeaderten Blättern (*P. crocatum*), *P. ornatum* mit rostfarbenen Flecken	Stecklinge im Mai/Juni (Bodenwärme 20 bis 25° C)
Geweihfarn *Platycerium,* in mehreren Arten	epiphytisch, als Aufsitzer an Korkrinde, Epiphytenstamm, Aststücke oder Körbchen, auch in Blumentöpfen, mit geweihförmigen, filzig behaarten bis glatten Blättern	Kindel, Sporen

Name	Wachstum und Blüte	Vermehrung
Fiederaralie, *Polyscias scutellaria*	aufrechtwachsend, mit rundlichen, marmorierten oder hellrandigen Blättern	durch möglichst frisches Saatgut
Rechsteinerie *Sinningia cardinalis*, früher *Rechsteineria*)	Wuchs aufrecht, mit samtgrünen, weichen, starkbehaarten Blättern, (Blütenpflanze), Blüte scharlachrot, röhrenförmig	Aussaat, Teilung großer Knollen im Frühjahr auch Blattstecklinge
Tradescantia spathacea, früher *Rhoeo*	Wuchs buschig (30 cm), reich verzweigt, schöne Blattpflanze mit zweifarbigen, oben dunkelgrünen, unten blauvioletten Blättern, schnellwachsend, taschenförmige, weiße Blütenstände am Stamm	Stecklinge von Seitentrieben
Usambaraveilchen *Saintpaulia-Ionantha-*Hybriden in vielen Sorten und Farben	Wuchs breit-aufrecht, Blütenpflanze von hohem Rang, Blüte blau in vielen Abstufungen, auch rosa, weiß, gefüllt, zweifarbig und solche mit gekräuselten Blütenblättern	Blattstecklinge
Sanchezie *Sanchezia nobilis*	Wuchs aufrecht, ähnlich der *Aphelandra*, mit wunderschönen, länglichen Blättern, die entlang der Blattnerven goldgelb gestreift sind, Blüte safrangelb	Stecklinge im Mai/Juni (Bodenwärme 20° C)
Bogenhanf, *Sansevieria trifasciata* und Varietäten	steif aufrechtwachsend, breite, bei der Varietät 'Laurentii' mit gelbem Randstreifen versehene fleischige Blätter, süß duftende weiße Blüten	durch Teilung der Rhizome
Gefleckte Efeutute *Scindapsus pictus* 'Argyraeus'	Wuchs kletternd (am schönsten), hängend (Ampelpflanze), kleine, schwarzgrüne Blätter mit silbrigem Rand und viele kleine, silbrige Blätter (siehe auch *Epipremnum aureum*)	Triebstücke mit Luftwurzeln
Helmkraut, *Scutellaria costaricana*	strauchartig wachsend, niedrig, leuchtend orangefarbene Blüten	zurückgeschnittene Triebspitzen

Name	Wachstum und Blüte	Vermehrung
Moosfarn *Selaginella*, in Arten und Sorten	Wuchs kriechend oder aufrecht, farnähnlich verzweigt. Grüne Blätter, je nach Art und Sorte gelbgefärbt und weißbunte oder gelbbunte Spitzen oder blau irisierend	Teilung oder Abtrennen bewurzelter Triebe
Gloxine *Sinningia-*Hybriden	Wuchs aufrecht, Knollengewächse mit weichbehaarten Blättern, viele Sorten mit aufrechten, großen Blättern in vielen leuchtenden Farben	Aussaat, Blatt- und Triebstecklinge, auch Anzucht aus Trockenknollen möglich
Smithianthe *Smithiantha-*Hybriden	Wuchs aufrecht, schöne Blütenpflanze mit braunroten oder grünen, samtig behaarten Blättern, Blüte gelb, rosa, rot, innen heller mit dunklen Punkten	Teilung der Rhizome
Sonerile *Sonerila margaritacea*	Wuchs aufrecht (bis 30 cm), verzweigt, mit reizvoll geaderten und gefleckten Blättern, bei der Sorte 'Argentea' silbrig gefleckt, Blüte lilarosa	Stecklinge im Frühjahr (Bodentemperatur 25° C)
Drehfrucht *Streptocarpus-*Hybriden, in vielen prächtigen Farben	Wuchs aufrecht, elegante, weiße, rosa, hellblaue bis violette Blüten auf langen Blütenstielen, Dauerblüher, Blätter länglich-oval, fast runzlich und stengellos	Samten, auch Blattstecklinge im Sommer
Stromanthe *Stromanthe sanguinea*	aufrechtwachsend, bis 1 m hoch, Blätter oben grün, unten blutrot, länglich	Kopfstecklinge
Purpurtute *Syngonium*, in Arten und Sorten	Wuchs kletternd oder kriechend mit grünen, auch weiß geaderten oder getuschten oder gelblichgrünen Blättern, grünliche Aaronstabblüten, am Grund der Blütenscheide purpurrot	Triebstecklinge mit Luftwurzeln

Aussaat von Zimmer- und Kübelpflanzen

Die Anzucht kann sowohl im Warmhaus als auch im temperierten Haus erfolgen. Zu empfehlen ist die Aussaat in einem geheizten Warmbeet (WB) mit optimalen Temperaturen von +18° C bis 30° C. Im Durchschnitt genügen etwa +25° C. Bewährt haben sich für diese Zwecke Heizkabel oder die ähnlich wirkenden runden Heizplatten, die meist in zwei Größen angeboten werden. Bei der starken Erwärmung ist darauf zu achten, daß die Aussaatschale während der Keimzeit nie austrocknet. Das kann Folgen haben.

Name	**Warmhaus**	**Aussaatzeit**	**Optimale Temperatur in °C**	**Keimdauer Tage**	**Besonderheiten**
Zierspargel *Asparagus densiflorus* 'Sprengeri'	Warmhaus (WB)	Januar bis April	21–24	25–35	Samen sofort aussäen
Zierspargel *Asparagus setaceus*	Warmhaus (WB)	Januar bis April	21–24	25–35	24 Stunden vorquellen in lauwarmen Wasser
Pantoffelblumen *Calceolaria*-Hybriden	temperiertes Haus	Juli bis November	18	15–20	Temperaturen nach dem Jugendstadium niedrig halten (Kalthaus)
Zierpfeffer *Capsicum annuum*	Warmhaus (WB)	Januar bis März	21	14–20	müssen einmal gestutzt werden, z. B. bei Aussaat im Februar, stutzen im Juli
Kaffeebäumchen *Coffea arabica*	Warmhaus (WB)	Februar bis Mai	22–24	20–30	nicht die Geduld verlieren
Crossandre *Crossandra infundibuliformis*	Warmhaus (WB)	Dezember bis Februar	21	20–45	im Warmhaus Jahreskultur möglich
Alpenveilchen *Cyclamen persicum*	Warmhaus (WB)	Juli bis Februar	18–20	18–30	Samen einzeln in Saatbeet stecken, nach dem Auflaufen schattieren
Papyrus *Cyperus involucratus*	Warmhaus (WB)	Februar bis März	20	18–21	staubfeinen Samen gleichmäßig verteilen
Engelstrompete *Datura suaveolens*	Warmhaus (WB)	Januar bis März	20–24	14–21	Samen 1–2 Tage vorquellen
Zierbanane *Ensete ventricosum*	Warmhaus (WB)	ganzjährig	25–30	30–40	Samen vorher mit Feile anrauhen, dann etwa 10 Stunden ins Wasser legen
Blaues Lieschen *Exacum affine*	temperiertes Haus	Dezember bis Mai	18	14–20	Samen nicht mit Erde bedecken, 5 Pflänzchen pro Topf
Aralie *Fatsia japonica*	Warmhaus (WB)	März bis Mai	22–25	18–24	Samen nicht mit Erde bedecken
Lebende Steine *Faucaria, Conophytum, Lithops, Pleiospilos* u. a.	Warmhaus (WB)	Februar bis Mai	20–22	14–21	nach Keimung viel Sonne, wenig Wasser

Name	**Warmhaus**	**Aussaatzeit**	**Optimale Temperatur in °C**	**Keimdauer Tage**	**Besonderheiten**
Tüpfelblatt *Hypoestes phyllostachya*	Warmhaus (WB)	März bis Mai	20	20	Samen leicht mit Torf bedecken
Kakteen z. B. »Königin der Nacht« *(Selenicereus grandiflorus)*, Kugelkakteen *(Echinocactus)*, Zwergkakteen *(Rebutia)*, Warzenkakteen *(Mammillaria)*, Feigenkakteen *(Opuntia)*, Blattkakteen	Warmhaus (WB)	März bis Mai	20–22	sehr unterschiedlich, je nach Art von 3 bis 30 Tagen, *Echinocactus* 4 Wochen, *Cereus* und Opuntien 10–20 Tage	nach Keimung (Erbsengröße) in spezielle Kakteenerde umtopfen
Flammendes Käthchen *Kalanchoe blossfeldiana*	Warmhaus (WB)	ab Januar	20	14–20	Samen nicht mit Erde bedecken
Mimose *Mimosa pudica*	Warmhaus (WB)	Januar bis April	20	14–20	4 Samen je Topf, Pflanzen nie zurückschneiden
Passionsblume *Passiflora caerulea*	temperiertes Haus	Januar bis März	18	20–30	Rankgerüst beigeben
Pelargonien *Pelargonium-Zonale*-Hybriden	temperiertes Haus	Dezember bis Januar	21	6–10	Samen nur leicht mit Torf bedecken
Baumfreund *Philodendron*, in Arten und Sorten	Warmhaus (WB)	Februar bis Mai	22–24	18–24	Lichtkeimer! Samen offen auf Saatbeet legen
Bleiwurz *Plumbago auriculata*	Warmhaus (WB)	Januar bis März	22	20–24	Achtung: Samen sind zerbrechlich!
Fliederprimel *Primula malacoides*	temperiertes Haus	Juni bis Juli	18–20	14–25	8 bis 10 Tage dunkel stellen
Becherprimel *Primula obconica*	temperiertes Haus	Dezember bis Februar	18–20	14–20	8 bis 10 Tage dunkel stellen
Usambaraveilchen *Saintpaulia-Ionantha*-Hybriden	Warmhaus (WB)	Oktober bis November	22–25	15–20	Vermehrung durch Blattstecklinge möglich
Schefflera *Schefflera actinophylla*	Warmhaus (WB)	März bis Mai	22–25	18–24	feinen Samen nicht mit Erde bedecken
Cinerarie *Senecio-Cruentus*-Hybriden	temperiertes Haus	Juli bis Oktober	15	7–14	sofort nach dem Aufgehen in kleine Töpfe vereinzeln
Gloxinie *Sinningia*-Hybriden	Warmhaus (WB)	Oktober bis Februar	20–22	14–20	kann auch durch Trockenknollen herangezogen werden
Fächerpalme *Washingtonia filifera*	Warmhaus (WB)	Januar bis März	20–22	30–40	vorher 12 Stunden in warmes Wasser legen

Pflanzenschutz und Pflanzenhygiene

Die günstigeren Lebensfaktoren im Gewächshaus kommen nicht nur den Pflanzen zugute, sondern auch den Schädlingen und Krankheitserregern. Sicherlich verhindern dagegen auch optimale Lebensbedingungen vorbeugend das Auftreten von Schädlingen. Der hierbei bestimmende Faktor ist das Licht, das im Winter meist nicht in ausreichender Menge zur Verfügung steht. Hier helfen zusätzliche Lichtkörper, deren Installation und Unterhaltung nicht gerade billig ist. Um den Pflanzen »kostenloses« Licht zuzuführen, empfiehlt es sich, die Scheiben auf dem Dach und an den Seitenwänden, wo Algenverschmutzung besonders groß ist, zu säubern.
Um schnell zu sauberem Glas oder Kunststoff zu gelangen, verwende man möglichst keine chemischen Mittel, sondern besorge sich im Garten-Center einen Hochdruckreiniger, der schnell für Sauberkeit sorgt.
Im Gewächshaus sollten pflanzenhygienische Maßnahmen selbstverständlich sein. Die Desinfektion von bereits benutzten Pflanzgefäßen vor ihrer Wiederverwendung ist genauso wichtig wie die Desinfektion der Tische und Hänger. Am einfachsten geht das mit Lysol (500 ml/10 l Wasser): Anzuchtgefäße, die bereits vorher mit Wasser gesäubert worden sind, werden 30 Minuten lang in die Brühe getaucht. Tische, Mauerwerk usw. werden ebenfalls – nach einer Vorreinigung mit Wasser – mit einer Lysol-Brühe abgewaschen.
Zum vorbeugenden Pflanzenschutz gehört es auch, regelmäßig und ausreichend zu lüften. Dadurch wird das Auftreten von Pflanzenkrankheiten wie Mehltau und Grauschimmelfäule, wenn nicht gar vermieden, so doch zumindest beträchtlich eingeschränkt, und man

Die Gurken brauchen gute Pflege, sonst machen sie »schlapp«.

vermindert den Einsatz chemischer Mittel.

Desinfektion der Gewächshauserde

Nematoden und Pilze sind es vor allem, die Bodenmüdigkeit, aber auch Krankheiten wie Salatfäule, Schwarzbeinigkeit oder Welkekrankheiten hervorrufen. Ein totales Auswechseln der Mutterbodenschicht und Ersatz durch eine Mischung aus Kompost, Landerde mit Sandzusätzen wäre eine Möglichkeit.

Einfacher geht die Desinfektion mit Spezial-Kalkstickstoff vor sich, der 14 Tage vor der Saat bzw. Pflanzung ausgestreut und in den Boden eingearbeitet wird, und zwar etwa 30–50 g je Quadratmeter. Sofort und gründlich wässern. Aufgepaßt: 40 g Kalkstickstoff entsprechen dem gesamten Stickstoffbedarf fast aller Gemüsearten! Zusätzliche Düngung mit Stickstoff, aber auch mit Kalk (CaO) sollte deshalb bis zur nächsten Ernte unterbleiben.

Saatgutbeizung

Werden die pflanzenhygienischen Maßnahmen konsequent durchgeführt, lohnt sich auch eine Saatgutbeizung. Das Saatgut wird zusammen mit dem Beizpulver in eine Flasche gegeben und gut durchgeschüttelt. Vorsicht, Flasche gut kennzeichnen und nur zum Beizen verwenden!
Als Beizmittel empfiehlt sich das Pilzbekämpfungsmittel Polyram Combi, das für alle Gemüsearten verwendet werden kann. Bei kleineren Samenmengen genügt es, eine Messerspitze Beizmittel gleich in die Samentüte zu geben und ein bißchen zu schütteln.

Wichtig ist das Auswaschen des Bodens im Spätherbst. Dadurch verschwinden schädliche Salzkonzentrationen im Untergrund.

Schädlinge und ihre Bekämpfung

Weiße Fliege

Zu den lästigsten Schädlingen gehört die Weiße Fliege, eine Mottenschildlaus, die zur Gruppe der Blatt- und Schildläuse gehört. Dieses Insekt liebt hohe Temperaturen und nimmt im Gewächshaus meist ab Ende April überhand. Der Entwicklungszyklus der Weißen Fliege ist temperaturabhängig. Er dauert bei 18° C etwa 25 Tage. Ein weibliches Tier legt pro Tag bis 20 Eier, während seiner Lebensdauer 200 bis 400 Stück. Schaden entsteht durch Saugtätigkeit an den Blattunterseiten, die sich durch blattoberseits erkennbare gelbe Sprenkelung bemerkbar macht. Die Bekämpfung der Weißen Fliege war bisher ein Problem. Unwirksamkeit herkömmlicher Insektizide gegen Eier und unbewegliches Larvenstadien des Insekts, die versteckte Lebensweise (blattunterseits) im häufig dichten Pflanzenbestand und die Verteilung der flugfähigen Tiere im ganzen Gewächshaus erforderten häufige Behandlungen in kurzen Abständen. Zu empfehlen ist das nützlingsschonende »Neudosan AF« (AF = anwendungsfertig). Der Handsprüher kann nachgefüllt werden. Daneben gibt es »Neudosan« als Konzentrat, das mit Wasser verdünnt wird. Beide Spritzmittel können auch gegen Blattläuse und Spinnmilben zum Einsatz kommen. Voraussetzung für eine gute Wirkung ist, daß die Schädlinge von dem Sprühstrahl gründlich getroffen werden.
Die Weiße Fliege bevorzugt Tomaten, Melonen, Salat, Paprika, Fuchsien, Pelargonien, Primeln, Lantanen, Hibiscus, Verbenen und andere.

Schwer zu bekämpfen: die Weiße Fliege

Blattläuse

Blattläuse saugen an Blättern und besonders gerne auch an den Triebspitzen. Ganz gleich, ob es sich um grüne, braune, gelbe oder schwarze Arten handelt, man wird sie, wie die Weißen Fliegen, mit Neudosan-Spritzmitteln los. Auch der Anwendungsmodus ist der gleiche.

Blattläuse sind überall anzutreffen.

Ameisen

Ameisen richten auch in Gewächshäusern, in Frühbeeten und auch unter Folien Schaden an. Sie zerbeißen reife Früchte, zarte Blätter, Blütenstiele und was ihnen so schmeckt. Die im Boden ihr Nest anlegenden Arten beeinträchtigen das Wurzelwerk von Pflanzen, besonders in Saatbeeten.
Bei der Bekämpfung lästiger oder schädlicher Ameisenarten führen Maßnahmen, die sich nur gegen die Arbeiterinnen richten, gewöhnlich nur zu Teilerfolgen. Es ist notwendig, die Ameisennester zu ermitteln, um die Königinnen abzutöten, denn diese produzieren laufend Eier, so daß immer wieder neue Tiere erscheinen. Die genaue Lage der Ameisennester kann man feststellen, indem man die Wege der Arbeiterinnen verfolgt. Sie benutzen immer die gleichen zum Nest führenden Ameisenstraßen. Am Abend, wenn alle Arbeiterinnen zu Hause sind, gießt oder streut man insektentötende Mittel in die Nester. Falls die Nester nicht zugänglich sind, muß man sich darauf beschränken, Fraßköder auszulegen. Diese nehmen die Arbeiterinnen auf und schleppen sie ins Nest, um die Königin und die Brut damit zu füttern.
Die Giftködermethode wirkt nicht so durchschlagend wie die Nesterbehandlung. Die dauert länger, weil auch andere Nahrung verfüttert wird und es eine gewisse Zeit in Anspruch nimmt, bis alle Tiere die tödliche wirkende Dosis aufgenommen haben. In Gartenfachgeschäften gibt es verschiedene erprobte Spezialpräparate, die sich zur Bekämpfung von Ameisen bewährt haben.

Honigleckende Ameisen.

Asseln

Gelegentlich gibt es in Gewächshäusern Asseln. Das sind kleine lichtscheue Kerbtiere, die sich tagsüber in dunklen, feuchten Verstecken aufhalten. Erst nachts kommen sie zur Nahrungssuche hervor. Asseln fressen verwesende und verrottende organische Stoffe tierischer und pflanzlicher Herkunft. Doch benagen sie auch frische, zarte und saftige Pflanzenteile wie Wurzeln, Keimlinge, Zwiebeln, Knollen und am Boden liegende Früchte. Asseln können vor allem in warmen Gewächshäusern empfindliche Fraßschäden an Pflanzen anrichten. Das Schadbild ist von dem von Schnecken nicht oder kaum zu unterscheiden. Nur fehlen die für Schnecken typischen Schleimspuren. Sie vermehren sich durch Eier, die, ebenso wie die Jungtiere, von den Weibchen für eine gewisse Zeit in einer Brusttasche getragen werden. Eine wirksame Bekämpfung der Asseln ist durch Ausstreuen von Schneckenkorn-Präparaten möglich. Man kann auch feuchte Lappen als Köder auslegen. Die Tiere sammeln sich hier und können morgens entfernt werden. Als vorbeugende Maßnahmen kommen in Betracht: für peinliche Ordnung und Sauberkeit sorgen, keine verfaulenden Pflanzenteile herumliegen lassen und alte morsche Holzteile entfernen.

Schnecken

Schnecken schädigen ähnlich wie Asseln durch Loch- und Randfraß. Vor allem bevorzugen sie junge Pflanzen und weiche Pflanzenteile. Die nur nachts »tätigen« Schnecken verraten sich durch glänzende Schleimspuren. Gegen die Tiere werden die gleichen Mittel (Schneckenkorn) eingesetzt wie gegen Asseln. Ein wiederholtes Ausbringen dieser Präparate sichert erst den Erfolg. Wer sich nicht scheut, kann die Schnecken auch zu Beginn der Dunkelheit oder am frühen Morgen absammeln und vernichten.

Biologische Schädlingsbekämpfung im Gewächshaus

Bei einer Reihe von Firmen (siehe Bezugsquellen) gibt es sogenannte Nützlinge zu kaufen, die im Gewächshaus zum Einsatz kommen und dort unter bestimmten Bedingungen unter Läusen, Spinnmilben, Weißen Fliegen und anderen Schädlingen ganz schön aufräumen.
Diese Nützlinge, im Profi-Gartenbau erprobt, werden in sogenannten Hobby-Einheiten angeboten. Sie sind bei einem schwachen Schädlingsbefall ausreichend für eine Fläche bis zu 10 m²; die Nematoden-Einheit reicht aus für 6 m² (Erdboden) bzw. 10 m² (Töpfe).

Räuberische Gallmücken

(Aphidoletes aphidimyza), gegen Blattläuse.

Die zierlichen Insekten legen ihre Eier gezielt in Blattlausnähe. Aus den Eiern schlüpfen kleine Larven, die sich ausschließlich von Blattläusen ernähren. Eine Larve kann 20 bis 80 Läuse fressen.
Merke: Tiere beim ersten Auftreten von Blattläusen einsetzen. Die Insekten brauchen für eine optimale Entwicklung Temperaturen zwischen 20 bis 24° C und ein hohe Luftfeuchtigkeit.

Florfliegen *(Chrysopa carnea)*,

gegen Blattläuse, Thripse und andere weichhäutige Insekten.

Auch hier sind es die Larven, auch »Blattlauslöwen« genannt, die sich Läuse und Thripse mit ihren Mundzangen greifen und aussaugen. Jede Larve vertilgt bis zu 500 Läuse.
Merke: Optimal sind für die Entwicklung und Tätigkeit der Tiere Tagestemperaturen von 20 bis 26° C.

Schlupfwespen machen Jagd auf Weiße Fliegen.

Schlupfwespen *(Encarsia formosa)*

gegen Weiße Fliegen.

Sie sind der natürliche Feind der Weißen Fliege. Diese Schlupfwespen-Art legt ihre Eier in die Larven der Schädlinge. Daraus schlüpfen Wespenlarven, die im Innern ihrer Wirte alle Organe aufzehren, so daß diese absterben. Die erwachsenen, ohne Lupe kaum auszumachenden Wespen leben ungefähr 2 Wochen. In dieser Zeit kann ein Weibchen bis zu 50 Larven der Weißen Fliege paratisieren.
Merke: Schlupfwespen beim Auftauchen von Weißen Fliegen sofort aussetzen. Befallene Pflanzen dicht zusammen und hell stellen. Die Temperatur soll mindestens 20° C betragen.

Australische Marienkäfer

(Cryptolaemus montrouzieri)
gegen Woll- und Schmierläuse.

Sowohl der ausgewachsene Käfer als auch die Larven ernähren sich von diesen Schädlingen. Der Käfer kann im Laufe seiner Entwicklung bis zu 250 Wolläuse verspeisen. Seine Larven sind von weißen, wachsartigen Ausscheidungen bedeckt und leicht mit den Beutetieren zu verwechseln.
Merke: Die Gewächshaustemperatur sollte tagsüber 20° C betragen, weil Wärme die Aktivität der Käfer fördert.

Raubmilben *Phyloseiulus persimitis* gegen Spinnmilben und *Amblyseius* spec. gegen Thripse.

Die Nützlinge sind etwa gleich groß wie die Schädlinge, orangerot gefärbt und sehr flink. Sie werden auf Blättern gezüchtet, die man auslegt, sobald sich Schädlinge zeigen. Je früher dies geschieht, um so sicherer ist der Erfolg. Merke: Raubmilben brauchen hohe Luftfeuchtigkeit. Pflanzen deshalb häufig übersprühen.

Parasitäre Nematoden *(Steinerma bibionis)* gegen Trauermücken und deren Larven.

Diese mikroskopisch kleinen Fadenwürmer dringen in den Insektenkörper ein und töten die Larve durch ein für Warmblütler unschädliches Bakterium. Merke: Voraussetzung für einen erfolgreichen Einsatz ist eine gleichmäßige Bodenfeuchtigkeit und eine Bodentemperatur von mindestens 10° C.

Was vor dem Einsatz der Nützlinge zu beachten ist

- Die Pflanzen auf den Beginn des Schädlingsbefalls untersuchen.
- Gelbtafeln oder Gelbsticker helfen bei der Früherkennung fliegender Schädlinge (Weiße Fliegen).
- Nützlinge sofort nach Entdecken der ersten Schädlinge bestellen.
- Kein Einsatz von Nützlingen unmittelbar nach Anwendung von Pflanzenschutzmitteln (Ausnahme: Neudorffs Neudosan).
- Ausbringung der Nützlinge gleich am Ankunftstag.
- Zumindest tagsüber sollte die Temperatur über 18° C liegen.
- Keine chemischen Bekämpfungsmaßnahmen nach Freilassung der Nützlinge.

	Warmhaus	Temperiertes Haus, Kalthaus	Frühbeete, Folien, Vlies
Zimmer-, Balkon- und Kübelpflanzen	Aussaat von Zimmerpflanzen (siehe »Zimmerpflanzen-Aussaat« - Seite 141), Bananen, Exoten und Kübelpflanzen kann beginnen. Am besten in einem beheizten Vermehrungsbeet.	Aussaat von Zimmer- und Kübelpflanzen in geheiztem Vermehrungsbeet.	
Spezialkulturen: Bromelien, Orchideen, Kakteen und andere Sukkulenten, Treiberei	Kakteen: sehr trocken halten. *Rhipsalis* und einige andere Sukkulenten werden gegossen und besprüht. Orchideen: nur vormittags gießen. Temperatur tags 21° C, nachts 18° C bis 21° C.	Kakteen und andere Sukkulenten sehr trocken halten. Temperaturen zwischen 6° C und 12° C, nie höher. An frostfreien Tagen in der Mittagszeit lüften. Wärmer stehen können und sollen *Schlumbergera, Rhipsalis* und einige andere Sukkulenten, wie *Crassula, Echeveria, Senecio* (etwa bei 18° C); bei diesen Temperaturen erhalten sie regelmäßig Wasser. Orchideen: im temperierten Haus tags 16° C bis 21° C, nachts 15° C bis 18° C; im Kalthaus tags 13° C bis 16° C, nachts 10° C.	
Gartenpflanzen: Anzucht von Einjahrsblumen, Stauden, Gehölzen			
Gemüse: Hauptkulturen	Salat aussäen zur Pflanzung im warmen (= geheizten) Frühbeet. Jungpflanzen später in kleine Töpfchen setzen.	Mitte des Monats Kopfsalat für die Pflanzung Mitte März (Ernte Ende April) aussäen. Ideale Temperatur 10° C bis 14° C. Anfang des Monats Tomaten für eine Pflanzung im Gewächshaus säen.	Warmes Frühbeet: Ende des Monats Salat pflanzen. Ideal: 14° C bis 15° C Bodenwärme. Keine Freilandsorten verwenden (siehe Gemüseanbau »Kopfsalat«). Radies dazwischen säen (Samen in 5 cm Entfernung in die Erde drücken).
Gemüse, verschiedene und Kräuter		Kresse in Abständen von 8 Tagen aussäen, Samen vorher 24 Stunden in Wasser legen (vorquellen). – Schnittlauchballen können bei offenem Boden noch ausgegraben und unter dem Gewächshaustisch angepflanzt werden. Das gleiche gilt für Rhabarberklumpen. – Kohlrabi zur Jungpflanzengewinnung für die Märzpflanzung im temperierten Gewächshaus oder warmen Kasten aussäen. – Ausgesät werden außerdem Blumenkohl und andere Kohlarten und Porree für die Pflanzung im Kasten oder Freiland. Aussaat von Radieschen in 14tägigem Abstand (Ernte nach 45 bis 60 Tagen) und Rettich (Ernte nach 70 bis 80 Tagen).	Im kalten Frühbeet, das als Gemüselager dient, das Eingelagerte überprüfen und Faulende entfernen.

	Warmhaus	Temperiertes Haus, Kalthaus	Frühbeete, Folien, Vlies
Zimmer-, Balkon- und Kübelpflanzen	Sprühen und spritzen ist besser als gießen (Wasserschäden). Aussaaten von Zimmerpflanzen wie Zierspargel, Alpenveilchen, Pantoffelblumen u. a. (siehe »Zimmerpflanzen-Aussaat« Seite 141).	Knollenbegonien »antreiben«, ebenso die Knollen von *Canna* (siehe »Blütenpflanzen aus Knollen und Rhizomen« Seite 108). Hartlaubige Zimmerpflanzen regelmäßig abspritzen, großblättrige mit Lappen reinigen. – Überwinterte Pelargonien und Fuchsien zurückschneiden. Alle »alten« Balkonpflanzen in neue Erde setzen und an einen hellen Platz bringen.	
Spezialkulturen: Bromelien, Orchideen, Kakteen und andere Sukkulenten, Treiberei	Kakteen und andere Sukkulenten: Vorsicht vor Sonnenstrahlen, Pflanzen bei zuviel Sonne mit Papier bedecken. Lüften, Temperatur nicht zu hoch ansteigen lassen. Orchideen: Achtung vor allzu hohem Temperaturgefälle, tags 21° C, nachts 19° C bis 21° C.	Kakteen und andere Sukkulenten: Achtung vor Sonnenstrahlen! Bei zuviel Sonne Pflanzen mit Papier bedecken. Temperatur nicht über 18° C, bei großer Wärme lüften. Orchideen: Temperaturen im temperierten Haus tags 16° C bis 18° C, nachts 15° C bis 18° C; Kalthaus tags 13° C, nachts 10° C.	
Gartenpflanzen: Anzucht von Einjahrsblumen, Stauden, Gehölzen	Aussaat von einjährigen Sommerblumen zur Jungpflanzengewinnung.	Siehe Warmhaus.	
Gemüse: Hauptkulturen	Aussaaten zur Jungpflanzengewinnung: Gurken, Tomaten, Auberginen, Paprika, Melonen, auch von Kohlrabi und Kopfsalat, Blumenkohl, Rot-, Weiß- und Wirsingkohl (nach der Keimung sind Temperaturen um 15° C bis 16° C erwünscht). – Pflanzung von Gurken, wenn Jungpflanzen vorhanden sind.	Aussaat zur Jungpflanzengewinnung für Pflanzung in Frühbeet, unter Folien und ins Freiland von Blumenkohl, Rot-, Weiß- und Wirsingkohl, Kohlrabi und Kopfsalat. Bis zur Keimung sind Temperaturen um 18° C, danach um 15° C bis 16° C erwünscht. – Kohlrabi auspflanzen.	Geheiztes Frühbeet: Gepflanzt wird Kopfsalat (dazwischen Radieschen) und Kohlrabi bei Temperaturen von 12° C bis 15° C. Vorsichtig gießen, um die Mittagszeit lüften.
Gemüse, verschiedene und Kräuter		Frühkartoffeln vortreiben: Knollen mit Nabelloch nach unten in Kistchen setzen und mit Torfmischdünger wie Humobil oder abgepackter Aussaaterde bedecken. Dicke Bohnen in Töpfe legen (2 bis 3 Körner 2 cm tief in die Erde drücken). Sind die Bohnen 15 bis 20 cm groß, ins Freie auspflanzen. Vertragen Frost bis –4° C.	Geheiztes Frühbeet: Aussaaten von Radies (Folgesaaten in 14tägigem Abstand), Schnittsalat, Kresse. Mischkultur von Radies und Möhren. Empfehlenswerte Möhrensorten 'Frühbund', 'Ingot', 'Amsterdamer Treib/Babylong'. Damit der Samen schneller keimt, mit Sand mischen; mit warmem Wasser (25° C) zu einem dicken Brei verrühren. Kasten bis zur Keimung geschlossen halten. Kohlrabi aus der Januaraussaat pflanzen. Es genügt ein warmer Kasten mit Temperaturen von 12 bis 15° C; bei niedrigen Temperaturen besteht die Gefahr der Schosserbildung. Gepflanzt wird in allseitigem Abstand von 20 cm. Erntebeginn: Nach 80 bis 90 Tagen.

	Warmhaus	Temperiertes Haus, Kalthaus	Frühbeete, Folien, Vlies
Zimmer-, Balkon- und Kübelpflanzen	Grün- und Blütenpflanzen aussäen (siehe Tabelle »Zimmerpflanzen-Aussaat« Seite 141); auch Stecklingsvermehrung (im beheizten Vermehrungsbeet) möglich.	Grün- und Blütenpflanzen aussäen (nur im beheizten Vermehrungsbeet).	
Spezialkulturen: Bromelien, Orchideen, Kakteen und andere Sukkulenten, Treiberei	Kakteen und andere Sukkulenten: Vermehrung (Aussaat) kann beginnen, am besten im beheizten Vermehrungsbeet. Bei starker Sonneneinstrahlung das Gewächshaus schattieren oder die Kakteen durch Auflegen von Papier und Pappe vor möglichem Sonnenbrand schützen. Orchideen: bei starker Sonneneinstrahlung schattieren. Pflanzen brauchen jetzt schon mehr Feuchtigkeit, daher Spritzen oder Nebeln dem direkten Gießen vorziehen, da dadurch die Wurzelbildung gefördert wird. Wasser nicht nach 12 Uhr mittags verabreichen. Temperaturen: tags 21° C bis 23° C, nachts etwa 21° C.	Kakteen und andere Sukkulenten: Vermehrung siehe Warmhaus. Orchideen: regelmäßig schattieren, Feuchtigkeit nur durch Nebeln oder Spritzen, sehr sparsam mit Wasser umgehen. Temperaturen tags 18° C bis 21° C, nachts 16° C bis 18° C.	
Gartenpflanzen: Anzucht von Einjahrsblumen, Stauden, Gehölzen	Aussaat von Einjahrsblumen kann fortgesetzt werden. Die ersten, im Februar ausgesäten Einjährigen in Torf- oder Multitöpfe vereinzeln.	Aussaat von Einjahrsblumen noch möglich.	Aussaat von Einjahrsblumen zur Jungpflanzengewinnung (siehe Kapitel »Einjahrsblumen« Seite 92).
Gemüse: Hauptkulturen	Aussaat von Gurken für Gewächshaus, Frühbeet und Folie. Um Jungpflanzen zu gewinnen, Melonen und Tomaten aussäen (zur Nutzung im temperierten Haus oder im Haus ohne Heizung) – Paprika und Gurken pflanzen.	Anfang Januar ausgesäte Tomaten jetzt auspflanzen. Das gilt auch für Kopfsalat und Kohlrabi. – Bei Temperaturanstieg über 18° C viel und reichlich lüften. Nur bei sonnigem Wetter frühmorgens gießen!	Warmbeet bei Temperaturen über 18° C lüften. Anfang des Monats hier Aussaaten zur Jungpflanzengewinnung für das Freiland von Kopfsalat, Sellerie, Paprika, Porree und frühen Sorten von Kohlrabi, Blumenkohl, Rot- und Weißkohl. Diese Aussaaten können bei warmer Witterung auch im kalten Kasten vorgenommen werden. – Im warmen Kasten Rettiche aussäen und Gurken pflanzen (1 Pflanze je Fenster). Bei kaltem Wetter nicht lüften und Fenster mit Strohmatten zudecken. Gleich nach dem Pflanzen kräftig gießen und schattieren.
Gemüse, verschiedene und Kräuter			Unter Folien können schon Rettich und Radies ausgesät werden. Zu empfehlen ist auch der Anbau von Frühkartoffeln unter Folie. Auflegen der Folie nach dem Anhäufeln. Nicht vergessen, in den Boden vor dem Auflegen Mineraldünger einzuarbeiten.

	Warmhaus	Temperiertes Haus, Kalthaus	Frühbeete, Folien, Vlies
Zimmer-, Balkon- und Kübelpflanzen	Anzucht von blühenden Zimmerpflanzen aus Knollen und Zwiebeln, wie Gloxinien, Schiefteller und andere. – Blatt- und Blütenpflanzen umtopfen. Zimmerpflanzen aussäen.	Balkonkasten jetzt schon bepflanzen, damit im Mai alles blüht. – Blatt- und Blütenpflanzen umtopfen	
Spezialkulturen: Bromelien, Orchideen, Kakteen und andere Sukkulenten, Treiberei	Kakteen und andere Sukkulenten: reichlicher gießen als im März. Aussaaten noch im Spezial-Vermehrungsbeet, Umtopfen. Orchideen: Schattieren wichtig, ebenso Erhöhung der Luftfeuchtigkeit, Umtopfen. – Temperaturen: tags 21°C bis 23°C, nachts 18°C bis 21°C.	Kakteen und andere Sukkulenten: vorsichtig gießen, um die Mittagszeit »einnebeln«. Sonnenschutz und Lüftung bei starker Sonneneinstrahlung. – Schattenplatz für *Schlumbergera, Epiphyllum, Rhipsalis* und andere Sukkulenten wie *Gasteria* und *Haworthia*. Umtopfen. Orchideen: Temperaturen im temperierten Haus tags 18°C bis 21°C, nachts 16°C bis 18°C; im Kalthaus tags 16°C bis 18°C, nachts 18°C bis 21°C. Schatten geben; Achtung vor nächtlicher Abkühlung, Umtopfen.	Kakteen und andere Sukkulenten: können ins warme (= geheizte), Ende des Monats bereits ins kalte Frühbeet gebracht werden.
Gartenpflanzen: Anzucht von Einjahrsblumen, Stauden, Gehölzen	Höchste Zeit für das »Antreiben« von Knollenbegonien und *Canna*. Auch Sommerblumen-Aussaat ist noch möglich. Vereinzeln von frühen Aussaaten von Sommerblumen	Herangewachsene Einjahrsblumen vereinzeln.	Aussaat von Einjahrsblumen ins warme Frühbeet.
Gemüse: Hauptkulturen	Gurken, Melonen, Paprika und Tomten (wenn Jungpflanzen vorhanden) auspflanzen.	Tomaten Ende des Monats setzen. Erntebeginn 2 Monate später. Aussaaten von Tomaten, Melonen, Gurken, Kopfsalat, Paprika zur Pflanzengewinnung. – Gurken in kleine Töpfe setzen.	Ausgepflanzten Kopfsalat mit zunehmender Temperatur mehr bewässern. Gleichmäßige Wassergaben sind sehr wichtig! Gurken pflanzen. – Unter Folien pflanzen: Gurken, Kopfsalat, Kohlrabi, Paprika. Auf ausreichende Feuchtigkeit achten.
Gemüse, verschiedene und Kräuter		Rettiche gleichmäßig bewässern und belüften. Kohlrabi brauchen Temperaturen um 14°C bis 16°C, tagsüber und nachts um 10°C bis 12°C, auch Kohlrabi regelmäßig lüften. – Ausgesät werden, wenn nocht nicht geschehen, Kohlrabi, Rettiche und Radies.	Aussaaten zur Jungpflanzengewinnung für Gartenbeete: Salat, Rosenkohl, Grünkohl, Porree. Buschbohnen aussäen: je Fenster 3 Reihen im Abstand von 50 cm ziehen, und in die Löcher, im Abstand von 6 bis 8 cm, die Bohnen einzeln auslegen. Sorten: 'Hilds Marona', 'Maxi'. Nur ganz vorsichtig in den Morgenstunden gießen. Regelmäßig lüften, auch bei Regen und bedecktem Himmel. – Unter Folien Rettiche, Radies und Schnittsalat säen. Bei Kartoffeln Folie abnehmen, wenn Pflanzen 20 bis 40 cm hoch geworden sind.

	Warmhaus	Temperiertes Haus, Kalthaus	Frühbeete, Folien, Vlies
Zimmer-, Balkon- und Kübelpflanzen	Balkon- und Kübelpflanzen ins Freie bringen. Auf Schädlinge und Krankheiten untersuchen. Kübelpflanzen, Blatt- und Blütenpflanzen, wenn nötig, umtopfen, auf jeden Fall düngen.	Balkon- und Kübelpflanzen ins Freie bringen. Auf Schädlinge und Krankheiten achten. Kübel-, Blatt- und Blütenpflanzen, wenn nötig, umpflanzen, auf jeden Fall düngen. Freiwerdenden Platz mit erholungsbedürftigen Zimmerpflanzen füllen. – Vermehrung von Blattpflanzen durch Stecklinge.	
Spezialkulturen: Bromelien, Orchideen, Kakteen und andere Sukkulenten, Treiberei	Kakteen und andere Sukkulenten: reichlicher gießen, mittags einnebeln oder besprühen. Viele Arten, *Schlumbergera, Epiphyllum* und andere Blattkakteen, aber auch *Opuntia* und *Cereus* an einen geschützten Platz ins Freie bringen, umtopfen. Im Gewächshaus schattieren, düngen. Vermehrung durch Aussaat, Teilung, Pfropfen. Orchideen: Ende des Monats unempfindliche Arten wie *Coelogyne, Bifrenaria, Odontoglossum, Cymbidium* und andere ins Freie bringen, umtopfen. Schattieren. Temperaturen tags bis 23° C, nachts 21° C bis 24° C.	Kakteen, andere Sukkulenten und Orchideen: siehe Warmhaus. Bei Orchideen nur andere Temperaturen: tags 21° C bis 27° C, nachts 18° C bis 21° C, im Kalthaus tags 16° C, nachts 13° C bis 16° C.	Kakteen im Frühbeet aufstellen. Für Schatten sorgen. Noch wenig gießen.
Gartenpflanzen: Anzucht von Einjahrsblumen, Stauden, Gehölzen	Fertige Einjahrsblumen ausräumen und auf vorgesehene Beete oder in Pflanzgefäße setzen.	Fertige Einjahrsblumen verlassen das Haus und werden auf Beete oder in Kästen und Kübel gesetzt.	Vorgezogene Einjahrsblumen auf Beete oder in Gefäße pflanzen.
Gemüse: Hauptkulturen	Gurken, Tomaten, Paprika, Melonen und Auberginen pflanzen.	Tomaten und Paprika auspflanzen. Bei Tomaten den Boden 24 Stunden vorher durchdringend gießen. – Stangenbohnen aussäen; zur Anzucht 2 bis 3 Bohnen in kleine Töpfe legen. Auch Buschbohnen für eine Pflanzung im Frühbeet in Töpfen vorkultivieren. Kopfsalat pflanzen.	Freigewordenen Platz mit Gurken nutzen (ideale Sommerkultur). Auch Melonen sind einen Versuch wert, ebenso Paprika (Pflanzentfernung 40 × 40 cm). Paprika, die hochwachsen wie Tomaten, später mit einem Lattengerüst überbauen. – Tomaten erst am Boden liegenlassen und später an Stäbe binden.
Gemüse, verschiedene und Kräuter		An den Rand der mit Tomaten oder Paprika bepflanzten Beete Schnittsalat, Kohlrabi, Petersilie, Bohnenkraut oder Dill säen.	Wo Platz ist, Kresse, Radies, Schnittsalat (zwischen neu ausgepflanzten Tomaten, Paprika, Gurken, Melonen, Kopfsalat) säen. Aussaat von Radies auch breitwürfig möglich, am besten in 14tägigen Folgesaaten. Buschbohnen, die Anfang des Monats im temperierten Haus oder im April ausgesät wurden, pflanzen. Auch Direktsaat möglich: je Fenster 3 Reihen in 50 cm Abstand vorbereiten und in 6 bis 8 cm Entfernung einzeln auslegen.

	Warmhaus	Temperiertes Haus, Kalthaus	Frühbeete, Folien, Vlies
Zimmer-, Balkon- und Kübelpflanzen	Regelmäßig und reichlich gießen. Bei hohen Temperaturen für Luftfeuchtigkeit durch Besprühen oder Benebeln sorgen. Vermehrung durch Stecklinge, dabei Sonnenschutz durch Überdecken mit Papier. Stecklinge stehen gern dicht nebeneinander.	Siehe Warmhaus.	
Spezialkulturen: Bromelien, Orchideen, Kakteen und andere Sukkulenten, Treiberei	Kakteen und andere Sukkulenten: für viel frische Luft sorgen. Umtopfen fortsetzen, falls noch nicht geschehen. Düngen. Gießen am besten frühmorgens, bei großer Hitze reichlich. Aussaaten noch möglich. Auch gute Zeit für Stecklingsvermehrung und Pfropfen. Orchideen: Bei kühler, regnerischer Witterung sofort weniger gießen und spritzen, an heißen Tagen viel Schatten geben und reichlich lüften.	Siehe Warmhaus.	
Gartenpflanzen: Anzucht von Einjahrsblumen, Stauden, Gehölzen		Stauden-Vermehrung durch Teilung oder Aussaat. – Aussaat von zweijährigen Sommerblumen, wie Stiefmütterchen und Maßliebchen, auch im Frühbeetkasten möglich.	Zweijahrsblumen wie Stiefmütterchen, Bartnelken, Maßliebchen u. a. aussäen.
Gemüse: Hauptkulturen	Günstige Temperaturen für Gurken: 20° C bis 25° C am Tag, nachts 18° C bis 20° C; Haupttrieb entspitzen, die unteren 3 Triebe entfernen. Flüssige Düngung jetzt angebracht (siehe »Gurken« Seite 73). Gegen Rote Spinne mit Spezialmitteln spritzen. – Gurken wieder aussäen für eine Pflanzung Ende Juni, Tomaten für eine Pflanzung im August. – Bei Paprika (ideale Temperaturen 20° C am Tag, 15° C in der Nacht) auf Schädlinge achten. Es lohnt sich, die 1. Frucht auszubrechen, um eine bessere Verzweigung zu erreichen. – Bei Melonen den Haupttrieb stutzen, nur 5 Seitentriebe belassen, die Neutriebe dann hinter dem Fruchtansatz abschneiden.	Gurken nie von oben gießen bzw. spritzen. Vorsicht vor Zugluft, da sonst Pilzkrankheiten auftreten. Gegen Weiße Fliege z. B. Neudosan-A oder Gelbtafeln einsetzen. Behandlungen wiederholen. Bei Auftreten von Grauschimmelfäule sofort alle befallenen Pflanzenteile entfernen. – Blütenstände zwei- bis dreimal in der Woche rütteln, um die Bestäubung zu unterstützen, regelmäßig und viel gießen.	Freigewordene Frühbeete mit Gurken nutzen (1 Pflanze je Fenster). Von im Vormonat ausgepflanzten Buschbohnen Frühbeetfenster abnehmen. Bereits mit Gurken bepflanzte Fenster nur morgens gießen, damit die Blätter bis zum Abend abgetrocknet sind. Die Seitentriebe der Gurken über die ganze Fläche verteilen. Düngen (siehe »Gurken« Seite 73); gilt auch für Gurken unter Folien.
Gemüse, verschiedene und Kräuter			Aussaaten von Radies (Sommersorten wie 'Rota', 'Cherry Belle', 'Prinz Rotin' aber auch »Gewächshaus-Sorten« wie 'Boy', 'Fanal', 'Karissima'.

	Warmhaus	Temperiertes Haus, Kalthaus	Frühbeete, Folien, Vlies
Zimmer-, Balkon- und Kübelpflanzen	Alle Pflanzen reichlich gießen und besprühen. Schattierung ist dringend angebracht.	Auf Blattläuse, Weiße Fliegen und andere Schädlinge achten. – Arbeiten und Pflegemaßnahmen wie Warmhaus.	
Spezialkulturen: Bromelien, Orchideen, Kakteen und andere Sukkulenten, Treiberei	Kakteen und andere Sukkulenten: reichlich wässern, auch Besprühen zu empfehlen. Es darf noch umgepflanzt werden. Düngen im 14tägigen Abstand. Aussaaten sind noch möglich, ebenso Stecklingsvermehrung und Pfropfen. Orchideen: Arbeiten und Pflegemaßnahmen wie im Juni.	Siehe Warmhaus.	
Gartenpflanzen: Anzucht von Einjahrsblumen, Stauden, Gehölzen			Zweijahrsblumen können noch gesät werden (siehe Monat Juni).
Gemüse: Hauptkulturen	Gurken gut schattieren, am besten mit Schattiermatten, die morgens auf- und nachmittags eingerollt werden. Für Luftfeuchtigkeit sorgen durch Spritzen der Wege und der Erde. Gurken brauchen Dünger (siehe »Gurken« Seite 73). Gegen Echten Mehltau mit BioBlatt-Mehltaumittel (FCKW-frei) spritzen. Die ersten Gurken sind reif und können abgenommen werden. Das günstigste Erntegewicht beträgt 400 bis 500 g. Viel schwerer sollte man sie nicht werden lassen. Das schwächt nur die Pflanzen unnötig und beeinträchtigt den weiteren Fruchtansatz. Schnittarbeiten rechtzeitig weiterführen, gelbe Blätter und abgetragene Ranken entfernen. Je länger die Pflanzen stehen bleiben sollen, z. B. bis zum Oktober oder November, desto sorgfältiger sind diese Pflegemaßnahmen durchzuführen.	Tomaten ausgeizen. Stehen sie sehr dicht, die unteren Blätter entfernen, dabei aber nicht mehr als 4 bis 5 Blätter abschneiden. Düngung siehe »Tomaten« Seite 71. Gegen Weiße Fliege z. B. mit Neudosan-AF spritzen. Behandlungen wiederholen. – Wenn Platz und Pflanzen vorhanden, Paprika setzen. Abstand 80 × 50 cm. Für Herbsternte Aussaaten von Kohlrabi, Kopfsalat (nur Treibsorten verwenden, z. B. 'Larissa', 'Imka', 'Murk', 'Victoria Typ King') vornehmen; alles zum Pflanzen im Kalthaus oder Frühbeet.	Gurken sind jetzt in ihrer Hauptwachstumszeit, deshalb reichlich gießen und düngen. Ende des Monats Fenster abnehmen.
Gemüse, verschiedene und Kräuter			Winterendivien für eine Pflanzung ab Mitte August im Frühbeet oder im temperierten Haus aussäen. Empfehlenswerte Sorte: die selbstbleichenden 'Bubikopf', 'Diva', 'Jeti', Pflanzenanzucht ist besser als Direktsaat. Aufpassen, daß das Saatbeet nicht austrocknet, sonst ist die Keimung in Frage gestellt.

	Warmhaus	Temperiertes Haus, Kalthaus	Frühbeete, Folien, Vlies
Zimmer-, Balkon- und Kübelpflanzen	Stecklingsvermehrung von Pelargonien, Fuchsien, Strauchmargeriten, Lantanen und Verbenen. Alles besser im temperierten Haus.	Stecklingsvermehrung bei Pelargonien. Dazu fingerlange Triebe, von denen alle Blüten, Knospen und Schuppen entfernt werden, in kleine Töpfe (10 cm ø) stecken. Bis zur Bewurzelung nur wenig gießen. Jetzt auch Stecklinge von Fuchsien, Strauchmargeriten, Lantanen und Verbenen schneiden.	
Spezialkulturen: Bromelien, Orchideen, Kakteen und andere Sukkulenten, Treiberei	Kakteen und andere Sukkulenten: viel lüften im Haus. Blattkakteen und einige andere Sukkulenten schattieren. Nicht mehr düngen, ausgenommen *Rhipsalis, Epiphyllum, Schlumbergera.* Möglich sind noch alle Vermehrungsarten: Aussaat, Stecklinge, Pfropfen. Orchideen: reichlich gießen, sprühen und lüften. *Odontoglassum* jetzt (bis Oktober) umtopfen.	Kakteen, andere Sukkulenten und Orchideen: wie im Warmhaus.	Auf Kakteen im Frühbeet abends keine Fenster auflegen, damit die Pflanzen den Tau abbekommen und für den Winter abgehärtet werden.
Gartenpflanzen: Anzucht von Einjahrsblumen, Stauden, Gehölzen			Zweijahrsblumen jetzt noch aussäen.
Gemüse: Hauptkulturen	Im Juni ausgesäte Tomaten jetzt pflanzen. Ernte: Oktober. Auf weitere freie Plätze Kohlrabi pflanzen, Abstand 25 × 25 cm. Kohlrabi für eine Pflanzung um den 20. September aussäen, das gibt dann Ernten Mitte November. Aussaat in Saatschalen. Wenn die Pflanzen gut mit den Fingern zu fassen sind, auf 3 × 3 cm vereinzeln oder gleich in kleine Töpfe setzen. – Kopfsalat säen; Pflanzung im September, Ernte im Oktober/November. (Sorten: 'Larissa', 'Imka', 'Muck', 'Azura'). – Wer Platz hat, kann es noch mit Stangenbohnen versuchen (siehe Monat Mai); wichtig für die Kultur ist reichlich Luft.	Gurken brauchen Luftfeuchtigkeit um 80 % bis 90 %. Schattieren. Wenn möglich, soll Temperatur 25° C nicht übersteigen. (Oberste Grenze 28° C); Nachtabsenkung auf 18° C bis 20° C. Echten Mehltau bei Gurken sofort bekämpfen durch Spritzen mit Netz-Schwefelit, Bio-Blatt-Mehltauspray, Saprol-Neu oder anderen Spezialmitteln. Das gleiche gilt für die Bekämpfung von Falschem Mehltau. Nach der Behandlung auf Wartezeiten (Zeitraum von Behandlung bis zur Ernte) achten. – Kohlrabi und Kopfsalat für eine Pflanzung Ende September aussäen.	Wenn Platz im Frühbeet, Kohlrabi und Kopfsalat pflanzen.
Gemüse, verschiedene und Kräuter	Zeit für die Aussaat von Radies und Rettich (siehe Monat März). Endivien pflanzen (siehe Frühbeet, Folien, Vlies).		Pflanzung von Winterendivien im Frühbeet, auch unter Folie und Vlies. (Aussaat Juli) Jungpflanzen sollen mindestens 4 Blätter besitzen und wie Kopfsalat flach in die Erde kommen. Boden vorher gründlich wässern. Pflanzabstand 30 × 30 cm. Immer reichlich wässern, sonst Schosserbildung. Köpfe braucht man bei selbstbleichenden Sorten nicht zusammenzubinden.

	Warmhaus	Temperiertes Haus, Kalthaus	Frühbeete, Folien, Vlies
Zimmer-, Balkon- und Kübelpflanzen	Stecklingsvermehrung von Pelargonien, Fuchsien, Lantanen, Verbenen, Strauchmargeriten. Bereits bewurzelte Balkonpflanzen wenig gießen. Gegen Grauschimmelfäule vorbeugend Spezialmittel spritzen. Frische Luft und viel Licht helfen Krankheit verhüten.	Siehe Warmhaus.	
Spezialkulturen: Bromelien, Orchideen, Kakteen und andere Sukkulenten, Treiberei	Kakteen und andere Sukkulenten: Aussaat, Pfropfen und Stecklingsvermehrung noch möglich. Viel lüften. Nicht mehr düngen, ausgenommen *Schlumbergera, Epyphyllum* und *Rhipsalis*. – Gießen langsam einschränken. Orchideen: an kalten Tagen, vor allem in Nächten Heizung anstellen. Ab Mitte des Monats weniger schattieren. Temperaturen tags bis 26° C, nachts 21° C, auch mehr.	Kakteen und andere Sukkulenten: nicht mehr düngen, ausgenommen *Schlumbergera, Epiphyllum,* und *Rhipsalis*. Gießen langsam einschränken. Orchideen: die Temperatur kann jetzt bis auf 15° C absinken. Etwas weniger gießen. Bis zum Abend müssen alle Pflanzenteile abgetrocknet sein. Temperaturen tags 21° C bis 23° C, nachts 15° C bis 18° C. Blumenzwiebeltreiberei kann beginnen (siehe »Blumenzwiebeltreiberei« und »Lilientreiberei«).	Kakteen bleiben noch im Frühbeetkasten. Fenster auch nachts noch nicht auflegen, nur bei starken Regenfällen.
Gartenpflanzen: Anzucht von Einjahrsblumen, Stauden, Gehölzen			Die im Frühbeet ausgesäten und herangezogenen Zweijahrsblumen kommen auf die Gartenbeete. Platz durch Gemüse nutzen.
Gemüse: Hauptkulturen	Tomaten können, falls Jungpflanzen vorhanden, noch gesetzt werden. Gurken für eine Pflanzung im Oktober aussäen.	Wer im August Kohlrabi und Salat ausgesät hat, kann jetzt pflanzen. Allseitiger Pflanzabstand: 25 cm. Nicht enger, da sonst Fäulnisgefahr besteht. Für Kopfsalat ist Ende Oktober der letzte Pflanztermin. Für die Pflege gilt: Salat wenig, das heißt, nur nach Bedarf gießen, dann aber kräftig. Unbedingt vorbeugend etwas gegen Schnecken unternehmen. (Schneckenkorn).	
Gemüse, verschiedene und Kräuter		Aussaat von Radies ('Sprint', 'Cyros F1', 'Karissima', 'Knacker' u. a.) und Rettich (siehe Monat März). Ernte: ab Mitte November. Radies brauchen nur 6 bis 8 Wochen, sind also Ende Oktober reif; Radies in Abständen von 10 bis 14 Tagen säen. Saattiefe 1 cm, Reihenabstand 10 cm.	Die von Zweijahrsblumen geräumten Beete durch Aussaat von Winterspinat nutzen. Sorten: 'Vital', 'Rico F1', »Monnopa«. Reihenabstand 12 bis 15 cm, Saattiefe 2 cm. – Feldsalat kann jetzt ins Frühbeet oder unter Folien oder Vlies ausgesät werden. (Im temperierten Haus ab Oktober). Sorten: 'Dunkelgrüner vollherziger', 'Vit', 'Elan'. Saatbeet stets feuchthalten. – Endivien bis Ende des Monats pflanzen (siehe Monat August).

	Warmhaus	Temperiertes Haus, Kalthaus	Frühbeete, Folien, Vlies
Zimmer-, Balkon- und Kübelpflanzen	Wärmeliebende Kübelpflanzen einräumen. Nach Temperatur, stets aber wenig gießen.	Alle frostempflindlichen Balkon- und Kübelpflanzen und auch Blumenknollen und Blumenzwiebeln einräumen. Ideale Temperaturen nicht unter 10° C bis 12° C. Vorher von Balkonpflanzen alle Blüten, Knospen und kranken Blätter entfernen und die Triebe um etwa die Hälfte einkürzen.	
Spezialkulturen: Bromelien, Orchideen, Kakteen und andere Sukkulenten, Treiberei	Kakteen und andere Sukkulenten: Mittagsblumengewächse, auch *Faucaria, Lithops* u. a. können noch ausgesät werden. Orchideen: wenn gelüftet wird, Zugluft vermeiden. Nicht mehr schattieren. Bei *Cattleya* wird durch Einschränkung der Wassergaben die Ruhezeit eingeleitet. Temperaturen tags 24° C, nachts 21° C.	Kakteen und andere Sukkulenten: einräumen. Ideal-Temperaturen nicht höher als 12° C, nur Blattkakteen und *Rhipsalis* wärmer stellen. Temperaturen durch Lüftung herabsetzen. Nicht mehr düngen und umtopfen. Gießen einschränken, ausgenommen Blattkakteen und *Rhipsalis*. Orchideen: siehe Warmhaus. Temperaturen im temperierten Haus tags 18° C bis 21° C, nachts 16° C bis 18° C, im Kalthaus tags 16° C, nachts 16° C bis 18° C.	
Gartenpflanzen: Anzucht von Einjahrsblumen, Stauden, Gehölzen			
Gemüse: Hauptkulturen	Wer im September Gurken ausgesät hat, kann Mitte Oktober pflanzen und bei gleichbleibender Wärme Ende November mit den ersten frischen Gurken rechnen. Normalerweise dauert es im Winter 3 bis 4 Monate von der Aussaat bis zur Ernte. – Wer auf Gurken nicht verzichten will, kann jetzt ebenfalls noch aussäen, eine Pflanzung Ende November vornehmen und die Ernte dann Anfang Januar einkalkulieren. Es ist durchaus möglich, Gurken ganzjährig im Warmhaus auszusäen; allerdings sind die Erträge in der lichtarmen Zeit geringer.	Kohlrabi und Kopfsalat pflanzen; um Fäulnis zu vermeiden, größere Abstände wählen (20 × 25 cm). Ideale Temperaturen bei 10° C bis 14° C, höhere Temperaturen verhindern Kopfbildung und machen Pflanzen anfällig. Wird Mitte des Monats gesetzt, ist der Salat im Januar erntereif. – Alle Kulturen vorsichtig, nur bei Trockenheit, sonnigem Wetter und vormittags gießen. Dabei nie die Blätter benetzen, durch Lüftung für Absinken der Luftfeuchtigkeit sorgen. Tagestemperatur kann 4° C bis 5° C höher als Nachttemperatur sein.	Mit Endivien, Kohlrabi und Kopfsalat bepflanzte Frühbeete werden tagsüber »hoch« gelüftet. Bei frostfreiem Wetter kann auch nachts gelüftet werden. Hier ist die Ernte bald beendet, und wir können das Frühbeet wie das Haus ohne Heizung zur Einlagerung und zum Einschlagen von Wintergemüse benutzen. Wer Feldsalat ausgesät hat, muß jetzt Fenster auf die Kästen legen.
Gemüse, verschiedene und Kräuter		Im temperierten Haus und auch im ungeheizten Haus kann noch Feldsalat ausgesät werden (siehe Monat September). Auch eine Radies-Aussaat ist im temperierten Haus noch möglich. Im Kalthaus Dauergemüse überwintern.	Freilandbeete, die mit Winterendivien bepflanzt sind, können mit Vlies oder Folie überzogen werden, auch mit Folientunneln. Das erleichtert nicht nur die Ernte bei Schneefall, es schützt die Pflanzen auch vor Frost.

	Warmhaus	Temperiertes Haus, Kalthaus	Frühbeete, Folien, Vlies
Zimmer-, Balkon- und Kübelpflanzen	Pflanzen benebeln und besprühen, dafür weniger gießen. Darauf achten, daß die Pflanzenteile bis zum Abend abgetrocknet sind. Wachstum zurückhalten durch mäßige Wärme, weniger Gießen und striktes Nichtmehrdüngen.	Wie Warmhaus. – Balkon- und Kübelpflanzen wenig gießen, aber nicht austrocknen lassen.	Ein Frühbeet eignet sich gut als Vorratskammer für Herbst- und Wintergemüse. Die Aufbewahrung ist besser als in einem warmen und zudem noch lufttrockenen Hauskeller. Und eine Erdmiete anzulegen, ist auch nicht jedermanns Sache. Die Bodenfläche des ausgehobenen Frühbeetes wird für diese Zwecke mit einer 5 cm starken Sandschicht bedeckt. Eingelagert werden können Weiß-, Rot- und Wirsingkohl sowie Porree, Sellerie, Möhren und Rote Rüben. In Sand eingeschichtet werden Wurzeln, Knollen und Rüben, die in Kegelform so aufzubauen sind, daß die Luft bis ins Innere des Stapels gelangen kann. Wurzelgemüse muß zur Einlagerung ausgereift und trocken sein. Am besten wäre eine gleichmäßige Temperatur von 4° C bis 5° C. Bei strengem Frost kann außer dem Bedecken der Fenster ein zusätzlicher Schutz mit Laub und Strohdecken erfolgen. Öfteres Durchsehen auf Fäulnisherde ist zu empfehlen.
Spezialkulturen: Bromelien, Orchideen, Kakteen und andere Sukkulenten, Treiberei	Kakteen und andere Sukkulenten: Licht ist wichtig. Nicht mehr düngen und das Gießen stark einschränken. *Schlumbergera* und *Rhipsalis* jetzt wärmer halten und regelmäßig gießen. Orchideen: junge Pflanzen und Orchideen mit Knospen zusätzlich belichten. An sonnigen Tagen mit höheren Außentemperaturen kann in den Vormittagsstunden gespritzt werden. Ist es draußen sehr kalt und wird im Gewächshaus stark geheizt, ist ein zweimaliges Spritzen pro Tag angebracht. Temperaturen tags 21° C bis 23° C, nachts 21° C.	Kakteen und andere Sukkulenten: wie Warmhaus. Orchideen: Zusatzbelichtung wie Warmhaus. Temperaturen tags 16° C bis 18° C, nachts 16° C.	
Gartenpflanzen: Anzucht von Einjahrsblumen, Stauden, Gehölzen		Wer Blumenzwiebeln Ende September draußen in den Einschlag gebracht hat, kann sie ab Ende des Monats ins Haus holen und bei Temperaturen um 12° C aufstellen.	
Gemüse: Hauptkulturen	Bei Gurken achte man auf die Einhaltung der Temperatur, die tags um 20° C und nachts etwa 18° C betragen soll. Tomaten brauchen jetzt wenig Wärme; es genügt, wenn die Temperaturen im Bereich des temperierten Gewächshauses liegen. – Stehen noch Salat und Kohlrabi im Gewächshaus, ist für reichliche Luftzufuhr zu sorgen. Temperaturschwankungen und Niederschlagsbildung sind möglichst zu vermeiden. Gegossen wird nur vormittags; wenn möglich bei sonnigem Wetter.	Kohlrabi und Salat, die im September/Oktober ausgepflanzt wurden, sollten Temperaturen von 15° C bis 17° C (tags) und 12° C bis 15° C (nachts) bekommen. Wer in diesem Temperaturbereich seine Tomaten hält, achte auch hier auf optimale Bedingungen hinsichtlich des Wasserbedarfs.	Herbst- und Wintergemüse (Feldsalat, Spinat) brauchen einen Fensterschutz. An frostfreien Tagen wird gelüftet (Kohlrabi, Salat, Endivien). Leere Frühbeete umgraben. Aus im Frühjahr gepackten Frühbeeten die Erde herausnehmen. Wenn Frühbeetfrnster und Deckmatten nicht mehr benötigt werden, bewahren wir sie an einem trockenen Platz auf. – Endivien im Garten ausgraben und im Frühbeet dicht bei dicht mit den Wurzeln einschlagen.
Gemüse, verschiedene und Kräuter	Rettichaussaat ist noch möglich. Bis zur Ernte dauert es etwa 100 Tage. Temperatur bei der Keimung 15° C bis 18° C, später weniger. Darauf achten, daß nach dem Aufgehen sofort ausgedünnt wird. (Aussaat siehe Monat März).	Gartenkresse wieder aussäen, in Abständen von etwa 1 Woche. Den Samen fest andrücken und nicht mit Erde bedecken. Keimtemperatur (etwa 18° C), damit die Samenkörner abfallen, und danach kühler halten und weniger gießen.	Bis Anfang Dezember Mohrrüben in einen kalten Kasten aussäen und diesen, sobald die Winterkälte beginnt, durch Deckbretter und Laub gegen Frost schützen. Mitte Februar dann bei Tauwetter die Winterhülle entfernen.

	Warmhaus	Temperiertes Haus, Kalthaus	Frühbeete, Folien, Vlies
Zimmer-, Balkon- und Kübelpflanzen	Pflanzen auf Schädlinge, Krankheiten und mögliche Fäulnisherde kontrollieren, vor allem bei Stecklingen von Balkon- und Kübelpflanzen (siehe auch temperiertes Haus).	Aufpassen, daß die Pelargonien-Stecklinge nicht durch zuviel Feuchtigkeit verfaulen. Bei einer Idealtemperatur von 5° C bis 7° C darf nicht viel Wasser verabreicht werden. Die Stecklinge hält man gerade so feucht, daß sie nicht vertrocknen. Das gilt auch für die bei gleichen Temperaturen überwinternden älteren Pelargonien, Fuchsien, Agaven, Oleander-Lorbeerbäumchen und anderen Balkon- und Kübelpflanzen.	Die Kontrollgänge in allen Häusern regelmäßig durchführen und dabei auf Schädlinge, Krankheiten und mögliche Fäulnisherde achten. Das ist wichtig, da in dieser lichtarmen Zeit des Jahres die Pflanzen besonders empfindlich sind. Licht muß für ein gutes und gesundes Pflanzenwachstum genauso hoch eingeschätzt werden wie Wärme. Deshalb gilt es, jedes Quentchen Licht »einzufangen«, sei es durch Sauberhalten der Glasscheiben oder der Kunststoff-Folien, durch Absägen von möglicherweise Sicht und Licht versperrenden Zweigen oder Ästen eines in der Nähe stehenden Baumes oder Strauches.
Spezialkulturen: Bromelien, Orchideen, Kakteen und andere Sukkulenten, Treiberei	Kakteen und andere Sukkulenten: Völlige Wachstumsruhe ist jetzt oberstes Gebot. Das wird erreicht durch niedrige Temperaturen (6° C bis 12° C) und Trockenheit. Orchideen: wie im Monat November.	Kakteen, andere Sukkulenten und Orchideen: siehe Warmhaus	
Gartenpflanzen: Anzucht von Einjahrsblumen, Stauden, Gehölzen			
Gemüse: Hauptkulturen		Wo Platz ist, können wieder Rettiche (siehe Monat November) und Radies ausgesät werden, auch deshalb, weil Radies erheblich schneller heranreifen. (Sorten: 'Karissima', 'Sprint', 'Fix'). Bei einer Aussaat Ende Dezember/Anfang Januar kann man bereits nach 8 bis 10 Wochen (Ende Februar/Mitte März) ernten. Gesät wird 0,5 bis 1 cm tief im Reihenabstand von 6 bis 8 cm; in der Reihe wird später auf 4 bis 5 cm vereinzelt.	
Gemüse, verschiedene und Kräuter	Wer im vorigen Monat Rettich ausgesät hat, kann nach der Keimung und dem jahreszeitlich bedingten, verzögerten Wachstum bald die Temperatur reduzieren, denn bis zur Bildung des 2. Keimblattes sind dann nur noch 10° C bis 12° C erforderlich. Haben wir es bei der Aussaat mit der Saatgutmenge zu gut gemeint, dann muß nun ausgedünnt werden. Wenn die Temperatur über 12° C ansteigt, muß gelüftet werden.	Bei Feldsalat kann leicht Falscher Mehltau auftauchen! Deshalb vorbeugend reichlich lüften, nur vormittags gießen, am besten bei Sonnenschein, so daß die Pflanzen bis zum Abend abgetrocknet sind. Droht der Falsche Mehltau (Kennzeichen: auf der Blattoberseite ein gelbes, auf der Blattunterseite ein graues Pilzgeflecht), dann hilft nichts weiter als die Pflanzen auszusortieren und zu vernichten. Das gilt auch bei Befall von Kopfsalat und Kohlrabi.	Feldsalat braucht gelegentlich frische Luft: also in der Mittagszeit die Fenster hochstellen. – Ansonsten wird nur eingelagertes Gemüse auf Fäulnis kontrolliert.

Was bekommt man wo?

Diese Zusammenstellung erhebt keine Anspruch auf Vollständigkeit. Sie soll unterstützend wirken, auch im Zusammenhang mit den Illustrationen. Fachhandel, Gartencenter, Baumärkte führen meistens die genannten Produkte und können im Bedarfsfall weitergehende Bezugsnachweise nennen. Hersteller von Kunststoffen, Inneneinrichtungen, Heizungen, Bewässerungen, soweit deren Produkte in den Zubehörlisten der Gewächshausfirmen bzw. im Vertriebsnetz des Fachhandels enthalten sind, werden hier nicht genannt. Das betrifft auch Firmen, die ausschließlich nur den Fachhandel beliefern.
Jährlich stattfindende Messen und Ausstellungen zum Bereich Garten bieten weitere Informationsmöglichkeiten.

Gewächshäuser und Frühbeete ...

Bartscher GmbH
Franz-Kleine-Str. 28
33154 Salzkotten

Ing. G. Beckmann KG
Simoniusstr. 10
88239 Wangen im Allgäu

D. Bormann, Gewächshaustechnik
Neudorfer Str. 199
47057 Duisburg

Ewald Dörken AG
Wetterstr. 58
58313 Herdecke/Ruhr

Einhell AG
Eschenstr. 6
94405 Landau/Isar

Feddersen Gewächshaus-Importgesellschaft mbH & Co. KG
Blankeneser-Bahnhof-Str. 60
22587 Hamburg

K u. R. Fischer OHG
Homburger Str. 141
61118 Bad Vilbel (Massenheim)

Wolfgang Gamer, Gewächshausbau
Hauptstr. 101
76297 Stutensee

Hermann Gutmann Werke GmbH
Nürnberger Str. 57–81
91781 Weißenburg i. Bayern

Hoklartherm GmbH
An der Süderbäke, Gewerbegebiet
26689 Apen

Knut Hoppe
Pfeilschmidtstr. 11
95032 Hof Moschendorf/Saale

Hunecke GmbH
Krackser Straße 12
33659 Bielefeld/Senne 1

Juliana Gewächshäuser GmbH
Rudolf-Diesel-Str. 1
24941 Flensburg

Krieger-Gewächshaus-Center
Gahlenfeldstr. 5
58313 Herdecke/Ruhr

Kurt Kropf GmbH
Lillinger Höhe 31
91322 Gräfenberg

Walter Mauden, Gewächshäuser
Hollertszug 27
57562 Herdorf

Meihack GmbH
Zum alten Wasserwerk 19
51491 Overath

Rainer Messerschmidt, Gewächshausbau
Autenbachstr. 22
73035 Göppingen-Jebenhausen

Palmen GmbH
Lise-Meitner-Str. 2/1
52525 Heinsberg

Richter Gartentechnik
Hans-Vogel-Str. 7
90765 Fürth-Poppenreuth

Friedrich Scharr OHG, Planta-Service
Liebknecht-Str. 50
70565 Stuttgart/Vaihingen

Schlachter GmbH,
Gewächshaus- und Wintergartenbau
Wasserburger Weg 1/2
89312 Günzburg

A. Schneider KG, Gewächshausanlagen
72336 Balingen-Zillhausen

Selfkant Wolters GmbH
Maria Lind 40
52525 Braunsrath

Wilhelm Terlinden GmbH & Co. KG
Bruchweg 1
46509 Xanten-Birten

Voss GmbH & Co. KG
Reichelsheimer Str. 4
55268 Nieder-Olm/Mainz

Rudolf Wagner KG, Glashausbau
Uferstr. 22
A-5026 Salzburg
Deutsche Niederlassung:
Marktplatz 6
83487 Marktschellenberg

ABO System-Elemente GmbH
Rheinlandstr. 59
42579 Heiligenhaus
(Nur: Frühbeet mit Lichtkuppel)

Karl Richter
Großhaderner Str. 24
81375 München
(Selbstlüftende Frühbeetfenster)

... Weitere technische Ausstattungen

K. Brusius, Gewächshaus-Klimatechnik
Marburger Str. 3
35649 Bischoffen-Oberweidbach
(Heizungen – Gas, Strom)

Drossbach
Am Walburgastein 7
86641 Rain am Lech
(Vegetationsheizungs-, Topfbewässerungsrohre)

Dymo Maschinenbau GmbH
Schinder-Str. 18
84030 Ergolding
(ISOtherm® Lüftautomaten, Elektrotherm® Umluftheizung)

EGO-Dichtstoffwerke GmbH & Co.
Lilienthalstr. 7
82205 Gilching
(Egoferm Dichtungsbänder für Sprossenabdichtung/Wärmedämmung)

Pflanzen, Sämereien, Zubehör

Balkon- und Kübelpflanzen

(Jungpflanzen und fertige Pflanzen)

Gärtner Pötschke
51561 Kaarst und
35035 Marburg

Bakker-Holland
Postfach 1800
22908 Ahrensburg

Blumensämereien

Sperli-Samen
Barbara Gassmann
Im Saal 13
21423 Winsen/Luhe
(Samen von Einjahrs-, Zweijahresblumen, Stauden, Zimmerpflanzen)

Blumenzwiebeln und Knollen

Albrecht Hoch
Postdamer Str. 40
14163 Berlin
(Speziell: Lilien, Paeonien, *Hemerocallis, Iris*)

Rheinische Blumenzwiebelkulturen
Rittergut Birkhof
41325 Korschenbroich
(Zwiebeln, Knollen, auch Raritäten)

Gärtner Pötschke
51561 Kaarst und
35035 Marburg
(neben dem normalen Angebot auch Zwiebeln und Knollen für Topfkultur wie Amaryllis, Calla, *Scadoxus, Sprekelia* u. a.)

Erdbeeren

Erdbeerpflanzen Deutsch-Evern
21407 Deutsch-Evern

Erdbeer-Zuchtbetrieb Hummel
Köstlinstr. 121
70499 Stuttgart

Exotische Sämereien

Lothar Seitz
Postfach 1348
72003 Tübingen

Fleischfressende Pflanzen

Harald Weiner
Kaiserstr. 74
31785 Hameln

Th. Carow & U. Wrono
Ümpfigstr. 5
97720 Nüdlingen

Gemüse-Sämereien

Rijk Zwaan
Werler Str. 1
59514 Welver

Sperli-Samen
Barbara Gassmann
Im Saal 13
21423 Winsen/Luhe
(auch Samen von exotischen Arten und Sorten)

Kakteen und andere Sukkulenten

Karlheinz Uhlig
Lilienstr. 5
71394 Kernen/Rommelshausen

Max Schleipfer
Sedelweg 71
86356 Neusäß

Kübelpflanzen

Südflora Baumschulen
Peter Klock
Stutsmoor 42
22607 Hamburg
(Südländische Nutz- und Kübelpflanzen, Spezialität: Citrus-Gewächse)

Flora Mediterranea
Christoph + Maria Köchel
Königsgütler 5
84072 Au/Hallertau
(Subtropische Kübelpflanzen)

Palmen

Ibero-Export
37249 Neu-Eichenberg
(auch subtropische Kübelpflanzen)

Orchideen

Lemförder Orchideenzucht
Erika Reuter
Am Rauhen Berge 3
49448 Lemförde

Wichmann-Orchideen
Tannholzweg 1–3
29229 Celle

Stauden und Gehölze

Werner Simon
Staudenweg 2
97828 Marktheidenfeld
(Stauden und Gehölze, Raritäten, seltene Arten und Sorten, Bambus)

Stauden

Botanischer Alpengarten
F. Sündermann
Aeschacher Ufer 48
88131 Lindau
(Speziell: Alpenpflanzen)

Jelitto-Staudensamen
Postfach 1264
29685 Schwarmstedt

Odenwälder Pflanzenkulturen
Kayser & Seibert
Postfach
64380 Roßdorf
(alle Blatt- und Blütenstauden, auch ausdauernde Kräuter)

Gräfin von Zeppelin
79295 Sulzburg-Laufen

Weinreben

Südflora Baumschulen
Peter Klock
Stutsmoor 42
22607 Hamburg

Versandhäuser mit umfassendem Angebot an Sämereien, Blumenzwiebeln und Knollen, Stauden, Zier- und Obstgehölzen, Erdbeeren, Gartenzubehör, Dünger, auch Zimmer-, Balkon- und Kübelpflanzen. Katalog anfordern.

Dehner
Postfach 2
86640 Rain am Lech

Gärtner Pötschke
41561 Kaarst
35037 Marburg

Ahrens + Sieberz
53718 Siegburg-Seligenthal

Bakker-Holland
Postfach 1800
22926 Ahrensburg
Willemse
Bahnhofstr. 6–12
47559 Kranenburg

Bezugsquellen von Nützlingen

W. Neudorff
Abt. Nutzorganismen
Postfach 1209
31857 Emmerthal

Sautter und Stepper
Rosenstr. 19
72119 Ammerbuch

Conrad Appel
Brandschneise 1
64295 Darmstadt

BioNova
Josefstr. 102–103
42462 Neuss

B. Schäfer »Flora«
Wunkower Weg
15518 Hangelsberg

Hatto Welte
Maurershorn 10
78479 Insel Reichenau

Register

* Sternchen verweisen auf Abbildungen

Die Deutsche Bibliothek – CIP-Einheitsaufnahme

Jacobi, Karlheinz:
Gärtnern unter Glas und Folie: Kleingewächshäuser und Frühbeete; Bau, Technik, Nutzung / Karlheinz Jacobi; Dietrich Mierswa. – 8. Aufl., (Neuausg.). –
München; Wien; Zürich: BLV, 1996
ISBN 3-405-14829-4
NE: Mierswa, Dietrich:

Achte, neu bearbeitete Auflage
Neuausgabe

Lektorat:
Barbara Kiesewetter

Layout: Anton Walter

Herstellung:
Ernst Großkopf

Printed in Germany
ISBN 3-405-14829-4

BLV Verlagsgesellschaft mbH
München Wien Zürich
80797 München

Bildnachweis

Apel: 88, 90o, 97o, 97ur, 107o, 110u, 110o, 122/123, 125o, 125u, 126l, 126r, 126/127, 131r, 132or, 132Mr, 132ur, 136or, 136Mr, 136ur
Fa. ABO: 18 ul
Bartscher: 32ur, 46o
Becherer: 89u, 116, 120u, 127
Beckmann: 85o, 146
Dymo-Maschinenbau GmbH: 21Mr
Fabromat AG: 14u
Felbinger: 74, 78, 89o
CMA 102r, 103u, 103ol, 103or, 109
Fleuro-Select: 92ur
Gardena: 63o
Heppner: 144ur, 145
Hoklartherm: 31ur
Internationaal Bloembollencentrum 114
Jacobi: 85u, 122
K. u. R. Fischer: 55r
Kleiner 118
Krieger: 52, 54o, 64/65, 71, 77o, 80u, 83u, 86, 87
Mauden: 60l
Messerschmidt: 31o
Mierswa: 10, 11u, 11o, 13o, 13u, 14o, 15o, 15M, 15u, 16ol, 16or, 18o, 18M, 18ur, 19, 20, 21ul, 21o, 22ol, 25u, 27u, 30, 31ul, 32or, 32ul, 33ol, 34o, 34ul, 34ur, 35u, 38, 39, 41ol, 41or, 41u, 42, 43ur, 48, 50o, 50u, 51u, 54u, 55l, 60r, 61, 143o, 143u, 144ul
Morell: 79o, 83o, 84u, 90u, 100u, 102l, 123, 124, 132ul, 135
Niller: 69, 70u, 72ol, 72or, 72ur, 75u
Redeleit: 22/23
Reinhard: 4/5, 6/7, 58, 68, 72ul, 80o, 91u, 92ul, 99ol, 99u, 99or, 100ol, 100or, 107u, 108l, 108r, 111, 113u, 119u, 131l
Ruckzio: 112, 113o, 119o
Sammer: 115
Scharr: 35o
Schlachter: 9, 25o, 32ol, 33or, 36, 46u, 57, 63u
Schneider KG: 33u
Seibold: 92o, 97ul, 99oM, 117, 120o, 120u, 128
Sperling: 75o, 91o
Stangl: 77u, 84o
Stein: 2/3, 27o, 67, 73, 76, 79u, 136l
Terlinden: 43ul, 47
Ursula von d. Linden: 43o, 43M
Wagner: 17, 26, 51o
Worthe: 144or

Umschlaggestaltung:
Studio Schübel, München

Titelfoto: Martin Stangl
Rückseite:
Fa. Wagner (oben),
D. Mierswa (unten)

Gedruckt auf chlorfrei gebleichtem Papier

DTP: Peter Fruth GmbH, München

Lithos: Repro Ludwig, Zell/See

Druck und Bindung: Passavia, Passau